교육학 시험에 딱 맞춘 합격전문가

신명
Arete 아레테
교육학
실전동형 모의고사

Season 2

메가 공무원

차례

Season2 문제편

실전동형 모의고사 제01회	006
실전동형 모의고사 제02회	010
실전동형 모의고사 제03회	014
실전동형 모의고사 제04회	017
실전동형 모의고사 제05회	020
실전동형 모의고사 제06회	023
실전동형 모의고사 제07회	026
실전동형 모의고사 제08회	030
실전동형 모의고사 제09회	034
실전동형 모의고사 제10회	037
실전동형 모의고사 제11회	041
실전동형 모의고사 제12회	045
실전동형 모의고사 제13회	049
실전동형 모의고사 제14회	053
실전동형 모의고사 제15회	057
실전동형 모의고사 제16회	061

CONTENTS

Season2 해설편

실전동형 모의고사 제01회 068

실전동형 모의고사 제02회 072

실전동형 모의고사 제03회 076

실전동형 모의고사 제04회 080

실전동형 모의고사 제05회 083

실전동형 모의고사 제06회 086

실전동형 모의고사 제07회 090

실전동형 모의고사 제08회 093

실전동형 모의고사 제09회 097

실전동형 모의고사 제10회 101

실전동형 모의고사 제11회 105

실전동형 모의고사 제12회 110

실전동형 모의고사 제13회 114

실전동형 모의고사 제14회 117

실전동형 모의고사 제15회 120

실전동형 모의고사 제16회 123

문제편

제01회 실전동형 모의고사

풀이시간 :   내 점수 :

01
학습경험의 선정 원칙에서 '하나의 목표를 달성하기 위해서는 여러 가지 학습 경험이 필요하다'는 내용으로 하는 타일러(Tyler)의 학습경험 선정 원리는?

① 만족의 원리
② 학습가능성의 원리
③ 일목표 다경험의 원리
④ 일경험 다성과의 원리

02
시험의 교육적 기능으로 보기 어려운 것은?

① 경쟁촉진
② 자격부여
③ 사회적 선발
④ 목표와 유인

03
비형식 학습에 대한 설명으로 옳지 않은 것은?

① 형식교육에 대한 보완물로 전문대학의 성인 문해 강좌
② 형식교육에 대한 대안으로 전통교육
③ 비공식성, 압축된 시간, 학습자의 요구와 흥미를 우선
④ 무계획적 경험에 기초하고 우연히 일어나는 학습

04
조선시대 성리학자 이황이 강조한 '위기지학(爲己之學)'에 가장 가까운 것은?

① 성현의 말씀과 가르침을 통해서 도리와 덕행의 참뜻을 깨닫고 몸소 실행하는 일
② 문예와 경학을 배워서 과거에 급제하여 군주의 왕도정치를 돕는 일
③ 자연 현상의 과학적 관찰과 연구를 통해 사물에 내재해 있는 진리를 밝혀내는 일
④ 학문적 도야를 통해 높은 학식을 쌓은 후 그 지식을 사회 개선을 위해 활용하는 일

05
학부모가 자녀를 위하여 지출하는 비용으로, 학교교육에 대한 반대급부로서 지출하는 사부담 공교육비가 아닌 것은?

① 수업료
② 기성회비
③ 학용품비
④ 입학금

06
'교육은 생활을 위한 준비가 아니라 생활 그 자체여야 한다'는 주장과 가장 관계가 깊은 교육 사조는?

① 본질주의
② 진보주의
③ 재건주의
④ 항존주의

07

한 학생이 학교에서 주번 활동을 하는 도중에 집에서 큰 사고가 생겼다. 그런데 이 학생은 규칙 때문에 집에 갈 수 없다고 판단하였다. 이러한 판단은 콜버그의 어떤 수준의 도덕성 발달 단계에 해당하는가?

① 처벌 복종의 도덕성
② 좋은 아이 도덕성
③ 사회계약 정신의 도덕성
④ 법과 질서 유지의 도덕성

08

전보에 대한 설명에 해당하는 것은?

① 교육지원청 장학사가 도교육청 장학사로 임용
② 한 직위에서 직무의 종류와 성격이 다른 직렬로 이동
③ 중학교 교장이 교육장으로 임용
④ 동일한 조직 단위 내 또는 부처 간에도 임용 가능

09

인지양식을 장독립적 – 장의존적으로 분류한 사람은?

① 가드너(Gardner)
② 위트킨(Witkin)
③ 케이건(Kagan)
④ 콜브(Kolb)

10

법적용의 원칙으로 옳지 않은 것은?

① 상위법 우선의 원칙
② 특별법 우선의 원칙
③ 구법 우선의 원칙
④ 법률 불소급의 원칙

11

다음 설명에 해당하는 이론은?

- 수업설계의 거시적 수준의 교수설계이론이다.
- 교수 내용을 선택, 계열화, 종합 그리고 요약하기 위한 적절한 방법을 제공한다.
- 교수는 간단하고 기초적인 것에서부터 시작하여 보다 구체화되고 복잡한 수준으로 옮겨가야 한다.
- 이 이론의 주요한 목적은 내용요소제시이론을 확장시켜 보려는 데 있다.

① 메릴의 내용요소제시이론
② 라이켈루스의 수업 정교화 이론
③ 켈러의 학습동기유발 수업설계(ARCS)
④ 가네의 처방적 교수

12

다음 설명에 해당하는 의사결정 모형은?

- 정책 결정은 기존 정책을 토대로 하여 그보다 약간 향상된 대안을 추구
- 정책은 기존 정책에 기초해 이를 부분적으로 수정하거나 결함을 교정
- 의사결정은 부분적이고 순차적으로 진행
- 의사결정 과정에서 대안분석의 범위는 크게 제약을 받는다는 관점

① 점증 모형
② 합리 모형
③ 만족 모형
④ 최적 모형

13

로젠탈과 제이콥슨에 의한 오크(Oak)학교 실험 결과는 다음에 나열된 네 가지 변인 중 어느 변인이 학생들의 학업성취에 영향을 주었는가?

> 가. 학생의 포부수준
> 나. 학생의 지적성장 가능성에 대한 교사의 예측
> 다. 자성적 예언
> 라. 실제로 측정한 학생의 지능

① 가, 나
② 나, 다
③ 다, 라
④ 가, 나, 다, 라

14

규준지향평가의 특징에 해당하지 않는 것은?

① 선발적 교육관
② 수행목표지향
③ 경쟁을 통한 외재적 동기유발
④ 숙달목표지향

15

수퍼(Super)의 진로발달이론에 대한 설명으로 옳지 않은 것은?

① 직업발달의 과정은 자아실현과 생애발달의 과정
② 개인과 환경의 상호작용을 강조하고 전 생애 발달적 측면에서 개인의 진로발달을 설명하는 틀
③ 개인의 욕구가 직업선택에 커다란 영향을 미침
④ 성장기, 탐색기, 확립기, 유지기, 쇠퇴기의 과정으로 진로 발달

16

「학교폭력예방법」에 대한 설명으로 옳지 않은 것은?

① "가해학생"이란 가해자 중에서 학교폭력을 행사하거나 그 행위에 가담한 학생을 말한다.
② "피해학생"이란 학교폭력으로 인하여 피해를 입은 학생을 말한다.
③ "장애학생"이란 신체적·정신적·지적 장애 등으로 특수교육이 필요한 학생을 말한다.
④ "학교폭력"이란 학교 내에서 학생을 대상으로 발생한 피해이다.

17

구인타당도에 대한 설명으로 옳지 않은 것은?

① 검사가 본래 의도한 측정대상인 특질을 어느 정도 측정하는가에 대한 정보를 나타내는 타당도이다.
② 측정대상인 특질에 대한 이론적 배경에서 비롯된 다양한 예측에 따라 검사점수가 어느 정도 검사개발자의 예측을 만족하는가로 제시
③ 인간의 인지적, 심리적 특성을 측정
④ 대학수학능력시험은 입학 후 수학 능력을 예측

18

장학에 대한 설명으로 옳지 않은 것은?

① 임상장학 – 외부 장학담당자에 의해 실시되는 장학
② 동료장학 – 교장 혹은 교감이 짧은 시간 동안 수업참관 후 조언
③ 임상장학 – 교수학습의 과정에서 일어나는 임상장면으로 간주
④ 담임장학 – 장학사에 의해 이루어지는 장학활동

19

고전적인 실재론과 관념론에 기초를 두고 변화하지 않는 가치의 영원성을 주장하는 교육사조는?

① 항존주의　　　② 본질주의
③ 진보주의　　　④ 재건주의

20

가드너(Gardner)의 지능에 대한 설명으로 옳은 것은?

① 분석적, 창의적, 실제적 지능으로 구성되어 있다.
② 상황적 지능은 현실상황에 적응하거나 환경을 선택하고 변형하는 능력이다.
③ 8개의 독립적인 지능이 존재하며, 각각의 지능의 가치는 문화나 시대에 따라 달라진다.
④ 실제적 지능은 사회적 유능성과 관련이 있다.

제02회 실전동형 모의고사

풀이시간 :   내 점수 :

♦ 해설편 p.72

01

교육의 목적에 관한 설명 가운데 가장 타당한 것은?

① 교육의 목적은 교육인 것과 아닌 것을 구분하는 기준이 된다.
② 교육의 외재적 목적이란 교육의 본질적 가치가 논리적으로 실현된 것을 가리킨다.
③ 교육의 내재적 목적이란 교육의 개념 속에 함의된 교육의 가치지향을 가리킨다.
④ 교육의 목적은 교육내용의 범위와 방법적 기준을 결정하는 데 영향을 주지 않는다.

02

고려시대에 사설 고등교육기관인 9재 학당을 지어 후진을 양성한 교육자는 누구인가?

① 최충
② 이색
③ 안향
④ 정몽주

03

동일한 구인을 재고 있는 문항들이 어느 정도의 동질성이 있는지를 확인하는 것으로 KR-20, KR-21, 크론바흐(Cronbach)의 알파계수는 신뢰도의 어느 유형에 속하는가?

① 재검사 신뢰도
② 동형검사 신뢰도
③ 반분 신뢰도
④ 문항내적 일치도(신뢰도)

04

문항분석에 대한 설명으로 옳지 않은 것은?

① 검사도구의 총점으로 분석되는 문항특성곡선은 전통적으로 문항곤란도와 문항변별도에 의존한다.
② 검사문항이 원래 의도한 검사목적으로 제대로 수행할 수 있도록 만들어졌는지 다양한 측면에서 확인하는 작업이다.
③ 한 검사 속에 포함되어 있는 문항 하나하나가 얼마나 적합하며, 제구실을 하고 있는지 검증 분석하고 문항의 개선을 목적으로 한다.
④ 하나의 검사는 여러 개의 문항으로 구성되어 있기 때문에 검사의 좋고 나쁜 양호의 정도는 결국 검사 속에 있는 여러 문항의 좋고 나쁜 정도에 따라 결정된다.

05

프로이트의 정신분석학과 관련이 없는 것은?

① 무의식에 관계되는 행동에 관한 관찰과 분석을 통한 이론체계이다.
② 무의식의 세계를 파악하고 이해를 통해서 신경증을 치료한다.
③ 인간의 행동을 결정하는 것은 열등감에 대한 보상욕구라고 하였다.
④ 인간행동의 심층적 이해의 증진과 과학적 연구를 촉진하였다.

06

2022 개정교육과정에 대한 설명으로 옳지 않은 것은?

① 포용성과 창의성을 갖춘 주도적인 사람으로 성장하는 데 중점
② 창의적 체험활동은 자율, 동아리, 봉사, 진로활동으로 구성
③ 언어, 수리, 디지털 기초소양을 갖출 수 있도록 학습 지속
④ 협력적인 관계에서 공동의 목적을 구현하는 협력적 소통 역량 함양

07

다음은 무엇에 대한 설명인가?

- 정보를 통합하고 조직화하는 인지적 개념 또는 틀, 도식이라고도 함
- 지식의 추상적 구조라고도 하며, 과거의 경험에 의해서 형성된 개인의 인지구조를 의미

① 발달과업(developmental task)
② 직관적 사고(intuition)
③ 근접발달영역(zone of proximal development)
④ 스키마(schema)

08

정보를 재연하거나 조작하는 활동이 일어나는 기억은?

① 작동기억　　② 감각기억
③ 장기기억　　④ 의미기억

09

다음은 무엇에 대한 설명인가?

- 토대 다지기 : 교육과정 개발단계에서 참여자들이 다양한 견해를 표방하는 단계
- 숙의 : 다양한 대안들에 대한 논쟁을 거쳐 합의의 과정에 이르는 단계로서 구성원들의 토론이 이루어지는 단계
- 설계 : 숙의단계에서 선택한 대안을 실천 가능한 것으로 구체화하는 단계로서 명시적 설계와 함축적 설계로 구분

① 타일러의 합리적 모형
② 워커의 자연주의적 설계 모형
③ 스킬벡의 학교중심 개발 모형
④ 위킨스와 멕타이의 백워드 모형

10

교육내용 조직의 원리에서 계열성의 원리와 거리가 먼 것은?

① 계속성과 함께 교육과정의 종적 조직에 관계되는 원칙이다.
② 어느 것을 먼저 가르치고 나중에 가르치는가를 말하는 것이다.
③ 통합성의 원리와 더불어 횡적 원리에 해당한다.
④ 나선형 교육과정은 계열성의 특별한 방식으로 해석하는 관점이다.

11

현실치료 상담이론에 대한 설명으로 옳지 않은 것은?

① 내담자의 생각과 행동의 변화를 유도
② 과거 시점을 강조하면서 결과보다는 과정을 중요시
③ 글래서(Glasser)가 소개한 상담접근
④ 현실, 책임, 옳고 그름의 세 가지 개념을 토대

12

우리나라에서 '시·도 교육청 교육과정 편성·운영지침' 작성권이 시·도 교육청에 부여된 시기는 언제부터인가?

① 제6차 교육과정기　　② 제7차 교육과정기
③ 제5차 교육과정기　　④ 제4차 교육과정기

13
오수벨(Ausubel)의 유의미 수용학습에서 새로운 명제나 아이디어가 이미 학습자의 머릿속에 조직되어, 보다 포괄적인 인지구조(認知構造) 속으로 동화(同化) 또는 일체화(一體化)되는 과정은?

① 동화
② 포섭
③ 조절
④ 선행조직자

14
준거지향평가의 특징에 해당하는 것은?

① 선발적 교육관
② 수행목표지향
③ 경쟁을 통한 외재적 동기유발
④ 숙달목표지향

15
토큰 10개가 모일 때마다 상을 주거나, 도서관에서 일정한 수의 책을 읽은 학생에게 표창하는 것, 학생들이 학기 중에 10개 이상의 숙제를 하고 A를 받는 것 등이 해당한다. 선생님이 사용한 강화계획은?

① 변동간격강화
② 변동비율강화
③ 고정비율강화
④ 고정간격강화

16
정보처리 학습이론에 대한 설명으로 옳지 않은 것은?

① 주의집중 – 중요한 정보에 주의를 기울여야 학습
② 지각 – 경험에 의미와 해석을 부여하는 과정
③ 시연 – 정보를 원래 형태 그대로 소리 내어 읽거나 의식적으로 반복하는 것
④ 작업기억 – 용량에 제한이 없고 정보가 몇 분에서부터 평생 동안 보존되는 기억

17
다음과 같은 상황에 의해 뒷받침될 수 있는 이론을 모두 고른 것은?

〈상황〉
학교 운영에 있어서 교사들의 자율적 협의를 통한 건의가 수용될 때, 교사들은 교수·학습활동의 효율화에 보다 능동적으로 참여하게 되고 직무에 대한 만족을 더 느끼는 경향이 있다.

가. 맥그리거의 Y이론
나. 아지리스의 성숙이론
다. 카우프만의 체제접근 모형
라. 테일러의 과학적 관리론

① 나, 다
② 다, 라
③ 가, 라
④ 가, 나

18
다음은 어떤 지능이론에 대한 설명인가?

- 인간의 지능이 서로 다른 특징을 지닌 여러 유형의 능력으로 구성
- 지능을 개인이 특정 상황이나 맥락에서 문제를 해결해 내는 능력
- 개인이 살고 있는 문화에서 가치 있다고 생각하는 것을 만들어 내는 능력

① 스피어만의 G요인과 S요인
② 가드너의 다중 지능 이론
③ 서스톤의 다 요인
④ 카텔의 유동적·결정적 지능

19

동기이론에 대한 설명으로 적절한 것은?

① 공정성 이론 – 노력과 직무만족은 업무상황의 지각된 공정성에 의해서 결정된다고 보는 애덤스의 이론
② 목표설정 이론 – 구성원 개인의 모티베이션의 강도(强度)를 성과에 대한 기대와 성과의 유의성(誘意性)에 의해 설명하는 이론
③ 기대이론 – 로크(Locke)에 의해 시작된 동기 이론으로, 인간이 합리적으로 행동한다는 기본적인 가정에 기초하여, 개인이 의식적으로 얻으려고 설정한 목표가 동기와 행동에 영향을 미친다는 이론
④ 성취동기이론 – 인간의 욕구는 위계적으로 조직되어 있으며 하위 단계의 욕구 충족이 상위 계층 욕구의 발현을 위한 조건이 된다는 매슬로우(Maslow)의 동기 이론

20

다음은 에릭슨(Erikson)이 주장하는 심리 사회적 발달단계에 대한 설명이다. 어떤 발달단계인가?

- 사회적 요구와 생물학적 성숙이 최고조에 이르는 시기
- 사회와 문화에서 요구하는 가치에 대한 갈등 역시 두드러짐
- 신체적, 성적인 성숙이 급격하게 일어나는 시기이며, 이러한 급격한 성적 성숙은 자아가 위협을 감지하는 정신분석적 원인을 제공

① 신뢰감 대 불신감
② 근면성 대 열등감
③ 자아정체감 대 역할 혼미
④ 생산성 대 자기침체

제 03 회 실전동형 모의고사

풀이시간 :   내 점수 :

• 해설편 p.76

01

칸트의 교육에 관한 개념으로 거리가 먼 것은?

① 사람은 교육에 의해서만 사람다운 사람이 될 수 있다.
② 인간은 교육을 받지 않으면 안 될 유일한 피조물이다.
③ 교육은 인간의 자발(自發)과 자전(自展)을 위한 모든 조성활동이다.
④ 교육은 현실적 존재를 이상적 당위의 상태로 되게 할 수 있다.

02

문제아동을 대하는 교사의 태도로서 바람직하지 못한 것은?

① 아동의 행동은 어른 행동을 반영한 것이라고 본다.
② 아동은 자신이 스스로 문제를 해결할 수 있는 능력이 있는 것으로 본다.
③ 잘못된 행동을 벌하지 않으면 아동은 자신의 잘못을 반성하지 못한다고 생각한다.
④ 아동을 독립된 존재로 보고 그의 개성을 존중한다.

03

원효의 '유심연기(唯心緣起)' 사상에 대한 설명으로 옳지 않은 것은?

① 교육의 참된 목적으로 인간됨을 중시하고 방법론으로 스스로의 탐구와 노력을 강조하였다.
② 타율적이고 모방적 학습보다는 개인의 고유한 창의적 학습을 강조하고 있다.
③ 내적 자각의 교육이론을 강조한 것으로 이는 오늘날 통찰학습과 유사하다.
④ 주체적 의식인의 특징으로 물질과 허무주의에 빠지지 않는 마음의 상태이다.

04

다음과 같은 주장을 한 교육사상가는?

> • 나는 지혜에 관해서는 아무것도 잉태한 것이 없네. 나는 아무것도 모르는 자일세.
> • 나는 영혼과 정신의 생산이라는 사건을 결코 경험해 본 적이 없네. 그러나 내가 대화를 나누었던 사람들은 처음에는 아무것도 모르는 것처럼 보였으나, 대화가 진행되는 가운데 신의 도움을 받아 놀라운 발전을 이룩하였다네.
> • 그들이 나에게 무엇인가 배운 바가 전혀 없어 오직 자신으로부터 많은 아름다운 것을 발견해내고 그것을 확고하게 간직한 것은 명확한 사실이라네.

① 소크라테스   ② 플라톤
③ 아리스토텔레스   ④ 이소크라테스

05

다음 중 스콜라 철학과 관계없는 것은?

① 신앙과 이성의 합일점을 찾는 데 목적이 있었다.
② 신앙이 이성에 선행함을 강조하였다.
③ 지적 도야는 경시되었다.
④ 논리의 정밀, 체계의 치밀화에 열중하였다.

06

발달연구의 최근 동향에 대한 설명으로 바르지 못한 것은?

① 생태이론은 환경적 요인 분석을 통해서 아동의 행동을 체계적으로 연구하려는 입장이다.
② 발달에 관한 생득론적 입장에서는 학습자의 정신과정에 대한 연구를 중시한다.
③ 행동생물학에서는 인간행동 변화에 영향을 주는 환경적 자극을 중시한다.
④ 사회문화이론에서는 의미 있는 행동의 습득은 사회적 상호작용을 통해서 가능하다고 본다.

07

다음의 내용과 관계있는 지능이론은?

- 감성지능(EQ), 도덕지능(MQ), 성공지능(SQ)과 같은 새로운 지능이론들이 출현하는 데 기여하였다.
- 지능검사는 학생들의 각기 다른 능력을 드러낼 수 있도록 달라져야 하며, 학교교육도 개인의 장점을 극대화할 수 있도록 개선되어야 한다.
- 언어적 능력, 논리수학적 능력만을 지나치게 강조하는 종래의 지능이론에 대해 거부감을 표시한다.

① 서스톤의 다요인이론
② 길포드의 지능구조이론
③ 스턴버그의 삼위일체 지능이론
④ 가드너의 다중지능이론

08

피들러(Fiedler)의 상황리더십이론에서 제시한 상황적 요소에 해당하지 않는 것은?

① 구성원 간의 상호작용
② 지도자와 조직구성원과의 관계
③ 업무의 구조
④ 지도자의 지위권한

09

안드라고지(Andragogy)에 대한 설명으로 옳지 않은 것은?

① 성인학습을 바라보는 방식으로 성인들을 자기주도적이 되어야 한다고 본다.
② 매지로우(Mezirow)가 주장한 개념으로 학습을 통해 변화하는 하나의 과정을 의미한다.
③ 전통 교육학인 페다고지와는 대비되는 관점이다.
④ 노울스(Knowles)라는 학자에 의해 이론으로 발전되었다.

10

체계적 수업설계 절차를 따를 때 학습과제를 분석하는 우선적인 목적은?

① 적절한 평가문항 유형의 결정
② 가르칠 개념, 원리, 기능 등의 확인
③ 효율적인 수업전략의 구체화
④ 최적의 수업매체 선정

11

학습경험의 선정 원칙 중 "독서에 대한 폭넓은 흥미의 함양을 지향하는 목표가 있다면 다양한 분야의 책들을 읽어 볼 수 있는 경험을 제공해야 한다"는 원칙은?

① 만족의 원칙
② 가능성의 원칙
③ 동경험 다성과의 원칙
④ 기회의 원칙

12

다음 중 학교의 조직적 특성을 설명한 것으로 바르게 짝지어진 것은?

가. 규범적 힘으로 통제되는 규범조직
나. 느슨하게 결합된 이완결합체제
다. 참여자 모두가 이익을 보는 호혜조직
라. 조직화된 무정부 상태의 조직
마. 일반대중의 이익을 위한 공익조직

① 가, 나, 라
② 가, 다, 라
③ 나, 다, 마
④ 다, 라, 마

13

성 불평등과 학교교육의 관계에 관한 여러 가지 관점이 있다. 그 중에서 "학교교육을 통해 성 역할 고정관념을 바꾸어 줌으로써 성 불평등이 완화될 수 있다"라는 주장과 가장 가까운 것은?

① 사회주의적 관점 ② 자유주의적 관점
③ 보수주의적 관점 ④ 급진주의적 관점

14

학생의 정서적인 문제를 도와주는 생활지도의 주요활동은?

① 상담활동 ② 정보활동
③ 정치활동 ④ 추수활동

15

인간중심 상담활동에서 볼 때, 내담자의 심리적 성장을 촉진하는 분위기를 만들기 위해 상담자가 갖추어야 할 태도로 적절하지 않은 것은?

① 공감적 이해 ② 진솔함
③ 합리적 판단 ④ 무조건적 긍정적 관심

16

다음 중 교수매체를 활용하고자 할 때, 가장 먼저 해야 할 활동은?

① 최적의 교수매체와 자료를 선정한다.
② 교수매체와 자료를 수업에서 활용한다.
③ 교수매체와 자료의 활용결과를 평가한다.
④ 교수매체를 적용할 학습자의 제반 특성을 분석한다.

17

다음과 같은 방식으로 교육내용을 설계하였다면 어떤 설계 모형에 해당하는가?

- 물리학, 화학, 생물학, 지구과학의 학문을 모아 과학이라는 교과를 구성하는 방식이다.
- 여러 학문들을 모아 하나의 교과나 단원을 만드는 가장 큰 이유는 학문들을 함께 다룰 때, 각 학문 속에 들어 있는 지식, 기능, 가치를 습득하기 쉽기 때문이다.
- 초등학교와 중학교의 많은 교과와 단원이 이와 같은 방식으로 설계되어 있다.

① 간학문적 설계 ② 생성형 설계
③ 중핵형 설계 ④ 다학문적 설계

18

2022 개정교육과정 '평가'가 지니는 궁극적인 목적과 거리가 먼 것은?

① 교육목표 도달도를 확인
② 학생들의 상대적인 위치를 파악
③ 학습의 부족한 부분을 보충
④ 교수·학습의 질을 개선

19

블룸의 교육목표 분류학에서 '인지나 재생에 의하여 아이디어나 자료 또는 현상을 기억해 내는 행동'을 의미하는 것은?

① 지식 ② 이해
③ 적용 ④ 분석

20

학교안전법 및 시행령에서의 '교육활동'에 해당하지 않은 것은?

① 수업·특별활동·재량활동·과외활동·수련활동·수학여행 등의 활동
② 학교장이 인정하는 각종 행사 또는 대회 등에 참가하여 행하는 활동
③ 학교장이 인정하는 방법에 의한 학교 통학 등·하교 시간
④ 학교의 안팎에서 학교장의 관리·감독하에 행하여지는 활동

제04회 실전동형 모의고사

01
피터스(Peters)가 제시한 교육의 세 가지 준거에 해당하지 않는 것은?

① 교육은 가치로운 것의 전달을 내포해야 한다.
② 지식의 이해, 어떤 인지적 특색을 포함한다.
③ 배우는 자의 의지와 자발성을 무시한 전달은 배제되어야 한다.
④ 주어진 목표를 달성하기 위하여 노력한다.

02
중앙값에 대한 설명으로 옳지 않은 것은?

① 주어진 자료 중 가장 높은 빈도로 나타나는 변량 또는 자료이다.
② 통계집단의 변량을 크기의 순으로 늘어놓았을 때, 중앙에 위치하는 값이다.
③ 극단한 점수의 영향을 받지 않는 장점을 가지고 있다.
④ 표집에 따른 변화가 크며 다른 통계치와 관련되어 해석되기 어려운 점이 있다.

03
다음 사료에 나타난 제도에 관한 설명으로 옳지 않은 것은?

> 독서하는 학생은 삼품 출신으로서 춘추좌씨전이나 또는 예기나 문선을 읽고 그 뜻에 능통하고 겸하여 논어·효경에 밝은 사람을 상(上)으로 하고, 곡예·논어·효경을 읽은 사람을 중(中)으로 하며, 곡예·효경을 읽은 사람을 하(下)로 하였다. 만약 5경(역, 시, 서, 예, 춘추)과 삼사(사기, 한서, 후한서), 제자백가서에 겸하여 능통한 사람은 이를 초탁(超擢)하여 등용하였다.

① 신라시대 관리 선발을 위한 국가시험제도로서 인재등용의 객관적 방법이다.
② 우리나라 평가제도의 시초이며, 최초로 학교의 사회적 선발기능으로 본다.
③ 상, 중, 하의 성적순에 따른 임용제도이지만 순서를 뛰어넘는 임용도 가능하다.
④ 유학에 대한 지식의 고하를 물어 문무관리 선발의 기준으로 삼았다.

04
다음 주장에서 강조되고 있는 지식의 유형은?

> - 다양한 지식과 정보를 효과적으로 활용할 수 있어야 한다.
> - '무엇을 알고 있는가?'보다 '무엇을 할 수 있는가?'가 중요하다.
> - 새로운 정보와 문제해결 방안을 생성하고 창출하는 능력이 필요하다.

① 방법적 지식
② 명제적 지식
③ 기술적 지식
④ 선언적 지식

05
다음 중 문예부흥기의 대표적인 사조인 인문주의에 대한 설명이 아닌 것은?

① 인간적 교양을 풍부하게 하는 것을 교육의 목표로 삼았다.
② 고대 그리스와 로마의 고전을 교양의 원천으로 중시하였다.
③ 서민계급을 중심으로 출발하여 보통교육을 확대하였다.
④ 교회 중심적인 세계관에서 벗어나 자아를 발견하려 하였다.

06

윤아는 과자를 한 개 가지고 있으면서 어머니에게 더 달라고 조르고 있다. 어머니는 윤아가 가지고 있던 과자를 둘로 쪼개어 윤아에게 주었다. 그 결과 윤아는 더 달라고 하지 않고 만족하게 되었다. 윤아의 지적 발달은 피아제의 발달단계 중 어느 단계인가?

① 감각 운동기
② 전 조작기
③ 구체적 조작기
④ 형식적 조작기

07

다음은 어떤 교육평가 도구의 조건에 대한 설명인가?

- 측정도구가 얼마나 정확하게 오차 없이 일관성 있게 안정적인 결과를 재어주고 있는가에 대한 개념이다.
- 채점자, 평가도구, 평가 시점에 의해 좌우될 수 있다.

① 타당도
② 객관도
③ 실용도
④ 신뢰도

08

다음과 같은 특징을 가지는 교육과정은?

- 교육과정의 중심을 학생에게 둔다.
- 개인의 흥미와 개인차를 고려한다.
- 학습내용을 미리 선정, 조직하지 않고 학습의 장에서 결정한다.

① 경험중심 교육과정
② 교과중심 교육과정
③ 학문중심 교육과정
④ 교과융합 교육과정

09

수업에서 목표를 명확히 하고 이를 학습자에게 확인시켜야 하는 이유로 가장 타당한 것은?

① 학습자는 통합된 전인적인 존재로서의 유기체이기 때문이다.
② 학습자는 목적을 추구하는 유기체적 존재이기 때문이다.
③ 학습자는 활동적이고 탐구적인 존재이기 때문이다.
④ 학습자는 동료집단 속에서 보면 성숙되어 있기 때문이다.

10

타일러(Tyler)의 방식으로 수업목표를 진술할 때 포함되어야 할 요소는?

① 내용과 조건
② 내용과 도구
③ 내용과 행동
④ 내용과 수락 준거

11

교육행정 이론의 하나인 동기-위생이론에서 동기(만족)요인에 해당하는 것은?

① 감독기술
② 작업내용
③ 작업조건
④ 상사와 동료와의 관계

12

성취동기가 높은 사람의 특성이 아닌 것은?

① 과거지향적 행동을 한다.
② 적절한 모험심이 있다.
③ 자기 책임감이 높다.
④ 미래지향성이 강하다.

13

교육기획의 사회적 수요 접근법에서 '사회적 수요'를 바르게 설명한 것은?

① 사회발전에 필요한 교육의 양과 종류
② 개인 및 사회가 원하는 교육의 양과 종류
③ 경제성장에 필요한 인간자원의 양
④ 사회적 편익이 가장 큰 교육의 종류

14
다음의 세 가지 주장과 모두 관련되는 사회학 이론은?

- 학교교육은 노동력 훈련의 기능을 담당한다.
- 학교 교육과정은 집단 간 힘의 관계를 반영한다.
- 학교는 상부구조에 속하는 주요 기구이다.

① 상징적 상호작용론 ② 구조기능주의 이론
③ 발전교육론 ④ 경제적 재생산이론

15
생활지도와 상담의 관계를 설명한 것 중에서 옳은 것은?

① 생활지도는 집단으로 행하는 것이고, 상담은 개인지도를 하는 것이다.
② 생활지도는 정상아를 대상으로 하고, 상담은 문제아를 대상으로 한다.
③ 생활지도는 학생의 건전한 성장을 돕는 활동이며, 상담은 이를 위한 하나의 수단이다.
④ 생활지도는 일반교사가 행하는 것이고, 상담은 전문가가 행하는 것이다.

16
다음 중 시각자료의 제작원리로 옳게 기술된 것은?

① 연령이 낮을수록 차분하고 어두운 색상을 사용하는 것이 좋다.
② 중요한 내용은 화면의 오른쪽 하단에 배치하는 것이 좋다.
③ 시각자료는 정교할수록 좋다.
④ 내용과 관련 없는 시각자료는 주의를 분산시킬 수 있으므로 피한다.

17
어떤 학생의 지능지수(IQ)를 100이라고 했을 때, 이를 백분위(percentile rank, 百分位)로 환산한 것은?

① 68 ② 95
③ 100 ④ 50

18
상담교사와 학생 간의 라포(Rapport) 형성에 방해가 되는 것은?

① 상담교사의 전문성 유지
② 아동의 행동과 태도에 대한 민감한 반응
③ 상담교사의 자발적 태도
④ 상담교사의 수용적 분위기

19
교육연구의 도구에서 관찰을 정확하게 하기 위한 관찰자의 주의사항과 관계없는 것은?

① 관찰의 결과는 정확하게 기억하고 있어야 한다.
② 관찰계획을 치밀하게 세워야 한다.
③ 여러 가지 현상을 동시에 관찰하여야 한다.
④ 분석적인 결과는 정확하게 기억하고 있어야 한다.

20
인성교육진흥법에 관한 내용으로 옳지 않은 것은?

① "인성교육"이란 자신의 내면을 바르고 건전하게 가꾸고 타인·공동체·자연과 더불어 살아가는 데 필요한 인간다운 성품과 역량을 기르는 것을 목적으로 하는 교육을 말한다.
② "핵심 가치·덕목"이란 인성교육의 목표가 되는 것으로 예(禮), 효(孝), 정직, 책임, 존중, 배려, 소통, 협동 등의 마음가짐이나 사람됨과 관련되는 핵심적인 가치 또는 덕목을 말한다.
③ "핵심 역량"이란 핵심 가치·덕목을 적극적이고 능동적으로 실천 또는 실행하는 데 필요한 교육과정 총론에서 제시한 6개의 핵심역량과 동일한 능력을 말한다.
④ "학교"란 유치원, 「초·중등교육법」 제2조에 따른 학교, 「재외국민의 교육지원 등에 관한 법률」에 따른 한국학교를 말한다.

제05회 실전동형 모의고사

풀이시간 :   내 점수 :

♦ 해설편 p.83

01
다음과 같이 교육의 요소를 말한 사람은?

> • 자연 : 인간 내부의 자연성을 의미(천부적인 성질)하며 아동의 소질과 성장의 힘을 의미한다.
> • 사물 : 인간 내부에 영향을 끼치는 외적 환경을 총칭한다(인간을 둘러싼 환경).
> • 인간 : 인간에 의한 인간교육을 의미한다(교육력을 가진 성인).

① 칸트   ② 페스탈로치
③ 루소   ④ 듀이

02
평생학습사회의 교육적 특성에 가장 잘 부합하는 것은?

① 다양한 유형의 학습망(네트워크) 조직의 보편화
② 교육내용에 있어서의 표준화 강화
③ 교사 주도 교육활동의 중요성 증가
④ 능력보다는 학력의 사회적 가치 증가

03
학문중심 교육과정에 대한 설명으로 옳지 않은 것은?

① 학문중심 교육과정은 지적 성장을 강조한다.
② 장래생활준비는 물론 학습자의 현재 생활까지도 강조한다.
③ 개인차를 인정하고 개별학습과 집단학습의 장을 마련해 준다.
④ 전인적 인간, 즉 자아실현이 가능한 사람을 중시한다.

04
19세기 서양의 국가주의적 교육의 특징을 바르게 나타낸 것은?

① 자국의 역사, 지리 중시
② 라틴어와 그리스어의 중시
③ 절대 왕권 유지의 수단
④ 산업기술 인력의 양성 강조

05
로마시대의 사상가 퀸틸리아누스가 다음과 같은 주장을 통해서 강조하려는 교육사상과 가장 일치하는 것은?

> 새는 날 수 있게 태어났으며, 말은 달릴 수 있게 태어났으며, 사람은 배우며 이해할 수 있게 태어났다.

① 자유로운 교육환경에서 조기교육을 실시해야 한다.
② 학습에 있어서 흥미와 유희의 필요성을 강조한 것이다.
③ 개성의 차에 의하여 학습하여야 함을 시사하고 있다.
④ 체벌에 의존한 교육보다는 자유로운 교육을 실시해야 한다.

06
듀이의 '행함으로써 배운다(learning by doing)'는 말과 가장 밀접한 관련이 있는 것은?

① 교육은 미래생활을 준비하는 것이다.
② 교육은 경험을 재구성하는 것이다.
③ 교육은 인간의 이성을 훈련하는 것이다.
④ 교육은 인류의 문화유산을 전수하는 것이다.

07
다음 중 프래그머티즘의 진리관을 바르게 표현한 것은?

① 지식은 외부세계에 대한 감각적 경험을 원천으로 한다.
② 지식은 이성적 사유를 통해 구축된 논리적 체계이다.
③ 지식은 보편적 실체에 대한 직관적 통찰의 산물이다.
④ 지식은 당면한 문제를 해결할 수 있는 현실 적합성으로 증명된다.

08
인간행동의 이해에 있어 생태론의 입장을 가장 바르게 설명한 것은?

① 아동에게 미치는 환경적 요소를 체계적이고 구체적으로 분석하려는 입장이다.
② 로렌츠에 의해 현대적인 기초가 확립된 이론으로 개인이 환경에 반응한다는 기본전제하에서 출발한다.
③ 인간행동 이해에 있어서 인간을 둘러싸고 있는 사회, 문화적 환경을 중시하는 입장이다.
④ 제3의 심리학의 입장으로 인간이해에 있어서 개인이 환경에 부여하는 의미의 관점을 매우 중시한다.

09
지능은 언어 지능, 수리적 지능, 인간관계 지능, 음악적 지능, 개인 내적 지능 등 여러 가지 영역이 있으며, 학생 개인에 따라 각기 뛰어난 지능영역이 있다고 보는 이론은?

① 인지발달론　　② 다중지능론
③ 지능요인론　　④ 지능삼원론

10
다음은 김 교사와 박 교사가 수업시간에 자주 보이는 행동을 기술한 것이다. 이에 대한 설명으로 옳은 것은?

- 김 교사는 중요한 내용을 이야기 할 때는 잠깐 멈추거나, 내용을 반복하거나, 옆 사람에게 이야기 해보게 한다.
- 박 교사는 칠판에 쓰여 있는 내용을 색분필로 표시하거나, 학생들로 하여금 노트나 책에 표시를 하게 한다.

① 조직화 방략을 통해서 학습의 파지 효과를 높이고자 한 것이다.
② 약호화 방략을 수업에 적용하려고 하였다.
③ 정교화 방략을 이용해 수업의 효과를 높이려고 하였다.
④ 주의집중 방략을 활용하여 학습의 효과를 높이고자 한 것이다.

11
태어난 지 6개월 된 준이는 공을 가지고 놀다가도 그 공이 안 보이는 곳으로 굴러가 버리면 공이 자기 손에 쉽게 닿는 가까운 곳에 있어도 그 공을 찾으려 하지 않는다. 이러한 현상을 설명할 수 있는 개념은 어느 것인가?

① 자기중심성　　② 대상영속성
③ 보존개념　　　④ 불가역성

12
다음은 어떤 상담이론에 대한 설명인가?

- 앨버트 엘리스(Albert Ellis)가 1955년에 개발
- 인간은 객관적 사실 때문에 혼란스러워하는 것이 아니라 그 사실에 대한 자신의 관점 때문에 혼란스러워 한다는 것을 강조하고 이를 수정하는 데 도움을 주는 상담이론
- ABCDEF는 상담과정에서도 중요한 치료절차로 이용되는데, 이는 선행사건(A) → 신념(B) → 결과(C) → 논박(D) → 효과(E) → 감정(F)을 나타낸다.

① 합리정서행동치료 상담이론
② 인간중심 상담이론
③ 실존주의 상담이론
④ 행동주의 상담이론

13
교수(수업)의 개념에 대한 설명으로 옳은 것은?

① 교수활동은 인간을 '기른다'는 의미를 지니고 있다.
② 교수에는 일정한 목표가 있어야 한다.
③ 교수활동에서 학생은 능동적이다.
④ 교수활동은 다의적으로 해석될 수 있다.

14
구안법, 발견학습, 프로그램학습과 관련이 깊은 학습지도의 원리는?

① 개별화의 원리
② 사회화의 원리
③ 직관의 원리
④ 자발성의 원리

15
다음 중 비판력, 분석력, 창의력 등의 고등정신능력 획득에 가장 적합한 방법은?

① 연상적 사고학습
② 프로그램학습
③ 프로젝트 기반학습
④ 기억력 증진학습

16
노울즈(M. Knowles)의 자기주도적 학습에 대한 설명으로 잘못된 것은?

① 초인지 학습전략을 적용한다.
② 성인을 위한 학습전략으로 시작되었다.
③ 개별학습 또는 협동학습 방법을 사용한다.
④ 학습자가 학습의 주도권을 가지나 평가는 교사가 한다.

17
매슬로우(Maslow)의 욕구 5단계설의 내용에 해당하지 않는 것은?

① 생리적 욕구
② 안전의 욕구
③ 사회적 욕구
④ 존재의 욕구

18
교육과 사회적 관계에 대한 갈등론의 주장이라고 할 수 있는 것은?

① 교육은 전통문화를 유지·발전시키는 역할을 한다.
② 교육은 사회의 불평등 구조를 유지시키는 역할을 한다.
③ 교육을 개인을 사회화시키는 역할을 한다.
④ 교육역할은 시대와 사회에 따라 다르다.

19
다음 중 정의적 영역과 관련이 있는 상담이론은?

① 인간중심 이론
② 상호제지 이론
③ 행동수정 이론
④ 합리적 정의이론

20
「학교폭력예방법」에서 규정하는 '학교의 장의 자체해결' 요건으로 옳지 않은 것은?

① 2주 이상의 신체적·정신적 치료가 필요한 진단서를 발급받지 않은 경우
② 재산상 피해가 없거나 즉각 복구된 경우
③ 학교폭력이 지속적인 경우
④ 학교폭력에 대한 신고, 진술, 자료제공 등에 대한 보복행위가 아닌 경우

제06회 실전동형 모의고사

풀이시간 :   내 점수 :

◆ 해설편 p.86

01
선택형 문항의 장점으로 적절하지 않은 것은?

① 채점의 객관성과 신뢰성을 유지할 수 있다.
② 단순한 기억력 측정에 빠질 경향이 있다.
③ 학습한 내용을 골고루 출제할 수 있다.
④ 통계적으로 의미 있는 해석 및 처리가 가능하다.

02
"인간은 자연 그대로 있을 때 참으로 선할 수 있으므로 교육의 일차적 사명은 인간의 천성을 보호하는 데 두어야 한다"는 자연주의 교육관이 미친 영향으로 적절한 것은?

① 안내자로서의 교사의 역할이 강조되었다.
② 학습과정보다 결과를 더 중요시하였다.
③ 전통적인 교과들을 더욱 중요시하였다.
④ 공동체적 생활규범을 강조하게 되었다.

03
신라의 화랑도 조직에서 최고 책임자는?

① 화랑   ② 문호
③ 낭도   ④ 국선

04
조선시대 서원의 특징으로 옳지 않은 것은?

① 번거로운 세속을 떠나 산수 좋고 조용한 곳에 위치하여 수양과 사색에 용이하였다.
② 까다로운 학령이나 학칙에 구애됨 없이 자유로이 공부할 수 있었다.
③ 서원은 문묘와 함께 한 사람의 명신과 공신을 제사하였다.
④ 세속과 접촉이 적으므로 심지의 동요가 적었다.

05
교육문제 해결을 위한 제언 기능으로서 교육목표 설정 시에 사용되는 교육철학의 기능은?

① 분석적 기능   ② 평가적 기능
③ 사변적 기능   ④ 종합적 기능

06
다음의 내용과 가장 관련이 있는 교육사상가는?

- 아동의 흥미와 노력을 중시한다.
- 교육방법은 직관의 원리에 따른다.
- 아동을 성인의 축소판으로 보지 않는다.
- 교육목적을 지식, 도덕, 기능의 조화로운 발달에 둔다.

① 에라스무스   ② 로크
③ 루터   ④ 페스탈로치

07
카텔(Cattell)은 서스톤(Thurstone)의 기본정신능력을 검사하여 분석한 결과 유동적 지능과 결정적 지능을 추출하였다. 이에 대한 설명으로 옳지 않은 것은?

① 결정적 지능은 평생교육에 영향을 미친다.
② 유동적 지능은 청년기까지 증가하다가 이후 쇠퇴한다.
③ 결정적 지능은 성인기 이후에도 계속 발달한다.
④ 유동적 지능은 학교학습과 밀접히 관련된다.

08
다중지능, 정서지능, 도덕지능, 성공지능에 관한 논의들은 지능을 어떤 능력으로 보려고 하는가?

① 실제적 삶의 영위능력
② 학문적 수행능력
③ 정의적 행동능력
④ 언어·논리·수리적 사고능력

09

교육과정의 과학화를 위하여 다음과 같은 5단계를 제시한 학자는?

> 1단계 : 인간경험을 광범위하게 분석한다.
> 2단계 : 주요 분야의 직무를 분석한다.
> 3단계 : 교육목표를 열거한다.
> 4단계 : 목표를 선정한다.
> 5단계 : 상세한 교육계획을 짠다.

① 드리븐(Dreeben) ② 보비트(Bobbitt)
③ 파이나(Pinar) ④ 잭슨(Jackson)

10

다음과 같은 절차를 거치는 교육과정 개발 모형은?

- 다양한 견해를 표방하고 공통된 합의의 기반을 모색하는 단계
- 다양한 대안을 검토하고 가장 그럴듯한 대안을 선택하는 단계
- 선택한 대안을 실천 가능한 것으로 구체화하는 단계

① 타일러(Tyler)의 목표모형
② 파이나(Pinar)의 자서전적 모형
③ 워커(Walker)의 숙의모형
④ 타바(Taba)의 귀납적 접근 모형

11

다음에서 설명하고 있는 이론은?

- 개인이 성취결과의 원인을 어디에 두느냐를 알 때 학업성취를 예언할 수 있다.
- 능력이나 노력은 내부요인으로, 과제의 곤란도나 행운은 외부요인으로 작용한다.
- 성적이 좋을 경우 부모로부터의 칭찬이 다음 학습동기를 유발한다고 볼 수 없다.

① 성취동기이론 ② 행동수정이론
③ 귀인이론 ④ 욕구만족이론

12

학습과제 분석의 결과로 결정되는 것은?

① 학업성취도 ② 학습의 순서
③ 학습자의 요구 ④ 피드백의 내용

13

그림은 칼슨(Carlson)의 봉사조직 유형이다. 유형Ⅳ의 설명으로 바른 것은?

		고객의 참여 결정권	
		있음	없음
조직의 고객선택권	있음	유형Ⅰ	유형Ⅲ
	없음	유형Ⅱ	유형Ⅳ

① 대체로 그 존립을 법적으로 보장받고 있는 조직들이 여기에 속한다.
② 이론적으로 가능하지만 실제로 존재하기는 어렵다.
③ 고객의 참여 결정권이 없어 치열한 경쟁을 해야만 하는 조직이다.
④ 조직의 일차적 수혜자가 소극적인 참여를 하는 구성원들이다.

14

민주적 교육행정의 가치를 가장 중시하는 이론은?

① 체제이론 ② 과학적 관리론
③ 행동과학이론 ④ 인간관계론

15
다음 진술에서 허즈버그의 동기-위생이론에 해당하는 것은?

① 인간의 행동은 이론 X형과 이론 Y형으로 구분할 수 있다.
② 개인은 미성숙상태에서 성숙상태로 변화한다.
③ 조직생활에서 만족과 불만족요인은 차원이 서로 다르다.
④ 인간의 욕구는 저차원의 욕구와 고차원의 욕구로 구분된다.

16
다음 중 조직화된 무질서를 전제로 하는 의사결정 모형은?

① 혼합모형　　② 점증모형
③ 최적화모형　④ 쓰레기통 모형

17
"학교교육은 사회적 재생산의 기능을 수행한다"는 관점에서 학교교육 내용을 보는 견해에 속하는 것은?

① 기존의 학문적 업적 중 정수만을 골라 조직한 것이다.
② 국가의 경제적 경쟁력을 중시하여 편성한 것이다.
③ 미래 인력의 생산성을 증대시키기 위해 피교육자의 필요를 고려한 것이다.
④ 지배계층의 문화와 이데올로기를 반영한 것이다.

18
절대기준평가와 상대적 평가를 비교한 것으로 잘못된 것은?

	절대기준평가	비교기준	상대기준평가
①	학업성취 모형	이론적 모형의 예	심리검사 모형
②	표준화 검사	검사도구의 예	자격시험
③	부적편포	이상적 분포	정상분포
④	준거	원점수 해석	규준

19
다음과 같은 학습상황에 가장 적절한 교육방식은?

- 학습자들이 통학하기 어려운 곳에 살고 있다.
- 학습주제가 교사와 학습자 간의 상호작용을 필요로 한다.
- 인터넷, 위성TV 등의 통신수단이 잘 보급되어 있다.

① 원격교육　　② 집단교육
③ 개별교육　　④ 면대면교육

20
'초중등교육법'에서 규정하고 있는 학교회계의 수입이 아닌 것은?

① 국가의 일반회계나 지방자치단체의 교육비특별회계로부터 받은 전입금
② 학교교육과정위원회 의결을 거쳐 학부모가 부담하는 경비
③ 학교발전기금으로부터 받은 전입금
④ 국가나 지방자치단체의 보조금 및 지원금

제07회 실전동형 모의고사

풀이시간 :   내 점수 :

◆ 해설편 p.90

01
렌즐리(Renzulli)가 제시한 영재 특성모형의 요인이 아닌 것은?

① 과제집착력
② 평균 이상의 지능
③ 정보처리능력
④ 창의성

02
다음과 같은 교육방법을 제시한 교육학자의 교육사상으로 알맞은 것은?

- 도(道)에 들어가기 위하여 학업을 공경히 하고 진실함을 밝혀라.
- 스스로 일어서는 절도를 배우기 위하여는 크게 중(中)을 지키고 화(和)하라.
- 학문하는 표준으로 덕에 나아가고 성인의 도를 즐김에 힘쓰라.
- 예(禮)를 밝히고 용(用)을 알맞게 하는 실질적이고 경험이 되는 것을 배우기를 힘쓰라.

① 수양의 핵심을 실천의 도에 두어 지행사상을 강조하였다.
② 우리나라에 주자학을 도입한 주자학의 학조이다.
③ 문헌공도를 세웠고 교육적 인간상으로 육(六)정신상을 제시하였다.
④ '중용'과 '대학'을 심신의 학문이라 중시하였다.

03
최치원의 난랑비 서문에 나타난 화랑도의 교육내용 중 '유오산수(遊娛山水), 무원부지(無遠不至)'는 '심신단련과 직관교육'을 위주로 한 것이다. 이와 같은 성격의 내용을 갖고 있는 신교육 운동을 모두 고른 것은?

가. 노작교육
나. 전원학사
다. 후조운동(반더포겔)
라. 보이스카우트

① 가, 나 ② 나, 다
③ 다, 라 ④ 가, 라

04
교육행정과 교육목적을 효율적으로 달성하기 위하여 다른 사람과 협동하는 과정으로 보는 교육행정의 개념은?

① 행정행위설 ② 교육에 관한 행정
③ 교육을 위한 행정 ④ 교육행정 과정론

05
인문주의 사상가 에라스무스는 '지성을 지닌 인간 본성의 함양'을 교육의 궁극적인 목적으로 제시하였다. 이를 위한 방법론으로 적합하지 않은 것은?

① 빈부, 귀천, 남녀의 차별이 없는 교육기회를 균등히 하라.
② 아동이 준비가 되고 필요를 느낄 때 교육을 실시하라.
③ 사회의 발전과 국민의 복지에 도움이 되는 교과를 교육내용으로 삼아라.
④ 인간애를 기본원리로 하는 자유교육을 실시하라.

06

코메니우스 교육방법의 이론적 토대로 가장 관련이 깊은 것은?

- 교수는 적당한 시기에 실시하라.
- 쉬운 것에서 어려운 것으로 학습을 진행하라.
- 사물을 먼저 보이고 언어를 사용하라.
- 자연은 비약하지도 중단하지도 않는다.

① 교육방법으로 우선적으로 강조할 것은 사물을 통한 개념의 이해이다.
② 모든 학습은 자연의 순리에 따라서 진행하여야 한다.
③ 교육방법으로 중요한 것은 사랑과 온정으로 아동을 대하는 태도이다.
④ 아동의 개인차를 존중하고 흥미에 모든 교육의 기초를 둔다.

07

철수는 공부할 때 방해를 받지 않기 위해 자기 방문에 '공부중'이란 팻말을 걸어두었다. 스턴버그가 제안한 지능의 삼원이론에서 볼 때, 이런 행동과 가장 관계가 깊은 것은?

① 분석적 지능
② 언어적 지능
③ 정서적 지능
④ 실제적 지능

08

보비트(Bobbitt)의 교육과정 구성의 과학화 단계를 바르게 나열한 것은?

① 인간경험분석 – 직무분석 – 교육목표열거 – 교육목표선정 – 교육계획수립
② 인간경험분석 – 교육목표열거 – 교육목표선정 – 직무분석 – 교육계획수립
③ 교육목표열거 – 교육목표선정 – 인간경험분석 – 직무분석 – 교육계획수립
④ 교육목표열거 – 교육목표선정 – 직무분석 – 인간경험분석 – 교육계획수립

09

비판적 사고력의 향상, 학교활동에의 적극적인 참여 등 여러 가지 교육목표를 달성하기 위하여 '모의법정' 활동을 실시하기로 하였다. 이 경우에 적용한 교육내용 선정 원리는?

① 동목표 다경험의 원리
② 동경험 다성과의 원리
③ 가능성의 원리
④ 기회의 원리

10

정의적 특성과 학습의 관계에 대한 설명 중 옳은 것은?

① 도전적 과제의 성취동기 수준과 연령 간에는 정적 상관이 있다.
② 최상의 학습효과를 위해서는 불안 수준을 최대한 낮춰야 한다.
③ 실패의 원인을 능력보다 노력 부족에 돌리는 학생은 다음 시험을 위해 더 노력한다.
④ 내재적 동기보다 외재적 동기에 의해 수행되는 학습이 더 지속적이다.

11

교육과정의 다양한 정의방식 중에서 '계획된 활동으로서의 교육과정'으로 거리가 먼 것은?

① 교육과정을 계획된 활동이라고 보는 것은 내적인 발달보다는 외형에 강조점을 두는 것이다.
② 교육과정을 일련의 활동의 모음이어야 한다고 생각한다.
③ 교육과정이란 학생들이 하는 활동의 치밀한 계획이다.
④ 교육과정의 의미를 학생들에게 전달되는 계획된 모든 활동으로 본다.

12

타일러의 관점에서 교육목적 설정 시 기준이 되는 것은?

① 학생과 사회의 요구 및 교과전문가의 견해
② 학생의 장래와 부모 및 교사의 요구
③ 교육수준과 학교의 성적 및 학생의 실태
④ 교육내용의 수준과 경험의 내용 및 교수방법의 가능성

13

워커(Walker) 등이 제안한 '실제적 교육과정 개발'에서 다음과 같은 행동이 이루어지는 단계는?

- 각각의 교육과정 대안이 가져올 결과를 가늠한다.
- 자신이 속한 이해집단의 이해관계를 반영시킨다.
- 참여자가 공정하고 균형 잡힌 판단에 이르도록 도와준다.
- 제안된 교육과정 대안들 간의 상호충돌하는 측면을 제시한다.

① 설계 ② 숙의
③ 토대구축 ④ 통합

14

교과 통합의 유형 중 '사회과' 및 '과학과' 교과내용의 횡적 조직유형은?

① 나선형 ② 중핵형
③ 생성형 ④ 광역형

15

딕(Dick)과 캐리(Carey)의 체제적 교수설계 모형에서 학습과제 분석의 결과와 그 활용에 관한 설명 중 거리가 먼 것은?

① 분석된 모든 목표와 하위기능을 수행목표로 진술한다.
② 분석된 학습목표들을 고려하여 연습문제, 형성평가 및 총합평가 도구를 개발한다.
③ 설정된 출발점 행동을 본시수업 초기단계에서 가르치고 형성평가 단계에서는 성취도를 평가한다.
④ 분석결과에 따라 하위기능을 먼저 가르치고, 그 다음 관련된 상위목표를 달성하도록 수업순서를 정한다.

16

일제강점기 조선교육령에 대한 설명으로 옳지 않은 것은?

① 제1차 조선교육령 – 한국인에게 저급한 실업교육을 장려
② 제2차 조선교육령 – 일본 학제와 동일하게 융화정책을 사용
③ 제3차 조선교육령 – 일본어, 일본사, 수신, 체육 교과를 강화
④ 제4차 조선교육령 – 교명을 일본인 학교와 동일하게 개칭

17

학교현장에서 직면한 문제해결을 위해 카우프만(Kaufman)의 '체제접근'을 시도하고자 한다. 체제접근의 '문제확인' 단계에서 활용하기에 가장 적합한 것은?

① 대안결정 ② 해결전략선정
③ 해결전략시행 ④ 요구분석

18

학교장이 'Y'이론에 입각한 인간관을 가졌을 때, 취할 수 있는 가장 적절한 학교경영전략은?

① 상벌체제를 강화하여 교사를 통제한다.
② 교사들의 업무를 지원하고 촉진하기 위해 학교조직을 정비한다.
③ 교사의 모든 업무에 대한 상세한 지침을 하달한다.
④ 교사들이 미성숙한 상태에 있다고 전제하고 관리하는 데 역점을 둔다.

19

'교육기회경비'를 바르게 설명한 것은?

① 학생이 학교에 다니는 동안 직업을 갖지 못하여 포기된 소득
② 교육활동을 전개하는 데 직접 투입되는 비용
③ 공공단체의 예산 회계절차를 거쳐 교육에 투입되는 경비
④ 교육활동을 지원하는 데 투입되는 모든 비용

20

학교안전법 시행령에서 규정하고 있는 교육활동과 관련된 시간이 아닌 것은?

① 통상적인 경로 및 방법에 의한 등·하교 시간
② 휴식시간 및 교육활동 전후의 통상적인 학교체류시간
③ 교사의 지시에 의하여 학교에 있는 시간
④ 학교장이 인정하는 직업체험, 직장견학 및 현장실습 등의 시간

제08회 실전동형 모의고사

풀이시간 :   내 점수 :

◆ 해설편 p.93

01
교육의 내재적 목적을 바르게 설명한 것은?

① 교육계 안에서 자발적으로 설정된 교육목적
② 국가 발전계획에 부합되는 교육목적
③ 교육의 개념 속에서 논리적으로 연역되어 나오는 교육목적
④ 경험적으로 타당하다고 밝혀진 교육목적

02
다음 글에서 강조하고 있는 점을 가장 바르게 기술한 것은?

> 최근 가정의 경제적 형편보다 부모의 학력이 아동들의 교육성취도를 더 크게 좌우한다는 연구 결과가 보고되었다. 이러한 결과는 경제적 자본보다 문화적 자본이 교육에서 더 큰 영향력을 발휘하고 있을지 모른다는 짐작을 하게 한다. 그러나 문화적 자본이 가정 안에 아무리 많이 축적되어 있다 하더라고 사회적 자본이 많이 마련되지 못한다면, 그 문화적 자본의 효과가 발현되기는 힘들 것이다.

① 친구관계가 가정환경보다 중요하다.
② 부모와 자녀 사이에 긴밀한 상호작용이 중요하다.
③ 가정이 위치한 지역사회의 교육환경이 중요하다.
④ 부모가 사회인으로서 모범을 보여주는 것이 중요하다.

03
학습장애 학생을 위한 교수 방안으로 적절하지 않은 것은?

① 학생의 장점을 최대한 활용하고 단점을 보완하여 준다.
② 학생의 주의력 문제를 보완해 주기 위해 과제의 분량을 조정해 준다.
③ 학생의 어려움을 보완해 주기 위해 계산기나 컴퓨터 등을 활용하게 한다.
④ 학생이 자신의 학습 속도에 맞추도록 수업에서 교사의 개입을 최소화한다.

04
국학의 직제에 대한 설명 중 바르지 못한 것은?

① 경 아래 박사와 조교는 각 2명씩 두었다.
② 국학의 장에는 경 1인을 두었다.
③ 대사는 2명을 두었다.
④ 사는 4명을 두었다.

05
일제 강점기에 행한 교육과 일치하는 것은?

① 의무교육을 실시하였다.
② 전통교육기관인 성균관을 지원하였다.
③ 황국신민 양성교육을 실시하였다.
④ 조선민립대학 설립운동을 지원하였다.

06
교육평가의 관점에서 '총평관'에 해당하지 않는 것은?

① 개인과 환경 사이에 상호작용에 관심을 갖는다.
② 환경은 안정성을 위협하는 변인으로 보아, 환경의 영향을 통제 또는 최소화 하려고 한다.
③ 환경은 개인의 행동변화를 강요하는 압력으로서 분석하고 결정한다.
④ 구인타당도를 활용하여 개인과 환경 사이의 상호작용에 관한 수집된 증거가 설정된 구인으로 어느 정도 설명되는지를 중시한다.

07
르네상스 시대의 인문주의 교육에 관한 설명으로 가장 적절한 것은?

① 최고 수준의 인문주의는 키케로주의라고 칭송되었다.
② 중세의 가톨릭에 대하여 적대감을 가지고 종교교육을 반대하였다.
③ 인문학에 관심을 집중시키고 자연과학에 대해서는 관심이 적었다.
④ 고대의 자유교육을 복원시켰다.

08
다음 글은 어떤 교육철학의 배경을 설명하고 있는가?

> 이 세계는 가만히 정지하고 있는 것이 아니라 끊임없이 변화하며 발전하기도 하고 소멸하기도 하는 것이다. 또한 물질계뿐만 아니라 정신계와 가치까지도 시간과 장소와 환경에 따라 변화하는 것이다. 그런데 지식은 이러한 물질계와 정신계가 끊임없이 변화하는 것처럼 절대 불변하고 완전한 지식이란 있을 수 없으며, 시간과 장소에 따라 그 지식도 변할 수밖에 없다.

① 실존주의 ② 자연주의
③ 실용주의 ④ 인문주의

09
지능검사에 관한 설명으로 옳은 것은?

① 스텐포드 – 비네 척도는 최초의 집단 지능검사이다.
② 비네검사는 아동용 지능검사이며, 동작성 검사로 구성되어 있다.
③ 웩슬러 검사는 언어적 검사와 동작성 검사로 구성되어 있다.
④ 지능지수는 평정척도를 통하여 얻어진 정신연령 점수이다.

10
장독립적 학습자와 비교할 때 장의존적 학습자의 특성으로 거리가 먼 것은?

① 실제 상황이 함께 제시되는 학습과제를 잘 해결한다.
② 요소들 간의 관계가 분명한 학습내용을 잘 이해한다.
③ 분석력과 추리력이 요구되는 학습과제를 잘 해결한다.
④ 학습상황을 부분으로 나누기보다는 전체로 지각한다.

11
학습자의 기억을 돕기 위한 전략으로 옳은 것은?

> 가. 한 가지 학습방법이나 교수매체를 계속 활용한다.
> 나. 같은 정보를 다양한 상황이나 예를 통해 여러 번 제시한다.
> 다. 서로 관련된 정보는 시간적·공간적으로 가깝게 제시한다.
> 라. 복잡한 개념이나 문제일수록 즉각적인 반응 정보를 준다.
> 마. 학습자에게 의미 있는 정보가 더 오래 기억되므로, 학습자의 기존경험이나 흥미에 부합되는 정보를 제시한다.

① 나, 다, 마 ② 가, 나, 다
③ 가, 나, 라 ④ 다, 라, 마

12
헤르바르트는 궁극적인 교육목적을 도덕적 행위에 두고, 이를 위한 교육내용으로 경험의 영역을 제시하였다. 다음 중 지적 영역의 경험에 해당하는 것만 바르게 골라 묶은 것은?

> 가. 다른 사람들에게 친절하게 대하는 동정적 관심
> 나. 사물을 자세히 살펴보는 경험적 관심
> 다. 공공의 문제에 참여함으로써 갖게 되는 사회적 관심
> 라. 아름다움에 대한 느낌과 감흥에서 오는 심미적 관심
> 마. 자연의 법칙을 꼼꼼히 따져보는 반성적 관심

① 가, 다, 라, 마 ② 가, 나, 다
③ 가, 다, 마 ④ 나, 라, 마

13

학교학습에서 계속적으로 성공해온 학생은 자기 자신을 긍정적인 관점에서 보게 되는 반면, 계속적으로 실패해 온 학생은 자기 자신을 부정적으로 보는 경향이 생긴다. 자기 자신에 대한 이러한 관점을 나타내는 심리학의 용어는?

① 강화 ② 자아개념
③ 자신감 ④ 동기

14

다음 내용을 강조하는 학자는?

- 아동은 타인과의 관계에서 영향을 받으며 성장하는 사회적 존재이다.
- 아동의 자기중심적 언어의 사용은 단순히 자기만의 생각을 표현하는 것이 아니라 문제해결을 위한 사고의 도구이다.
- 아동은 근접발달영역 내에서 문제를 파악해야 하고, 교사나 다른 아동과의 상호작용에 의해 제공된 발판을 필요로 한다.

① 브루너 ② 콜버그
③ 피아제 ④ 비고츠키

15

국어시간에 곤란을 겪었던 학생이 다음 시간인 음악수업에서도 싫증을 느끼는 것을 설명할 수 있는 것은?

① 학습의 파지 ② 적극적 전이
③ 소극적 전이 ④ 형태이조설

16

교육과정을 구성할 때 교육내용을 선정하고 조직함에 있어서 점차적으로 깊이와 넓이를 더해 가는 나선형 조직의 원리는?

① 계속성 ② 연계성
③ 통합성 ④ 계열성

17

언어 영역의 총 65문항 중 2점 배점 문항 10개, 1.6점 배점 문항 12개, 1.8점 배점 문항 15개를 맞은 경우의 원점수는 얼마인가?

① 60.4점 ② 66.4점
③ 66.6점 ④ 66.2점

18

다음 중 수업설계의 필요성으로 거리가 먼 것은?

① 수업목표나 내용에 적합한 수업방법을 선택하고 제공하기 위해
② 수업설계는 학습자들의 학습결손을 발견하여 처치하려는 의도에서 비롯되었기 때문에
③ 학습자 개인은 수업의 과정에서 제공되는 수업방법이나 학습활동에 다르게 반응하기 때문에
④ 수업은 수업자 자신의 자질, 능력, 선호하는 수업방법 등이 고려되어 계획되어야 하기 때문에

19

변혁지향적 리더십 이론을 바르게 설명한 것은?

① 지도자가 구성원들의 조직문제에 대한 인식수준을 끌어올리기 위해 노력한다.
② 지도성 이론에서 상황이론은 변혁지향적 리더십 이론에 속한다.
③ 구성원 각자가 스스로를 이끌 수 있도록 만드는 리더십을 만든다.
④ 지도자가 조직의 성과를 향상시키기 위해 구성원이 원하는 다양한 보상을 제공한다.

20

다음 중 교육공무원에 해당되지 않는 사람은?

① 교육기관에 근무하는 교원 및 조교
② 교육행정기관에 근무하는 장학관 및 장학사
③ 국·공·사립의 학교 또는 기관에서 근무하는 행정실장
④ 교육기관, 교육행정기관 또는 교육연구기관에 근무하는 교육연구관 및 교육연구사

제09회 실전동형 모의고사

01
"면도날은 딱딱한 가죽에 갈면 날카로워져서 수염을 잘 자를 수 있듯이 어려운 교과를 통해서 정신능력을 단련하면 나중에 문제해결을 잘 할 수 있다"라고 보는 전이 이론은?

① 동일요소설 ② 형태이조설
③ 형식도야설 ④ 일반화설

02
교육의 본질에 관한 듀이의 사상이 아닌 것은?

① 교육은 사회적 과정이다.
② 교육은 성장이다.
③ 교육은 성인생활을 위한 준비과정이다.
④ 교육은 계속적인 경험의 재구성이다.

03
로마시대의 사상가 퀸틸리아누스의 교육방법과 거리가 먼 것은?

① 체벌 금지
② 흥미와 유희의 필요성
③ 아동 개인차와 개성 존중
④ 지속적인 암기

04
고려시대부터 서민교육의 보급과 지방민의 교화를 위해 설립한 사설 초등교육기관은?

① 서당 ② 서원
③ 학당 ④ 향교

05
듀이가 어떤 개념을 설명하기 위해 주장한 내용이다. 어떤 개념인가?

- 거리가 있는 두 개의 사물을 연결하는 것이다.
- 노력이나 의무와 대립된 개념이라고 할 수 있다.
- 자아와 사물의 활동적, 유동적 동일성을 의미한다.
- 사람과 재료, 행위와 결과 사이의 거리감을 없앤다.

① 경험 ② 성장
③ 흥미 ④ 지식

06
서구 근대 공교육 제도의 형성 배경으로 보기 어려운 것은?

① 종교개혁가들이 교육개혁을 추진하였다.
② 근대 초기에 중국의 국가교육제도가 유입되었다.
③ 산업혁명의 결과 훈련받은 노동력이 필요하게 되었다.
④ 평등주의 사상이 대두되어 보편교육의 요구가 강해졌다.

07

학생들의 주위에는 많은 자극들이 존재하고 있지만 관심을 두지 않으면 학습은 결코 일어나지 않는다는 사실과 가장 관계가 깊은 것은?

① 부호화 ② 지각
③ 시연 ④ 주의집중

08

창의성과 관련한 다음 진술 중 가장 적절한 것은?

① 창의성은 학교 학생 성적에 영향을 주지 않는다.
② 창의성이 높은 학생일수록 자신을 개방하려는 경향이 적다.
③ 지능이 높을수록 창의성이 높으며, 그 상관계수는 .80 정도이다.
④ 유창성은 창의성의 주요 요소이다.

09

피아제(Piaget) 이론에 대한 설명으로 옳은 것은?

① 언어의 발달이 사고의 발달에 선행한다.
② 아동이 범하는 오류는 그의 인지구조를 파악할 수 있게 하는 유용한 근거이다.
③ 아동과 성인의 인지 특성 간에는 구조적 차이가 없다.
④ 도식은 동화와 조절을 통해 평형을 유지하려는 선천적 경향이다.

10

민주시민이 되려면 민주적 과정을 겪어 보고, 민주적 분위기를 경험해 보아야 한다. 교육과정에서 이 같은 내용 선정의 원리는?

① 만족의 원리 ② 동목표 다경험의 원리
③ 기회의 원리 ④ 동경험 다목표의 원리

11

다음과 같은 내용에 가장 알맞은 교육과정은?

- 전인적 발달을 중요시한다.
- 학습자의 흥미와 욕구에 기초한다.
- 문제해결력을 길러준다.
- 교사와 학생이 공동으로 학습계획을 세운다.

① 지식의 체계를 존중하고 학교에서 배우는 교과와 교재를 총칭하는 교육과정
② 경험의 체계를 중시하고 학습자에 의해 행해지는 일체의 활동을 의미하는 교육과정
③ 학문의 구조를 중시하고 지식의 발견과 검증과정을 중시하는 교육과정
④ 무계획성에 의하여 학습자가 얻게 되는 지식을 중시하는 교육과정

12

다음과 같은 특징을 지닌 교육과정은?

- 자기지향 평가 장려
- 자아실현 추구
- 잠재적 교육과정 중시

① 인간중심 교육과정 ② 학문중심 교육과정
③ 경험중심 교육과정 ④ 교과중심 교육과정

13

다음 설명에 해당하는 수행평가의 방법은?

- 질문과 반응을 분석하는 방법으로 심층적이고 질적인 자료를 얻을 수 있다는 장점이 있다.
- 자료 수집을 목적으로 조사와 진단이나 치료를 목적으로 상담으로 구분할 수 있다.
- 구조화된 방법과 비구조화된 방법으로 구분할 수도 있다.

① 연구보고서법 ② 면접법
③ 관찰법 ④ 포트폴리오법

14

다음 중 발견학습에 대해 바르게 설명한 것은?

① 과정이나 방법보다 결과를 중시한다.
② 다양한 교수매체보다 교과서를 중시한다.
③ 학습자의 자기실현보다 지식·기술습득에 관심이 크다.
④ 어떤 내용이든지 학생들에게 가르칠 수 있다는 가능성을 나타낸다.

15

배울 만한 가치가 있음에도 공식적 교육과정이나 수업에서 배제된 교과나 지식, 사고 양식을 의미하는 것은?

① 잠재적 교육과정　② 표면적 교육과정
③ 영 교육과정　　　④ 명시된 교육과정

16

학교조직에서의 비공식적 의사소통에 대한 바른 설명은?

① 통제하기가 용이하다.
② 의사소통의 책임소재가 분명하다.
③ 의사소통의 절차나 방법이 규격화되어 있다.
④ 교장에게 유익한 정보를 제공할 수 있다.

17

학업성취의 차이를 유발하는 요인에 대한 설명은 이론적 입장에 따라 달라진다. 주요 요인과 그것을 강조하는 사회학이론이 바르게 연결된 것은?

① 교육과정의 계급적 성격 - 문화재생산 이론
② 학교 및 학생 풍토 - 갈등이론
③ 학교의 시설자원 - 인간자본론
④ 학생의 선천적 지능 - 상징적 상호작용론

18

철수의 수학성적이 70점이고, 반평균은 60점이며 표준편차가 5이다. 철수의 T점수는 얼마인가?

① 65　　② 70
③ 75　　④ 80

19

다음에서 "교육평가는 학생을 서열화하는 것이 아니라 이해하기 위하여 존재한다."는 교육관과 관련이 있는 내용을 모두 고르면?

> 가. 교육평가는 계속적이고 종합적이어야 한다는 신념
> 나. 학생은 잠재 가능성이 크다는 신념
> 다. 교육평가를 위한 자료와 대상 및 시간이 무한하다는 신념
> 라. 학생들의 개인차를 정확히 밝혀야 한다는 신념

① 가, 나, 다　　② 가, 나
③ 나, 다　　　 ④ 가, 나, 다, 라

20

학교폭력대책심의위원회의 구성·운영에 대한 설명으로 옳지 않은 것은?

① 심의위원회는 10명 이상 50명 이내의 위원으로 구성
② 전체위원의 3분의 1 이상을 해당 관할 구역 학교에 소속된 학부모로 위촉
③ 심의위원회 위원은 교육감이 임명하거나 위촉
④ 교원으로 재직하고 있는 사람으로서 학교폭력 업무 2년 이상

제10회 실전동형 모의고사

풀이시간 :   내 점수 :

◆ 해설편 p.101

01
본질주의 교육의 핵심사상이 아닌 것은?
① 학생들의 자유로운 활동을 최대한 보장해준다.
② 학습은 힘든 과정으로 단련과 도야가 중요하다.
③ 교사의 역할은 성인세계와 아동세계의 중개자이다.
④ 교육과정은 인류의 문화재 중에서 생활에 소용될 에센스를 뽑아 구성해야 한다.

02
조선시대 교육관계 법규의 일부이다. 이 법규와 가장 관련이 깊은 것은?

- 매월 초하룻날 제생은 관대를 갖추고 문묘정에 나아가 알성하고 사배례를 행한다.
- 항상 사서오경(四書五經)과 제사(諸史)만을 읽을 것이며, 장노불경(莊老佛經)이나 잡류백가자집(雜類百家子集)의 책은 가까이 하지 않는다.
- 매월 8일과 23일에는 의복을 세탁할 수 있도록 휴가를 주니 유생들은 이 날을 이용하여 복습을 할 것이요. 활쏘기·장기·바둑·사냥·낚시와 같은 유희를 즐겨서는 안 된다. 이를 어기면 벌한다.

① 집현전(集賢殿) ② 사학(四學)
③ 성균관(成均館) ④ 서원(書院)

03
도산 안창호의 교육사상에 대한 설명으로 옳지 않은 것은?
① 교육의 목적으로 건전한 인격도야를 위해 지육보다 체육을 강조하였다.
② 인간다운 도덕적 품성의 도야를 위해 무실, 역행, 충의, 용맹의 4대 정신을 강조하였다.
③ 교육방법으로 성실성과 점진성을 강조하였으며, 미소운동을 전개하여 정서교육의 중요성을 일깨웠다.
④ 교육의 이념으로 자아혁신, 자력갱생, 점진공부를 강조하였다.

04
고려시대의 교육에 관한 설명으로 올바른 것은?
① 조선시대의 서당과 유사한 초학자용 교육사상이 존재하였다.
② 최충의 학교는 후기 관학의 발전에 공헌했다.
③ 과거제는 진사과와 의복과 양과 체제였다.
④ 국자감의 여섯 학부 중에서 사문학이 가장 중요했다.

05
학습동기에 대한 '귀인이론'이 교육에 주는 시사점은?
① 성취수준의 욕구를 충족시키기 전에 먼저 하위수준의 욕구가 충분히 만족될 수 있도록 한다.
② 학습에 대한 동기를 유발하기 위해 꾸중이나 질책보다는 칭찬이나 보상을 많이 사용한다.
③ 학습결과에 대한 책임을 학생 자신의 내부에 존재하는 가변적이고 통제 가능한 요인인 노력에서 찾도록 한다.
④ 높은 목표를 세우고 어려움에 처했을 때 끈기를 가질 수 있도록 자아 효능감을 고양시켜 준다.

06
아동 역시 성인과 마찬가지로 존엄한 인간으로서 자유를 누릴 권리를 지니지만 학교에서 아동의 자유를 어느 정도 제한하는 것은 불가피하다. 그 이유를 바르게 설명한 것은?
① 질서유지는 가장 중요한 교육목표이기 때문이다.
② 아동은 완전한 자유를 누릴 만큼 성숙하지 못하기 때문이다.
③ 아동은 본성적으로 자유를 싫어하기 때문이다.
④ 교사권위를 세우기 위해서는 통제가 필요하기 때문이다.

07

다음 중 포스트모던 사회에 적합한 교육이론을 모두 골라 묶은 것은?

> 가. 언어를 인간행위의 가장 핵심적인 것으로 간주한다.
> 나. 학습내용에 있어서 추상적 체계성과 총체성을 강조한다.
> 다. 지식의 우연성, 다원성, 비교·불가능성에 비판적 태도를 갖는다.
> 라. 이성적 자아의 해체를 포스트모던적 인간상으로 제시한다.
> 마. 사회를 구성하는 각 집단의 사회문화적 배경을 중시한다.

① 가, 나, 라 ② 나, 다, 라
③ 다, 라, 마 ④ 가, 라, 마

08

'지식의 구조'와 관련성이 먼 것은?

① 핵심적 아이디어 ② 기본 개념
③ 일반적 원리 ④ 총체적 능력

09

환경으로부터 정보를 입수하여 기존의 인지구조 및 체계를 재구성하거나 수정하는 기제는?

① 동화 ② 조절
③ 평형 ④ 불균형

10

다음 중 콜버그의 도덕성 발달이론을 가장 올바르게 적용한 것은?

① 초등학교 저학년 학생에게 도덕원리에 대해 가르친다.
② 초등학교 고학년 학생이 착한 행동을 할 경우 사탕을 준다.
③ 학교규칙을 잘 지킨 초등학생을 칭찬하고 그 행동을 인정해 준다.
④ 중고등학교 학생에게 벌과 단체 기합을 주어 행동을 개선한다.

11

'인간관계론'이 교육행정에 미친 영향으로 거리가 먼 것은?

① 학교 내 비공식 조직이나 소집단의 중요성을 인정하였다.
② 행정의 능률과 민주적 목표와의 조화를 무시하게 되었다.
③ 구성원들의 참여를 바탕으로 하는 민주적 지도성이 중시되었다.
④ 구성원들이 사회·심리적 필요를 충족시켜 주기 위한 구성원 간의 의사소통이 강조되었다.

12

다음의 현상은 어떤 개념의 예라고 할 수 있는가?

> 영호는 학교에서 선생님이 자동차에 대하여 설명하고 또 공부 잘 하는 학생을 칭찬하는 것을 본다. 집에 가서 영호는 인형들을 학생으로 간주하고 그 앞에서 선생님의 역할을 해 본다.

① 강화 ② 관찰학습
③ 기능학습 ④ 조건화

13

학생의 흥미나 요구를 중심으로 하여 교육내용을 통합하되 통합 이전 교과의 구분이 완전히 사라진 채 조직되는 통합유형은?

① 중핵형
② 광역형
③ 분과형
④ 상관형

14

교사가 자신이 가르치는 교과에서 핵심개념과 일반적 원리를 탐색하는 방법으로 거리가 먼 것은?

① 내용의 기반이 되는 영역의 학문 분석
② 내용을 포괄하는 배경 지식 분석
③ 내용의 전이 가능성 분석
④ 내용에 대한 학습자의 흥미 조사

15

2022 개정교육과정 구성의 중점사항이 아닌 것은?

① 디지털 전환, 기후·생태환경 변화 등에 따른 미래 사회의 불확실성에 능동적으로 대응할 수 있는 능력과 자신의 삶과 학습을 스스로 이끌어가는 주도성을 함양한다.
② 모든 학생이 학습의 기초인 언어·수리·디지털 기초소양을 갖출 수 있도록 하여 학교 교육과 평생 학습에서 학습을 지속할 수 있게 한다.
③ 인문·사회·과학기술 기초 소양을 균형 있게 함양하고, 학생의 적성과 진로에 따른 선택학습을 강화한다.
④ 교과 교육에서 깊이 있는 학습을 통해 역량을 함양할 수 있도록 교과 간 연계와 통합, 학생의 삶과 연계된 학습, 학습에 대한 성찰 등을 강화한다.

16

귀납적 추론능력을 발달시키는 데 가장 적절한 수업모형은?

① 역할놀이 모형
② 가치명료화 모형
③ 개별학습 모형
④ 탐구학습 모형

17

다음은 어떤 교육행정의 원리를 설명하고 있는가?

- 민주주의 기본 원리이다.
- 교육행정에 있어 가장 강력하게 요청되는 원리이다.
- 모든 국민에게 균등하게 보장하는 의무교육을 실시해야 한다.

① 자주성의 원리
② 안정성의 원리
③ 전문성 보장의 원리
④ 기회균등의 원리

18

수학여행의 장소 결정에 앞서 교장은 수학여행과 관련된 모든 정보에 기초하여 가능한 모든 대안들을 마련하고, 우선순위에 따라 이상적인 장소로 제주를 결정했다면, 이때 교장이 택한 의사결정 모형은?

① 합리모형
② 최적모형
③ 점증모형
④ 만족모형

19

갈등론적 입장에서 본 학교의 기능은?

① 학교는 학습자가 통제와 속박에서 벗어나 스스로 선택하도록 한다.
② 학교는 재능 있는 자를 분류하고 선택한다.
③ 학교는 학생들로 하여금 사회적 실재를 알도록 한다.
④ 학교는 사회존속의 필요조건인 세대 간의 계속성을 유지시킨다.

20

공교육정상화법에 관한 내용으로 옳지 않은 것은?

① "선행교육"이란 교육관련기관이 교육과정에 앞서서 편성하거나 제공하는 교육 일반을 말한다.
② "선행학습"이란 학습자가 국가교육과정, 시·도교육과정 및 학교교육과정에 앞서서 하는 학습을 말한다.
③ "국가교육과정"이란 「초·중등교육법」 제23조 제2항에 따라 교육부가 정한 초·중등학교 교육과정이다.
④ "학교교육과정"이란 「초·중등교육법」 제23조 제1항에 따라 편성·운영되는 단위학교 교육과정이다.

제11회 실전동형 모의고사

01
교육의 유형에서 다음 중 성격이 다른 것은?
① 소비자교육   ② 새마을교육
③ 학교교육   ④ 방송통신교육

02
학업성취를 결정하는 학교 내적 요인으로 거리가 먼 것은?
① 학교환경   ② 학교의 교육조건
③ 교사의 기대   ④ 학급편성과 학급규모

03
이이(율곡)의 학생수양에 대한 훈규를 나타내고 있는 것은?
① 성학십도   ② 성학집요
③ 격몽요결   ④ 학교모범

04
우리나라 교육사에 있어 원산학사가 지니는 교육적 의의에 대한 설명으로 바르지 못한 것은?
① 정부의 허가를 받아 설립된 학교로 국가적인 필요에 의해 설립된 학교이다.
② 우리나라 최초의 근대적 사학을 우리 손으로 설립하였다.
③ 전통적인 교육기관인 서당을 개량서당으로 발전시켜 전통을 계승하였다.
④ 갑신정변 이전까지의 문무일치 교육을 실시한 점에서 구국정신을 엿볼 수 있다.

05
다음에 열거된 교육방법을 제시한 교육사상가와 저서를 바르게 연결한 것은?

- 교재는 연령에 따라 배열하고, 아동의 이해력에 알맞게 배당해야 한다.
- 개개의 사물에 대한 지식을 먼저 가르치고 체계에 관해서는 그 다음에 가르쳐야 한다.
- 한 시기에는 한 교과만을 가르쳐야 한다.
- 교재는 학년별, 월별, 일별, 시간별로 명확히 구분하여야 하며, 쉬운 것부터 어려운 것으로 점진적 배열을 해야 한다.
- 체벌로 학습을 강요하지 말고 구체적, 감각적으로 교재를 제시해야 한다.

① 헤르바르트 - 일반교육학
② 코메니우스 - 대교수학
③ 루소 - 에밀
④ 페스탈로치 - 린하르트와 게르트루트

06

중세 기독교 학교 중 다음의 내용에 해당하는 것은?

- 더 높은 영혼의 생활을 위하여 금욕주의적 생활을 하는 데 목적
- 이 학교의 수도승들은 육체의 욕망을 부정하고 현세를 부인
- 초심자에게 3R과 성경을 가르치고 고등에는 7자유학과를 가르침

① 본산학교 ② 수도원학교
③ 라틴어학교 ④ 궁정학교

07

다음과 같은 비판을 받고 있는 교육철학 사조는?

- 지나치게 개인적이며 사회통제를 무시한다.
- 사회적 전통과 교과의 체계를 등한시한다.

① 본질주의 ② 재건주의
③ 항존주의 ④ 진보주의

08

학습자의 내적 동기를 유발시키기 위한 좋은 방법은?

① 성취에 대한 만족감을 느낄 수 있는 기회를 제공한다.
② 행동에 대한 상벌 계획을 수립하여 시행한다.
③ 현대 사회에서 적응할 수 있는 경쟁의식을 조장한다.
④ 각종 스트레스의 즉각적인 발산과 해소를 권장한다.

09

다음은 피아제 이론의 인지발달기제와 관련된 예화이다. ㉠~㉢에 해당하는 개념을 바르게 나열한 것은?

현아는 모둠 학습과제를 위해 디지털 카메라를 꺼내어 작동시켜 보았더니 고장이 나 있었다. 그래서 어머니께서 빌려다 주신 것을 사용하게 되었다. ㉠ 낯선 제품이었지만 평소 자기의 카메라를 다루던 방식으로 전원 스위치를 눌렀더니 작동이 되었다. 그러나 ㉡ 풍경모드로 전환하는 방식이 예전의 자기 것과는 달라 당황스러웠다. 현아는 ㉢ 기능버튼을 이리저리 눌러보고 새로운 제품의 사용방법을 익혔다. 그 결과 그 제품을 자유로이 다룰 수 있게 되었다.

	㉠	㉡	㉢
①	도식	조절	동화
②	동화	비평형화	조절
③	조절	비평형화	동화
④	조절	동화	도식

10

중·고등학생의 일반적인 발달 특징을 바르게 설명한 것은?

① 이상보다 현실을 중요시한다.
② 친구와의 관계보다 부모와의 관계를 더욱 중요시한다.
③ 자아정체성을 확립하려고 한다.
④ 가설연역적인 사고를 하지 못한다.

11

학문 중심 교육과정에서 중요시 하는 것은?

① 형태이조설 ② 소극적 전이
③ 일반화설 ④ 동일요소설

12

비공식 조직의 역기능에 해당하지 않는 것은?

① 정실행위의 발생 우려
② 공식 조직 기능의 마비 우려
③ 공식 조직 책임자의 능력 보완, 경직성 완화
④ 비공식적 의사전달의 역기능

13

다음에 제시된 브루너의 가설과 관계가 깊은 이론은?

> 어떤 교과든지 올바른 형식으로 제시하면 어떤 발달단계에 있는 어떤 아동에게도 효과적으로 가르칠 수 있다.

① 헤비거스트의 발달과업 이론
② 피아제의 지적발달 이론
③ 로렌츠의 각인이론
④ 블룸의 완전학습 이론

14

다음 중 협동학습이 전통적인 소집단학습과 다른 점을 가장 잘 나타낸 것은?

① 한 사람의 지도자에 대한 의존도가 더 크다.
② 학습자들이 보다 독립적이다.
③ 구성원이 보다 동질적이다.
④ 구성원의 개별 책무성을 더 강조한다.

15

학교는 유기적 특성과 기계적인 특성을 동시에 지니고 있다. 유기적 특성으로 볼 수 있는 것은?

① 조직의 생산성을 많이 강조한다.
② 학교 환경에의 적응성과 직무 만족도는 낮다.
③ 업무의 복잡성은 높고 조직의 계층화는 낮다.
④ 조직의 효율성은 높다.

16

다음은 어떤 장학에 대한 설명인가?

> - Cogan에 의해 개발되었다.
> - 계획협의회 – 수업관찰 – 피드백 협의회가 주된 과정이다.
> - 교사와 장학담당자 간의 동료와 같은 관계형성을 중시한다.

① 동료장학
② 약식장학
③ 자기장학
④ 임상장학

17

신교육사회학의 지식관에 해당하지 않는 것은?

① 지식은 사회적으로 구성된다.
② 지식의 가치는 사회적으로 위계화되어 있다.
③ 학교지식은 특정 집단의 이해관계를 반영하고 있다.
④ 지식의 본질은 사회적·역사적으로 변화되지 않는다.

18

2022 개정 교육과정에서 제시하고 있는 학교 교육과정 지원 유형이 아닌 것은?

① 교육과정 질 관리
② 학교 자율시간 활용
③ 학습자 맞춤교육 강화
④ 학교의 교육 환경 조성

19

지시적 상담의 일반적인 순서는?

① 분석 – 종합 – 진단 – 상담 – 추수지도
② 진단 – 분석 – 상담 – 종합 – 추수지도
③ 진단 – 상담 – 분석 – 추수지도 – 종합
④ 분석 – 상담 – 진단 – 추수지도 – 종합

20

원격교육법에 대한 설명으로 옳지 않은 것은?

① "정보통신매체"란 유선·무선·광선 또는 그 밖의 방식으로 정보의 검색·수집·저장·가공·처리·송신·수신 및 서비스 제공을 하기 위한 수단으로서 전기통신설비, 방송통신설비, 컴퓨터 또는 우편물 등을 말한다.
② "원격교육"이란 교육기관이 지능정보기술과 정보통신매체를 이용하여 시간적·공간적 제약에 구애받지 아니하고 실시하는 일체의 교육활동을 말한다.
③ "원격교육콘텐츠"란 원격교육을 위하여 사용하는 부호·문자·도형·색채·음성·음향·이미지·영상 및 그 복합체와 관련된 자료 또는 정보를 말한다.
④ 교육기관의 장은 원격교육 시행할 때는 단독으로 운영하여야 하고, 학생에게 양질의 교육이 이루어질 수 있도록 노력하여야 한다.

제12회 실전동형 모의고사

01
자기주도적 학습의 중요성이 높아지는 평생학습사회를 대비하는 교육에서 강조하는 교수(Teaching)의 궁극적인 목적은?

① 수업시간에 학습자의 학습활동을 구체적으로 안내하기
② 미래에 보편화될 첨단 학습매체를 활용하여 수업하기
③ 수업목표 달성 여부를 평가하기
④ 학습자의 미래 학습능력을 높여주기

02
교육에 대한 정의로 올바르지 않은 것은?

① 기능적 정의 : 교육을 궁극적인 목적이나 가치 추구에 관련시켜 규정
② 규범적 정의 : 교육은 인격 완성 및 자아실현의 과정
③ 조작적 정의 : 교육이라는 활동이 가져다 줄 결과를 예측하여 이해
④ 준거적 정의 : 어떤 행동이 주어진 기준에 합치되었을 때 교육

03
향교에 대한 설명으로 옳은 것은?

① 향교는 교육보다는 문묘 기능이 강하였다.
② 향교는 지방에 세워진 중등 정도의 사설교육기관이었다.
③ 향교는 소학, 사서, 오경 등의 교육내용을 지도했으며 실과교육은 전혀 다루어지지 않았다.
④ 향교는 고려시대에 비하여 조선시대에 와서 교육적 기능이 왕성해졌다.

04
학습과 교수의 관계에 대한 설명으로 옳지 않은 것은?

① 교수는 학습에 비해 의도성이 크다.
② 학습은 독립변수가 되고 교수는 종속변수가 된다.
③ 교수는 처방적이고 학습은 기술적이다.
④ 인지주의는 환경자극에 대한 학습자의 내적 과정에 중점을 둔다.

05
다음은 어떤 교육방법에 대한 설명인가?

- 학습자들이 스스로 해결책을 찾을 수 있는 능력을 갖도록 유도
- 스스로 행하여 가장 잘 배울 수 있다는 진보적 교육의 원리
- 귀납적 또는 탐구적인 방식으로 문제를 해결하고 깊은 이해 가능

① 토의식 수업　　② 협동학습
③ 발견학습　　　④ 개별학습

06
제정 로마시대의 교육에 대한 설명으로 옳은 것은?

① 학교보다는 가정교육 중심이었다.
② 고등교육기관인 수사학교와 법률학교가 있었다.
③ 초등학교에서는 7자유학과를 교수하였다.
④ 문법학교에서는 독, 서, 산의 기초지식을 가르쳤다.

07

다음과 같은 학문하는 자세를 강조한 것은?

> - 처음 배우는 사람은 뜻을 세워 성인이 되기를 기약하라.
> - 구습에서 벗어나 앞으로 나가서 성취하라.
> - 세속 잡사에 흔들림이 없이 성심으로 도에 향하라.

① 이황 - 『성학십도』
② 정약용 - 『목민심서』
③ 이이 - 『격몽요결』
④ 유형원 - 『반계수록』

08

인지학습이론에서 정교화 및 조직화와 관련이 깊은 것은?

① 정보처리이론
② 일반화설
③ 관찰학습이론
④ 형태이조설

09

전조작기 사고의 특징으로 옳지 않은 것은?

① 자아중심성 경향
② 보존 개념 형성
③ 사물의 외관에 의존하여 상황판단
④ 전개념기와 직관기로 구분

10

상황적 리더십 이론은 부하직원의 성숙도 단계에 따라 리더의 행동 유형(스타일)을 달리 해야 한다고 주장하는 이론이다. 리더가 활용할 수 있는 행동 유형에 대한 설명으로 옳지 않은 것은?

① 지시형 리더십 : 과업지향적 행동이 높고 관계지향적 행동이 낮다. 지시적 스타일의 리더는 과업 내용을 구체적으로 부하 직원에게 알려주고 감시·감독한다.
② 지도형 리더십 : 과업지향적 행동과 관계지향적 행동 모두 높은 유형이다. 지도형(코치) 스타일의 리더는 과업 내용을 지시하면서 자세한 설명도 함께 제공하며 부하직원을 설득하는 노력을 기울인다.
③ 지원형 리더십 : 과업지향적 행동이 높고 관계지향적 행동이 낮은 경향을 보인다. 지원적 스타일의 리더는 의사결정 과정에 부하직원들을 참여시켜 아이디어를 공유한다.
④ 위임형 리더십 : 과업지향적, 관계지향적 모두 낮은 유형으로서, 위임적 스타일의 리더는 의사결정을 부하 직원에게 전적으로 맡긴다.

11

다음은 어떤 교수전략에 대한 설명인가?

> - 첫째, 수업내용을 단순한 것으로부터 복잡한 것으로 계열을 구성하는 것이다.
> - 둘째, 선수학습요소의 학습계열은 각 학습주제에 필요하다고 생각될 경우에만 소개되며, 체계적인 통합과 복습은 각 학습 주제나 각 단원의 학습을 끝마쳤을 때 제공된다.
> - 셋째, 학습자 통제를 촉진시켜 줄 수 있는 방식으로 수업을 조직한다.
> - 넷째, '비유'를 사용하여 인지 과정을 촉진한다.

① 메릴의 내용요소제시이론
② 오수벨의 유의미학습이론
③ 브루너의 발견학습이론
④ 라이겔루스의 정교화 교수이론

12

다음은 무엇에 대한 설명인가?

- 경험을 의미 있게 구조화해 주는 여러 가지 공적인 개념체계
- '사고의 양식', '지식과 경험의 양식' 등으로 불리기도 함
- 인류가 지금까지 점차로 분화, 발전시켜 온 공적 전통
- 각각은 독특한 개념과 검증방법을 가지고 있음

① 지식의 형식　　② 지식의 구조
③ 선험적 정당화　④ 경험의 재구성

13

2022 개정 교육과정에서 '모든 학생을 위한 교육기회의 제공'에 대한 설명으로 옳지 않은 것은?

① 교육 활동 전반을 통하여 남녀의 역할, 학력과 직업, 장애, 종교, 이전 거주지, 인종, 민족, 언어 등에 관한 고정관념이나 편견을 가지지 않도록 지도한다.
② 국·공립학교가 종교 과목을 개설할 때는 종교 이외의 과목과 함께 복수로 과목을 편성하거나 학운위 심의 후 단수로 개설할 수 있다.
③ 특수교육 대상 학생을 위해 특수학급을 설치·운영하는 경우, 학생의 장애 특성 및 정도를 고려하여, 이 교육과정을 조정·운영하거나 특수교육 교과용 도서 및 통합교육용 교수·학습 자료를 활용할 수 있다.
④ 학습 부진 학생, 특정 분야에서 탁월한 재능을 보이는 학생, 특수교육 대상 학생, 귀국 학생, 다문화 학생 등이 학교에서 충실한 학습 경험을 누릴 수 있도록 필요한 지원을 한다.

14

학교 교육과정 지원을 위하여 국가는 학교의 교육 환경을 조성하여야 한다. 거리가 먼 것은?

① 교육과정 자율화·분권화를 바탕으로 교육 주체들이 각각의 역할과 책임을 충실하게 수행할 수 있는 협조 체제를 구축하고 지원한다.
② 디지털 교육 환경 변화에 부합하는 미래형 교수·학습 방법과 평가체제 구축을 위해 교원의 에듀테크 활용 역량 함양을 지원한다.
③ 학교 교육과정이 원활히 운영될 수 있도록 학교 시설 및 교원 수급 계획을 마련하여 제시한다.
④ 학교가 새 학년도 시작에 앞서 교육과정 편성·운영에 관한 계획을 수립할 수 있도록 교육과정 편성·운영 자료를 개발·보급하고, 교원의 전보를 적기에 시행한다.

15

허즈버그의 동기-위생이론을 설명한 것 중 잘못된 것은?

① 인간의 욕구는 이원적 욕구구조를 가지고 있다.
② 조직생활에 있어서의 불만족과 만족은 서로 별개의 차원에 있으며 불만족의 반대개념은 만족이 아니다.
③ 위생요인이 만족되면 업무수행을 하도록 성취의욕을 올려주어 작업 능률 또한 향상시킬 수 있다.
④ 동기요인에는 성취감, 안정감, 책임감, 승진, 인정 등이 있다.

16

다음에 설명된 내용의 특징을 갖는 교수법은?

- 구체적인 결과물이 만들어진다.
- 학습주제가 실제 생활과 연결될 수 있다.
- 교재의 논리적 체계가 무시될 수 있다.

① 강의법　　② 문답법
③ 역할연기법　④ 프로젝트법

17

다음 내용은 무엇에 대한 것인가?

- 원점수를 주어진 집단의 평균을 중심으로 표준편차 단위로 전환한 전환점수
- 가장 대표적인 것으로는 Z점수와 T점수가 있다.
- 백분위 등과 마찬가지로 해석하기 어려운 원점수를 주어진 규준집단에 비추어 상대적인 의미에서 그 해석을 가능하게 해준다.

① 원점수　　　　② 표준편차
③ 정규분포　　　④ 표준점수

18

루소의 '에밀'에 대한 설명으로 옳지 않은 것은?

① 제1편에서는 기존에 행해지던 학교와 가정에서의 교육 비판과 출생에서 5세까지의 교육을 담고 있다.
② 이 책에서는 당시 보편적이었던 주입식 교육을 수용하면서 전인교육을 중요시하였다.
③ 루소의 인간관·사회관을 전면적으로 전개한 대표작의 하나이다.
④ 제5편에서는 에밀의 약혼자가 여성교육과 정치교육에 관해 서술하고 있다.

19

다음은 가네(Gagné)가 제시한 학습의 결과 중 무엇에 대한 설명인가?

- 학습과 사고에 필요한 일체의 지식
- 사물의 이름, 단순한 사실과 원리, 일반화된 지식
- 명제적 지식 또는 선언적 지식

① 언어정보　　　② 인지전략
③ 지적기능　　　④ 운동기능

20

다음 내용 중 옳지 않은 것은?

① 국립학교 : 국가가 설립·경영하는 학교 또는 국립대학법인이 부설하여 경영하는 학교
② 공립학교 : 지방자치단체가 설립·경영하는 학교(설립주체에 따라 시립학교·도립학교로 구분할 수 있다)
③ 학교를 설립하려는 자는 시설·설비 등 시·도의 조례로 정하는 설립 기준을 갖추어야 한다.
④ 사립학교 : 법인이나 개인이 설립·경영하는 학교(국립대학법인이 부설하여 경영하는 학교는 제외한다)

제13회 실전동형 모의고사

01
학교의 교육과정에서 가장 중요하다고 생각되는 활동을 중심에 놓고 그 이외의 것을 주변에 조직하는 교육과정의 형태는?

① 융합교육과정 ② 생성교육과정
③ 중핵교육과정 ④ 나선형교육과정

02
다음의 내용으로 가장 적절한 켈러의 동기유발 요소는?

- 자연적 결과 강조의 방략
- 긍정적 결과 강조의 방략
- 공정성 강조의 방략

① 주의(attention) ② 관련성(relevance)
③ 자신감(confidence) ④ 만족감(satisfaction)

03
발달적 교육관에 대한 설명으로 적절하지 않은 것은?

① 준거지향 평가 ② 정상분포 지향
③ 절대평가 ④ 성취목표

04
교육행정의 원리에 대한 설명으로 옳지 않은 것은?

① 민주성의 원리는 이해당사자들이 의사결정과정에 적절하게 참여시켜야 한다는 것이다.
② 자주성의 원리는 교육정책을 일관되고 지속적으로 추진해야 한다는 것이다.
③ 효율성의 원리는 교육에 투입되는 비용을 상대적으로 적게 하면서 교육목표를 달성하려는 것이다.
④ 적응성의 원리는 새로운 환경변화에 신축적으로 대응하고 능동적으로 대처함으로써 변화를 주도해 나가야 한다는 것이다.

05
다음 내용에 부합하는 교육정책결정 모형은?

- 온건지향적이고 보수적인 성격을 가지고 있다.
- 기본적인 틀 속에서 다소 향상된 정책결정에 만족하는 모형이다.
- 문제가 복잡하고 불확실하며 갈등이 높을 때 사용된다.

① 최적모형 ② 만족모형
③ 점증모형 ④ 합리모형

06
고려시대 교육기관에 대한 설명으로 옳지 않은 것은?

① 학당은 개경에 세운 중등교육기관으로 향교와 같은 정도이다.
② 향교는 지방에 세운 중등교육기관으로 기술교육도 병행하였다.
③ 12공도의 교육목적은 관리와 인재양성을 위한 과거 준비였다.
④ 국자감에는 교수와 훈도를 두어 교육하게 하였다.

07

다음 인간발달에 대한 내용과 가장 연관 있는 학자는?

- 인간발달에 대한 사회생태학을 인간발달 생태학이라는 용어를 사용하여 하나의 학문적 관점으로 체계화하였다.
- 인간은 개인에게 직접적인 영향을 주는 가족뿐만 아니라 사회적·문화적 환경을 포함한 여러 수준의 환경과 다양한 상호작용을 통해 발달한다.

① 브론펜브레너 ② 비고츠키
③ 콜버그 ④ 피아제

08

다음은 피아제의 인지발달단계의 특징이다. 어떤 단계에 대한 설명인가?

- 언어의 발달이 현저하지만 지극히 주관적이다.
- 모든 사물은 살아 있고 각자 자기 의지에 따라 움직인다고 믿는다.
- 신중하고 합리적 사고과정 없이 직접적이고 즉시적으로 생각한다.

① 전조작기 ② 감각운동기
③ 구체적 조작기 ④ 형식적 조작기

09

다음에 설명하는 내용과 부합하는 교육용어는?

- 기본관점은 인간의 사유(지식)는 시대적·사회적 제약조건에 의하여 제약받는다고 하는 지식 사회학의 관점
- 지식의 분배, 조직, 계층화 및 그것의 이념적 배경 등을 사회학적으로 분석하는 학문
- 학교의 지식은 누구의 지식인가? 그것은 어떻게 조직되고 분배되며, 계층화되는가? 특정의 지식이 학교지식으로 선택되는 이유는 무엇이며, 그것은 집단 간의 경쟁, 갈등과는 어떻게 관련되어 있는가? 등은 이 학문분야의 핵심적인 질문

① 교육과정사회학 ② 잠재적 교육과정
③ 상응이론 ④ 저항이론

10

『초·중등교육법』상 학교의 종류가 아닌 것은?

① 초등학교 ② 특수학교
③ 기술학교 ④ 각종학교

11

교육과정 유형에 대한 설명으로 옳지 않은 것은?

① 교과중심 교육과정은 관념형, 진리의 불변성, 교사의 권위를 중시하는 입장을 취하고 있고, 그 지향점은 지적인 인간형성에 두고서 형식도야설을 믿고 있다.
② 경험중심 교육과정은 실재론, 진리의 상대성, 학습자활동을 중시하는 입장을 취하고 있고, 그 지향점은 전인적 인간형성에 두고서 지덕체의 조화로운 인간 성장을 도모하고 있다.
③ 학문중심 교육과정은 지적 성장을 강조하며, 내용은 생활경험이 바탕이며 내용의 조직방법은 심리성을 강조한다.
④ 인간중심 교육과정은 그 지향점을 인간의 자아실현에 두고서 인간의 성장 가능성의 발휘를 도모하고 있다.

12

ADDIE 모형에 대한 내용으로 옳지 않은 것은?

① 분석(Analysis) : 요구분석, 과제분석, 학습자분석, 환경분석
② 설계(Design) : 학습목표명세화, 평가도구설계, 교수매체선정
③ 개발(Development) : 교수자료개발, 실제수업 사용자료 개발
④ 평가(Evaluation) : 출발점행동, 진단평가 및 평가도구 개발

13
다음 내용과 부합하는 평가 유형 방식은?

- 교육개선을 위한 실질적인 자료
- 목표달성도 측정을 중시
- 학습자에 대한 무한한 가능성

① 진단평가 ② 총괄평가
③ 상대평가 ④ 절대평가

14
다음과 같은 내용에 해당하는 행정이론은?

- 교육행정의 과정에서 동기유발, 직무만족감 증진 등이 강조된다.
- 교육행정의 과정에서 교사의 참여를 중시한다.
- 교장의 비억압적이고 비지시적인 지도력을 강조한다.

① 체제이론 ② 과학적 관리론
③ 인간관계론 ④ 행동과학이론

15
학교조직의 특성으로 옳지 않은 것은?

① 이중조직으로 느슨하고 엄격한 결합구조를 동시에 가지고 있다.
② 순수한 관료제 조직으로 엄격한 기준에 따라 통제되고 있다.
③ 이완조직으로 효율적인 운영을 위해서는 신뢰의 원칙이 중요하다.
④ 인간적인 감정 교류가 중시되는 교사-학생의 관계구조이다.

16
다음 설명에 해당하는 현대 교육철학은?

- 변화하지 않는 가치의 영원성을 주장하는, 20세기 미국사회의 한 교육사조
- 절대적인 원리를 강조하고 인간성의 항시적(恒時的) 성격에 비추어 교육내용의 동일성과 보편적인 진리습득을 주장
- 인간이성에 토대한 합리성의 발달을 위한 지적 훈련을 강조하고, 고전학습을 주장

① 진보주의 교육 ② 항존주의 교육
③ 재건주의 교육 ④ 본질주의 교육

17
최근의 인간발달에 대한 어느 학자의 내용이다. 누구인가?

- 타인과의 상호작용에 필수적인 요소인 언어의 습득을 아동발달의 중요한 변수로 보고 있다.
- 언어의 습득은 아동의 인지발달에 있어 매우 중요한 변인이다.
- 사회적 상호작용을 인지발달의 주된 원인으로 보았다.

① 비고츠키 ② 피아제
③ 브론펜브레너 ④ 프로이트

18
인간발달의 8단계를 제시하고 3단계에서 주도성을 형성할 수 있다고 보았던 발달이론가는?

① 피아제 ② 비고츠키
③ 에릭슨 ④ 프로이트

19

다음 내용에 해당하는 교육사회학 이론은?

- 윌리스는 「간파」(penetration)와 「한계」(limitation)라는 개념을 통해, 학교에서 제시되는 사회적 상승기제가 불평등하게 배분되고 있음을 「간파」하지만, 육체노동직을 선택함으로써 사회관계를 재생산하는 「한계」가 있음을 밝혔다.
- 지배이데올로기에 대해 능동적으로 저항문화를 형성하며 저항하는 과정에서 사회의 재생산이 진행된다고 본다.
- 제도교육을 통해 제시되는 교환모형의 성격을 지닌 교육관계-권위승복과 지식, 통제와 진로지도, 복종과 성공의 교환-와 학교의 상징을 모독함으로써 집단적으로 거부한다.

① 저항이론
② 문화적 재생산이론
③ 기술기능이론
④ 지위경쟁이론

20

학교회계에 대한 내용으로 옳지 않은 것은?

① 국립·공립의 초등학교·중학교·고등학교 및 특수학교에 각 학교별로 학교회계(學校會計)를 설치한다.
② 학교회계의 회계연도는 매년 3월 1일에 시작하여 다음 해 2월 말일에 끝난다.
③ 학교운영위원회는 학교회계 세입세출예산안을 회계연도가 시작되기 10일 전까지 심의하여야 한다.
④ 학교의 장은 회계연도마다 결산서를 작성하여 회계연도가 끝난 후 2개월 이내에 학교운영위원회에 제출하여야 한다.

제14회 실전동형 모의고사

01
공식적 교육과정에 들어 있지 않아 가르치지 못한 교육내용뿐 아니라 공식적 교육과정에 포함되어 있음에도 교사가 의도적으로 배제하거나, 실수로 빠트리거나, 수업 환경에 적합하지 않은 등의 이유로 가르치지 않은 교육내용은?

① 나선형 교육과정 ② 중핵 교육과정
③ 잠재적 교육과정 ④ 영 교육과정

02
벌로(Berlo)의 SMCR 모형의 구성요소에 대한 설명으로 적절하지 않은 것은?

① 송신자(S) : 송신자가 메시지를 전달하는 데 있어 태도, 지식, 사회, 문화 등이 영향을 미친다.
② 메시지(M) : 송신자가 보내는 전달 내용은 내용, 요소, 처리, 구조, 코드 등으로 이루어지게 된다.
③ 통신수단(C) : 통신수단에는 인간의 감각 중에서 시각, 청각을 활용하고 있다.
④ 수신자(R) : 수신자가 가진 태도, 지식, 사회, 문화 등에 의해 받아들여지고 해석된다.

03
교육과정을 통하여 학생이 얼마나 성장하였는지에 관심을 두고 학업증진의 기회를 부여하며 평가의 개별화를 강조하는 평가는?

① 능력참조평가 ② 성장참조평가
③ 규준지향평가 ④ 준거지향평가

04
블레이크(Blake)와 무통(Mouton)의 관리격자모형 중 가장 이상적인 리더의 형태는?

① 팀형 ② 사교형
③ 중도형 ④ 과업형

05
허쉬(Hersey)와 블랜차드(Blanchard)의 상황적 지도성이론에 대한 설명이다. 내용에 해당하는 효과적인 지도성 유형은?

- ○○고등학교에 새로운 학교장이 부임하였다.
- 교장은 교직원들의 성숙도를 관찰해 보았다.
- 교직원들의 전문성을 낮았지만 동기는 높았다.

① 지시형(명령형) ② 설득형(지도형)
③ 위임형(위임적) ④ 참가형(지원형)

06
조선시대 향교에 대한 설명으로 적절하지 않은 것은?

① 국가에서 지방의 각 행정 단위인 주(州), 부(府), 목(牧), 군(郡), 현(縣)에 성균관을 축소하여 설치한 유학 교육기관이다.
② 유교 이념에 따라 인재를 양성하는 한편, 지방민을 유교 이념에 따라 교화하는 기관이었다.
③ 성균관의 예비학교이며 하급 교육기관이며, 교육 목적은 소학지도(小學之道)를 성취하는 것이다. 문묘가 설치되지 않았다.
④ 기능면에서 보면, 교육(教育)과 교화(教化)의 양면성을 지닌 기관이었다.

07

다음 내용은 피아제 인지발달 몇 단계에 대한 설명인가?

- 서열화의 분류가 가능하다.
- 가역적 사고가 가능하다.
- 빨간 사과, 빨간 꽃, 노란 오렌지, 노란 꽃을 꽃과 과일별로 나누기도 하고, 색깔별로 나누거나 묶기도 하면서 논다.

① 구체적 조작기　② 형식적 조작기
③ 전 조작기　④ 감각운동기

08

다음은 콜버그의 도덕성 발달이론에 대한 내용이다. 어떤 단계에 대한 설명인가?

- 착한 아이 지향적인 특성을 갖는 시기이다.
- 부모님을 기쁘게 해 드리기 위해 열심히 공부한다.
- 부모님이 걱정하시지 않도록 일찍 귀가한다.

① 2단계　② 3단계
③ 4단계　④ 5단계

09

다음에 설명하는 내용과 부합하는 것은?

- 특정한 시간과 장소에 따라 내면화된 성향의 체계
- 인간 행동의 생산자이며 인지 및 평가, 행동의 일반적 모습
- '사회화된 주관성'으로 행위자로 하여금 다양한 상황에 대응하도록 허락해 주는 '행동의 연결원칙'

① 아비투스　② 헤게모니
③ 이데올로기　④ 경제자본

10

학교운영위원회에 대한 내용으로 옳지 않은 것은?

① 초등학교·중학교·고등학교·특수학교 및 각종학교에 학교운영위원회를 구성·운영하여야 한다.
② 국립·공립학교에 두는 학교운영위원회는 그 학교의 교원 대표, 학부모 대표 및 지역사회 인사로 구성한다.
③ 사립학교에 두는 학교운영위원회의 위원 구성 및 운영에 필요한 사항은 해당 학교법인의 정관으로 정한다.
④ 사립학교에 두는 학교운영위원회는 학교헌장과 학칙의 제정 또는 개정에 자문한다.

11

2022 개정 교육과정에 대한 내용으로 옳지 않은 것은?

① 미래 변화에 대응하는 역량 및 기초소양 함양 강화와 지속가능한 사회를 위한 생태전환교육 및 민주시민교육을 전 교과에 반영하고 미래 세대 핵심 역량으로 디지털 기초 소양 강화 및 정보교육을 확대한다.
② 학습자의 성장을 지원하는 고교학점제 등 학생 맞춤형 교육 강화와 학생들의 탐구 역량 강화를 위한 교과 재구조화 및 과목 선택권 확대하며, 학교급 전환시기의 진로 연계 및 학교생활 적응을 위한 진로연계학기 도입한다.
③ 모든 학생들이 인문·사회·과학기술에 대한 기초 소양을 함양하여 인문학적 상상력과 과학기술 창조력을 갖춘 창의융합형 인재로 성장할 것을 강조한다.
④ 현장의 자율적인 혁신을 지원·촉진하는 학교 교육과정 자율성 강화를 위해 학교 자율시간 도입, 시도별 지역 교육과정 근거 마련 등 교육과정 자율성을 확대하며 초등학교 놀이 및 신체활동 강화, 중학교 자유학기 운영 방안을 개선한다.

12

교수매체 활용 모형인 ASSURE 모형에 대한 설명으로 적절하지 않은 것은?

① 학습자 분석(Analyze learner)은 대체로 일반적 특성, 특별한 출발점 능력, 학습 양식을 포함한다.
② 목표 진술(State objectives)은 가능한 자세하게 학습자가 학습을 마친 후 무엇을 할 수 있는가를 진술하는 것이다.
③ 교수방법, 매체 자료의 선정(Select methods, media and material)은 매체와 공학을 사용하기 위한 것이다.
④ 매체와 자료의 활용(Utilize methods, media and material)은 가르치고자 하는 내용과 목표가 어떤 환경에서 제공될 것인지를 파악하여 가장 효과적인 교수매체를 선정해야 한다는 것이다.

13

규준지향평가의 특징으로 옳은 것만을 모두 고르면?

> ㄱ. 상대적 서열 평가를 목적으로 한다.
> ㄴ. 검사문항은 적절한 난이도와 변별도를 강조한다.
> ㄷ. 득점분포는 부적 편포를 기대한다.
> ㄹ. 타당도를 강조한다.
> ㅁ. 암기 위주의 학습을 유도할 가능성이 있다.

① ㄱ, ㄴ, ㅁ
② ㄱ, ㄷ, ㄹ
③ ㄴ, ㄹ, ㅁ
④ ㄱ, ㄹ, ㅁ

14

다음에 설명하는 지도성 특성에 부합하는 유형은?

> • 학교로 하여금 독특한 정체성을 갖게 만드는 가치와 믿음, 관점을 창조하고 강화·유지하는 것을 중시한다.
> • 학생, 교사, 관련되는 모든 구성원들을 학교라고 하는 조직의 성원으로 결속시키는 작용을 한다.
> • 서지오바니(Sergiovanni)는 학교장 지도성 유형에서 구조적 접근보다는 이 접근을 통한 교육개혁을 제시하였다.

① 문화적 지도성
② 기술적 지도성
③ 교육적 지도성
④ 인간적 지도성

15

수업전략을 개발하기 위한 것으로, 교사 간에 상호협력하는 장학의 형태는?

① 임상장학
② 약식장학
③ 동료장학
④ 요청장학

16

다음 설명에 해당하는 교육자는?

> • 독일의 교육학자, 철학자 / 4단계 교수법의 제시자
> • 심리학과 윤리학을 기초로 교육학을 조직하고 실험학교를 설치
> • 도덕적 품성을 교육의 최고 목적으로 하였다.

① 루소
② 헤르바르트
③ 페스탈로치
④ 칸트

17

다음에 내용에 부합하는 지능관련 용어는?

> • 자신의 인지과정을 점검하고 조절하는 기능을 한다.
> • 사고에 대한 사고, 인지에 대한 인지로 볼 수 있다.
> • 내가 무엇을 알고 무엇을 모르는지에 대한 지식이다.

① 부호화
② 다(多) 요인
③ 유동적 지능
④ 메타인지

18

카텔(Cattell)의 지능이론에 대한 설명으로 적절하지 않은 것은?

① 결정적 지능은 환경의 영향을 받는다.
② 유동적 지능은 탈문화적이고 비언어적인 능력과 관련된다.
③ 결정적 지능은 경험과 교육에 의해 형성된다.
④ 유동적 지능은 평생교육과 관련 있다.

19

다음 내용에 부합하는 비행이론은?

- 범죄는 일반적인 행위와 마찬가지로 학습을 통해서 배우게 되고, 학습은 주로 친밀한 사람들과의 상호작용을 통해 일어난다는 것이 이 이론의 중심 내용
- 범죄행위가 학습될 때, 그 학습내용에는 범죄행위의 기술뿐 아니라 동기, 충동, 합리화 방법, 태도 등을 모두 포함한다.
- 범죄행위의 학습은 사람들 간의 의사소통과정을 통해 일어난다.

① 차별적 접촉이론
② 경제적 재생산이론
③ 문화적 재생산이론
④ 사회유대이론

20

학교장의 임무에 대한 내용으로 옳지 않은 것은?

① 학생을 교육한다.
② 민원처리를 책임진다.
③ 교무를 관리한다.
④ 소속 교직원을 지도한다.

제15회 실전동형 모의고사

풀이시간 :   내 점수 :

◆ 해설편 p.120

01
타일러의 교육과정 개발에서 잠정적 교육목표 설정 원천 시 원리(원천)에 해당하지 않는 것은?

① 학습자의 요구 ② 학부모의 요구
③ 사회적 요구   ④ 교과 전문가의 견해

02
다음의 설명과 부합하는 시각 및 시청각 이론은?

- 경험의 원추, 학습 유형의 구분(행동, 관찰, 추상)
- 브루너의 세 가지 표상 양식(행동, 영상, 상징)과 일치
- 구체적인 것에서 추상적인 것으로의 개념형성을 강조
- '관찰(시청각 자료)에 의한 경험(직접, 언어적)'의 중요성 강조

① 호반의 시각교육 이론
② 벌로의 SMCR 모형이론
③ 하이니히의 ASSURE 모형이론
④ 데일의 시청각 교육이론

03
문항분석을 통해 교수방법의 문제점을 발견하여 교수전략에 활용하거나 학습동기를 위한 교수환경의 개선과 지원을 목적으로 하는 평가 유형으로 가장 적절한 것은?

① 상대평가 ② 진단평가
③ 형성평가 ④ 총괄평가

04
구성원의 성숙도를 지도자 행동의 효과성에 영향을 주는 주요 요인으로 보는 리더십 이론과 학자로 옳은 것은?

① 리더십 상황이론 – 피들러
② 관리 격자 이론 – 블레이크와 무통
③ 상황적 리더십 이론 – 허쉬와 블랜차드
④ 리더십 행위이론 – 화이트와 리피트

05
다음 빈칸에 들어갈 단어로 가장 적합한 것은?

- (가)는 조직문화에 대한 조직 구성원들의 지각을 말한다.
- (나)는 조직 구성원들의 행동을 변화시킬 수 있는 조직 발전 전략의 하나로 새롭게 주목받고 있다.
- 전통적인 조직 운영 방법인 위계적 방법보다는 조직 구성원들이 공유하고 있는 규범, 가치관 등의 (다)적 요소가 구성원들의 더욱 적극적인 참여와 헌신을 유도하고 창의적인 업무 수행을 자극할 수 있다.

	(가)	(나)	(다)
①	조직풍토	조직문화	문화
②	조직문화	조직풍토	도덕
③	조직풍토	조직행위	관료
④	조직문화	조직풍토	윤리

06
일제강점기 조선교육령의 내용으로 옳지 않은 것은?

① 제1차 조선교육령에서는 보통교육과 실업교육을 강조하였다.
② 제2차 조선교육령에서는 외형상 일본과 동일한 학제를 채택하였다.
③ 제3차 조선교육령에서는 보통학교의 수업연한을 6년으로 늘렸다.
④ 제4차 조선교육령에서는 전시체제로 학교교육의 기능은 정지되었다.

07

다음은 누구의 이론에 대한 설명인가?

- 아동은 스스로 세계를 구조화하고 이해하는 존재라고 생각한다.
- 혼잣말을 미성숙하고 자기중심적 언어로 본다.
- 개인 내적 지식이 사회적 지식으로 확대 또는 외면화 된다고 본다.

① 에릭슨 ② 피아제
③ 비고츠키 ④ 프로이트

08

다음은 어떤 지능이론에 대한 설명인가?

- 지능은 여러 가지 요소로 이루어져 있는데 이들은 상호 독립적이다.
- 다양한 평가 방법을 통해서 저마다 가지고 있는 강점 지능을 파악해야 한다.
- 지능은 한 문화권에서 가치 있게 인정되는 문제를 해결하거나 산물을 창조해 내는 능력들의 조합이다.

① 스피어만 ② 스턴버그
③ 길포드 ④ 가드너

09

시험의 교육적 기능으로 옳은 것을 모두 고르면?

ㄱ. 자격부여 ㄴ. 사회적 선발
ㄷ. 목표와 유인 ㄹ. 지식의 공식화
ㅁ. 교육과정 결정

① ㄱ, ㄷ, ㅁ ② ㄱ, ㄴ, ㄹ
③ ㄴ, ㄹ, ㅁ ④ ㄴ, ㄹ, ㅂ

10

「초·중등교육법」규정 "교원의 정당한 학생생활지도에 대해서는 아동복지법 금지행위 위반으로 보지 아니한다"에 해당하지 않는 것은?

① 아동의 신체에 손상을 주거나 신체의 건강 및 발달을 해치는 신체적 학대행위
② 아동의 정신건강 및 발달에 해를 끼치는 정서적 학대행위
③ 아동에게 음란한 행위를 시키거나 이를 매개하는 행위 또는 아동에게 성적 수치심을 주는 성희롱 등의 성적 학대행위
④ 자신의 보호·감독을 받는 아동을 유기하거나 의식주를 포함한 기본적 보호·양육·치료 및 교육을 소홀히 하는 방임행위

11

타일러(Tyler) 학습경험 선정의 원리에 대한 설명으로 옳지 않은 것은?

① 기회의 원리는 교육목표와의 일관성을 의미하는 것이다.
② 만족의 원리는 활동과정에서 만족감을 느껴야 한다는 것이다.
③ 가능성의 원리는 학습자의 현재 수준보다 높아야 함을 의미한다.
④ 다경험의 원리는 여러 가지 경험을 할 수 있어야 한다는 것이다.

12

다음은 어떤 학습유형에 대한 내용인가?

- 학습 효과를 극대화하기 위해 칵테일처럼 온라인과 오프라인 교육, 그리고 다양한 학습 방법을 혼합하는 것이다.
- 집합 교육을 중심으로 온라인 교육을 보완하거나 자율 학습 방식에 온라인 협동 학습을 접목하는 방식이 있다.
- 학습 효과를 극대화하고, 학습 기회를 확대하며, 교육 시간 및 비용의 최적화를 가능케 하는 장점이 있다.

① 온라인학습 ② 원격 교육
③ 플립드 러닝 ④ 블렌디드 러닝

13

다음에 설명하는 평가 특징으로 가장 적절한 유형은?

- 학생의 학습과정을 진단하고 개별학습을 촉진하려는 노력을 중시
- 표준화 검사에 비해 시간과 비용이 많이 든다.
- 학생들로 하여금 문제의 정답을 선택하게 하는 것이 아니라, 학생 스스로 정답을 작성하거나 행동으로 나타내도록 하는 평가방식이다.

① 진단평가 ② 총괄평가
③ 수행평가 ④ 규준평가

14

매슬로우(Maslow)의 욕구계층이론에서 욕구 계층화의 단계로 올바른 것은?

① 생리적 ⇒ 존경 ⇒ 안전 ⇒ 소속과 사랑 ⇒ 자아실현
② 생리적 ⇒ 존경 ⇒ 소속과 사랑 ⇒ 안전 ⇒ 자아실현
③ 생리적 ⇒ 안전 ⇒ 존경 ⇒ 소속과 사랑 ⇒ 자아실현
④ 생리적 ⇒ 안전 ⇒ 소속과 사랑 ⇒ 존경 ⇒ 자아실현

15

앨더퍼(Alderfer)의 ERG이론에 대한 설명으로 옳지 않은 것은?

① 타인으로부터 존경받으려는 욕구가 가장 높은 단계의 욕구이다.
② 상위 수준의 욕구나 하위 수준의 욕구 모두 어느 시점에서는 동기부여의 역할을 한다.
③ 조직의 효과성을 위해 구성원의 성장에 대한 욕구를 충족시키는 풍토를 조성해야 한다.
④ 인간은 동시에 여러 가지 욕구를 경험할 수 있다.

16

다음은 누구에 대한 설명인가?

- 어린이들은 자연 속에서 교육을 받아야 한다고 주장
- 바람직한 교육 방법을 담은 〈에밀〉이라는 책을 집필
- 교육은 어디까지나 소극적인 역할을 하는 데 그쳐야 한다고 주장

① 베이컨 ② 루소
③ 몽테뉴 ④ 로크

17

다음은 어떤 지능이론에 대한 설명인가?

- 개인의 내적 세계와 관련되는 세 가지 정보처리 요소로 구성된 능력
- 창조적 능력과 실천적 능력이 필요하다면 학교는 이를 가르쳐야 한다.
- 기존의 지능 개념과 유사한 것으로 학업적 문제해결에 관여하는 메타인지적 능력

① 스피어만의 일반요인설
② 길포드의 지능구조모형이론
③ 스턴버그의 삼원지능이론
④ 가드너의 다중지능이론

18

창의적 사고 능력 중 "아직 다듬어지지 않은 기산출된 아이디어에 세부적 뼈와 살을 붙이는 능력"에 해당하는 것은?

① 정교성(치밀성) ② 민감성(감수성)
③ 독창성(참신성) ④ 융통성(유연성)

19

기능론에 대한 설명으로 적절한 것은?

> ㄱ. 사회와 문화를 이루는 요소들은 다른 요소와 사회 전체의 기능화에 영향을 주고 있다는 가정을 바탕으로 한다.
> ㄴ. 사회의 구성 요소와 부분들은 갈등과 모순의 관계에 있고, 결국에는 사회 변동에 기여하고 있다는 가정을 바탕으로 한다.
> ㄷ. 기능화는 사회적으로 이미 합의된 것이며, 사회 전체의 존속과 통합에 기여하는 방식이라는 생각이다.
> ㄹ. 각 요소와 부분들이 갈등하지 않은 상태는 그대로 유지되기를 바라는 집단에 의하여 정당한 것으로 규정하거나, 강제와 탄압을 통하여 잠재화시키기 때문이라고 본다.
> ㅁ. 가족 제도는 사회 구성원을 재생산하는 기능을 통하여 전체 사회의 유지와 존속에 기여하고 있으며, 그러한 기능은 사회적으로도 합의되어 있다는 전제에 기초한다.
> ㅂ. 사회·문화 현상에 존재하는 협동과 조화를 지나치게 경시 한다는 지적을 받는다.

① ㄱ, ㄷ, ㅁ
② ㄱ, ㄴ, ㅂ
③ ㄴ, ㄷ, ㅁ
④ ㄴ, ㄹ, ㅂ

20

학교폭력예방법에 대한 설명으로 옳지 않은 것은?

① 학교의 장은 책임교사의 활동을 지원하기 위하여 수업시간을 조정하는 등 필요한 조치를 하여야 한다.
② 교육부장관 및 교육감은 학교폭력 예방 및 대응 업무를 수행하는 교원의 활동을 지원하기 위하여 법률지원단을 통하여 학교폭력과 관련된 상담 및 민사소송이나 형사 고소·고발 등을 당한 경우 이에 대한 상담 등 필요한 법률서비스를 제공할 수 있다.
③ 교육감은 관할 구역에서 학교폭력이 발생한 때에 해당 학교의 장이 그 경과 및 결과를 보고하면서 정당한 사유를 들어 축소 및 은폐를 시도한 경우에는 징계위원회에 징계의결을 요구하여서는 아니 된다.
④ 학교의 장 및 교원이 학교폭력 예방 및 대응을 위하여 「초·중등교육법」 등 관계 법령에 따라 학생생활지도를 실시하는 경우 해당 학생생활지도가 관계 법령 및 학칙을 준수하여 이루어진 정당한 학교폭력사건 처리 또는 학생생활지도에 해당하는 때에는 학교의 장 및 교원은 그로 인한 민사상·형사상 책임을 지지 아니한다.

제16회 실전동형 모의고사

풀이시간 :   내 점수 :

◆ 해설편 p.123

01

학습경험 조직의 원리에서 교육내용이 점차 깊이와 넓이를 더해가도록 수직적 위계성을 갖도록 조직하는 원리는?

① 균형성
② 통합성
③ 계속성
④ 계열성

02

다음에 설명하는 용어로 가장 적절한 것은?

- 학습자의 모든 능력을 자극하는 포괄적 내용을 전달하는 것을 강조
- 학습자가 보인 변화 중에서 의도적인 것과 비의도적인 것을 모두 포함
- 교사와 학생 간의 인격적 상호 작용을 전제

① 수업(授業)
② 교수(敎授)
③ 학습(學習)
④ 훈련(訓練)

03

검사 속의 각각의 문항을 모두 독립된 한 개의 검사단위로 생각하고 그 합치성, 동질성, 일치성을 종합하여 신뢰도를 추정하는 것은?

① 동형검사신뢰도
② 반분신뢰도
③ 문항내적합치도
④ 재검사신뢰도

04

동기이론에 대한 설명으로 옳지 않은 것은?

① 허즈버그의 동기위생이론에서 성취감은 위생요인이고 상사와 동료와의 인간관계는 동기요인에 해당한다.
② 데시의 자기결정성이론에서 통제나 평가를 받고 있다고 느낄 때 내재적 동기는 감소한다고 하였다.
③ 브룸은 기대이론에서 유인가는 목표, 결과, 보상 등에 대해서 개인이 갖는 선호도를 말한다.
④ 로크의 목표설정이론에서 대부분의 인간 행동은 유목적적이며 행위는 목표와 의도에 따라 통제되고 유지된다고 본다.

05

다음에 설명하는 동기이론은?

- 동일한 성과상여금 기준을 적용받는 교직원 간에 동기유발 효과는 다를 수 있다.
- 유인가, 성과기대, 보상기대의 세 가지 기본 요소를 토대로 이론적 틀을 구축하였다.
- 유인가는 보상에 대하여 가지는 매력 혹은 인지된 가치를 말한다.

① 매슬로우의 욕구단계이론
② 로크의 목표설정이론
③ 허즈버그의 동기위생이론
④ 브룸의 기대이론

06

삼국시대 교육에 대한 설명으로 옳지 않은 것은?

① 고구려 태학은 우리나라의 최초로 국가에 의하여 설립된 관학이며, 최초의 고등 교육기관이라는 교육사적 의의를 갖는다.
② 백제에서는 박사들로 하여금 일본에 유학을 전하게 하였다.
③ 신라의 화랑도(花郞徒)는 국가의 보호와 육성을 받으며 국가의 직할 기관이었다.
④ 신라 국학은 유교 사상에 입각한 관리의 양성과 유교 사상의 보급을 목적으로 하였다.

07

다음에 설명하는 내용과 가장 부합하는 이론은?

- 사회적 상호작용을 인지발달의 주된 원인으로 보았다.
- 아동이 스스로 할 수 있는 것과 약간의 도움을 받아 성취할 수 있는 것 간의 차이인 근접발달영역을 강조한다.
- 언어의 습득은 아동의 인지발달에 있어 매우 중요한 변인이다.

① 프로이트의 성격발달이론
② 에릭슨의 심리사회적 발달이론
③ 피아제의 인지발달이론
④ 비고츠키의 인지발달이론

08

다음의 내용에 해당하는 가장 적절한 용어는 무엇인가?

- 자극을 받으면 그들 간의 상호 독립성을 유지시켜 가면서 자극을 지각하고 인지한다.
- 분석적이고 논리적인 편이다.
- 사물을 지각할 때 그 사물이 속한 배경의 영향을 적게 받는 편이다.

① 장의존적 인지양식
② 장독립적 인지양식
③ 충동적 인지양식
④ 숙고적 인지양식

09

시험의 사회적 기능으로 올바른 것은?

ㄱ. 경쟁촉진
ㄴ. 사회적 선발
ㄷ. 사회통제
ㄹ. 학습성취확인
ㅁ. 문화의 형성과 변화

① ㄱ, ㄴ, ㄹ
② ㄱ, ㄷ, ㄹ
③ ㄴ, ㄷ, ㅁ
④ ㄴ, ㄹ, ㅁ

10

「학교폭력예방 및 대책에 관한 법률」에서 규정하는 피해학생의 조치에 해당하지 않는 것은?

① 학내외 전문가에 의한 특별 교육이수 또는 심리치료
② 학내외 전문가에 의한 심리상담 및 조언
③ 치료 및 치료를 위한 요양
④ 학급교체

11

워커의 교육과정 개발모형에 대한 설명으로 옳지 않은 것은?

① 1단계는 강령단계(토대 다지기)로 다양한 견해가 표출된다.
② 1단계에서는 공통된 합의의 기반을 모색하여 공감대를 형성한다.
③ 2단계는 숙의단계로 대안을 검토하고 적절한 대안을 선택한다.
④ 3단계는 평가단계로 선택되고 실행된 대안을 평가하게 된다.

12

정교화 수업이론에서 일반적인 교수처방 원리에 대한 설명으로 옳지 않은 것은?

① 수업내용을 단순한 것으로부터 복잡한 것으로 계열을 구성하는 것이다. 이러한 계열화 방식은 안정된 인지구조를 형성시키는 데 도움을 줄 뿐만 아니라 모든 수업내용에 의미 있는 맥락을 제공해 준다.
② 선수학습요소의 학습계열은 각 학습 주제에 필요하다고 생각될 경우에만 소개되며, 체계적인 통합과 복습은 각 학습 주제나 각 단원의 학습을 끝마쳤을 때 제공된다.
③ 정교화 교수이론에 따른 수업절차는 「세부적인 내용요소」로부터 시작하여 전체 개요를 살펴본 후, 요약과 종합에 의하여 수업을 마무리한다.
④ 학습자 통제를 촉진시켜 줄 수 있는 방식으로 수업을 조직한다. 학습자 통제는 「종합자」와 「복습」과 같은 교수방략 요소들의 사용 횟수와 사용 시기에 대한 통제뿐만 아니라 아이디어의 선택과 계열화에 대한 통제도 포함된다.

13

신뢰도의 특징에 부합하는 내용을 모두 고르면?

> ㄱ. 검사 도구의 일관성 또는 정확성을 의미한다.
> ㄴ. 검사도구가 본래 측정하고자 하던 것을 충실히 측정하고 있는 정도를 나타낸다.
> ㄷ. 신뢰도가 낮으면 타당도가 낮은 평가가 된다.
> ㄹ. 타당도가 낮은 도구일지라도 신뢰도가 높을 수 있다.
> ㅁ. 신뢰도는 타당도를 높이기 위한 필요조건이다.

① ㄱ, ㄴ, ㄹ
② ㄱ, ㄷ, ㅁ
③ ㄴ, ㄹ, ㅁ
④ ㄴ, ㄷ, ㄹ

14

자기장학에 대한 내용으로 가장 적절한 것은?

① 외부의 지도에 의해서보다는 교사 자신이 전문적 성장을 위해 스스로 계획을 세우고 실천해 나가는 것
② 공식적 컨설팅 관계는 컨설턴트와 의뢰인의 상호 협의와 계약이 있어야 성립된다.
③ 장학 담당자와 교사들이 학교의 현안에 대하여 함께 해결 방안을 모색한다.
④ 희망학교를 우선으로 실시하며 대상 기관의 요청에 따라 특정 영역의 선정이 가능하다.

15

영 기준 예산제도(Zero Based Budgeting System)에 대한 설명으로 옳지 않은 것은?

① 학교 경영에 구성원의 폭넓은 참여를 유도할 수 있다.
② 우선순위가 높은 사업에 대한 집중 지원이 가능하다.
③ 매년 모든 사업의 타당성을 엄밀히 분석해 편성하는 제도이다.
④ 사업별로 예산을 편성함으로써 집행의 성과를 평가하기가 용이하다.

16

다음은 누구에 대한 설명인가?

> • 기원전 335년 아테네 뤼케이온(Lykeion)에 학교를 세웠다.
> • 행복이란 모든 생물이 자기의 타고난 능력을 완전히 발휘하는 데에서 달성된다.
> • 교육이란 개인의 잠재 능력을 계발하는 것이다.

① 소크라테스
② 플라톤
③ 아리스토텔레스
④ 이소크라테스

17

다음에 설명하는 지능이론은?

> • 인간의 지능이 언어, 음악, 논리수학, 공간, 신체운동, 인간친화, 자기성찰, 자연친화라는 8개의 지능과 종교적 실존지능으로 이루어져 있다고 설명한다.
> • 학습자는 누구나 강점 지능과 약점 지능을 가지고 있으므로, 수업방식을 다양화하는 교육방식이 필요하다.
> • 지능은 한 문화권에서 가치 있게 인정되는 문제를 해결하거나 산물을 창조해 내는 능력들의 조합이다.

① 스피어만의 일반요인이론
② 길포드의 지능구조모형이론
③ 스턴버그의 삼원지능이론
④ 가드너의 다중지능이론

18

퀼러는 "통찰에 의해 전체적 관계를 파악함으로써 학습이 이루어진다"고 하였다. 이 말에 가장 적절한 학습이론은?

① 구성주의
② 형태주의
③ 인간주의
④ 행동주의

19

학교교육에서 갈등론에 대한 설명으로 적절한 것은?

> ㄱ. 아침 조회는 학생들에게 지위에 맞는 역할이 무엇인지 강조하고, 역할 수행을 제대로 했는지에 따라 상과 벌을 주는 기능을 수행한다.
> ㄴ. 학급별로 줄을 세우는 것은 기존의 사회 질서를 유지하는 데 적합하도록 학생들을 길들이는 과정이다.
> ㄷ. 사회를 '지배 집단'과 '피지배 집단' 간에 희소가치를 둘러싼 갈등과 대립이 항상 존재하는 곳으로 본다.
> ㄹ. 사회 변화를 부정적으로 보기 때문에 급격한 사회 변동을 설명하기 곤란할 때도 있다.
> ㅁ. 구성원들이 합리적인 역할 분담을 하며 사회를 유지하는 것을 설명하는 데는 한계가 있다.

① ㄱ, ㄴ, ㄹ   ② ㄱ, ㄷ, ㄹ
③ ㄴ, ㄷ, ㅁ   ④ ㄴ, ㄹ, ㅁ

20

독학자에 대한 학위취득시험의 평가영역으로 옳지 않은 것은?

① 교양과정 인정시험 : 고등학교의 교육과정을 마친 사람이 일반적으로 갖추어야 할 교양
② 전공기초과정 인정시험 : 각 전공영역의 학문을 연구하기 위하여 각 학문계열에서 공통적으로 필요한 지식과 기술
③ 전공심화과정 인정시험 : 각 전공영역에 관하여 보다 심화된 전문적인 지식과 기술
④ 학위취득 종합시험 : 시험의 최종 단계로서 학위를 취득한 사람이 일반적으로 갖추어야 할 소양 및 전문지식과 기술의 종합

해설편

제01회 실전동형 모의고사

문제편 p.6

★ 빠른정답

01	③	02	③	03	④	04	①	05	③
06	②	07	④	08	①	09	②	10	③
11	②	12	①	13	②	14	④	15	③
16	④	17	④	18	②	19	①	20	③

01 ─────────────────────── 정답 ③

학습 경험의 선정 원칙 중 일목표 다경험의 원칙에 관한 설명이다.
③ 일목표 다경험의 선정 원칙으로서 하나의 목표를 달성하기 위해서는 여러 가지 학습경험이 필요하다.

◆ 오답피하기

① 학생들이 학습함에 있어서 만족을 느끼는 경험이어야 한다.
② 학습경험은 학생들이 현재 수준에서 경험이 가능한 것이어야 한다.
④ 동일한 학습경험을 통해 상이한 교육결과를 가져올 수 있다.

02 ─────────────────────── 정답 ③

시험의 교육적 기능에 관한 설명이다.
③ 사회적 선발은 시험의 사회적 기능이다.

◆ 오답피하기

① 경쟁촉진은 시험의 교육적 기능이다.
② 자격부여는 시험의 교육적 기능이다.
④ 목표와 유인은 시험의 교육적 기능이다.

03 ─────────────────────── 정답 ④

④ 무형식적 교육에 대한 설명이다. 무계획적 경험에 기초하고 우연히 일어나는 교육은 무형식교육이다.

◆ 오답피하기

① 형식교육 제도 중퇴나 기본 기술을 습득하지 못한 자가 지방공립 도서관이나 전문대학의 성인 문해 강좌를 수강하는 것
② 전통교육과 재래교육
③ 학습자의 요구와 흥미를 가장 우선순위에 두고 실질적이고 상호적 학습을 강조한다.

04 ─────────────────────── 정답 ①

① 위기지학은 자기 자신을 위해 학문을 하는 것으로, 이는 학문을 통해 자신을 성찰하고 인격을 수양하여 자신의 도덕적 완성을 추구하는 것을 목적으로 한다. 즉, 공부 그 자체가 목적이 되는 것이다. 먼저 자기 몸과 마음을 바르게 가다듬고, 집안을 돌본 후에, 나라를 다스리고 천하를 평정한다는 '수신제가 치국평천하(修身齊家 治國平天下)'의 '수신(修身)'이나, 학문을 하는 것이란 잃어버린 마음을 다시 구하는 것이라 표현한 맹자(孟子)의 '구방심(救放心)', 또는 《대학(大學)》에서 인간이 원래 간직하고 있던 덕을 다시 밝힌다는 '명명덕(明明德)'과 일맥상통한다고 볼 수 있다.

◆ 오답피하기

②, ③, ④ 위기지학과 대비되는 개념은 위인지학이다. 위인지학은 자신을 과시하고 다른 사람에게 인정을 받기 위해 학문을 하는 것을 가리킨다. 즉, 공부가 수단으로 사용되는 것이다. 이때 학문의 목적은 사회적 입신양명과 부귀영화를 얻기 위한 것 등이 된다.

05 ─────────────────────── 정답 ③

③ 학부모가 부담하는 학용품비는 사교육비이며 사부담교육비에 해당한다.

◆ 오답피하기

①, ②, ④ 사부담 공교육비

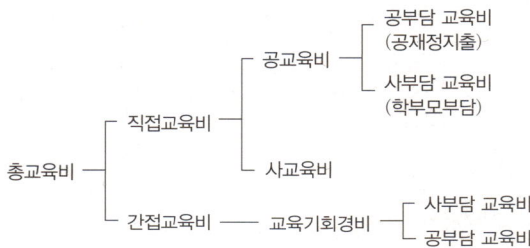

06 ─────────────────────── 정답 ②

② 진보주의에서는 교육은 생활 그 자체이지 미래생활을 위한 대비가 아니라고 본다.

◆ 오답피하기

① 문화유산의 본질적 가치의 유지·발전·전달과 실현이 교육의 중요한 목표와 내용이 되어야 한다고 주장한 미국 교육사조
③ 재건주의 교육사상(再建主義 敎育思想)은 교육이 사회개혁의 역군이 되고 선봉이 되어야 한다는 사상으로, 1950년대 이후 미국의 브라멜드가 진보주의·본질주의·항존주의 사상을 종합·비판, 주장한 사상이다.
④ 항존주의(恒存主義, perennialism)는 시공(時空)을 초월하여 항구적으로 불변하는 진리를 포함하고 있는 고전(古典)과의 대화를 통해, 인간 지성의 계발을 목표로 하는 교육사상이다.

07
정답 ④

④ 4단계-사회 시스템 도덕(Social Systems Morality) 단계: 흔히 '법과 질서'의 단계라고 통칭되는 단계로서 사회 질서, 법, 사회적 의무를 중심으로 도덕적 판단을 하는 단계를 말한다. 예를 들어 하인츠의 딜레마를 접한 후 사회가 제대로 기능하기 위해서는 법은 지킬 필요가 있다는 식의 답변을 할 경우에 해당된다.

오답피하기

① 1단계-타율적 도덕(Heteronomous Morality) 단계: 콜버그의 딜레마를 접했을 때 주로 처벌에 근거하여 답변을 했을 경우 이 단계로 평정될 가능성이 높다. 이 단계에서 도덕 판단은 주로 행동의 결과에 집중되며, 따라서 옳은 행동이란 소위 '말을 잘 듣는 행동'을 말한다.

② 3단계-대인 간 기대(Mutual Interpersonal Expectations) 단계: 흔히 "좋은 아이("good girl", "good boy")" 단계라고 일컫는 단계이다. 이 단계는 도덕적 사고를 판단함에 있어 타인에 대한 신의, 배려, 충성심 등이 핵심적인 기준으로 작용한다. 즉 도덕적 행동이란 타인과 자신의 관계라는 맥락에서 그 역할에 기대되는 행동을 할 때 성립된다. 하인츠의 딜레마를 접했을 때 '남편으로서 아내를 살려야 하는 의무'를 중심으로 대답한다든지, 혹은 도둑질을 하는 행동을 통해 '집안의 명성에 누를 끼친다'는 식의 답변을 할 경우 이 단계로 평정될 가능성이 있다.

③ 5단계-개인의 권리 및 사회 계약(Individual Rights and Social Contract) 단계: 5단계의 개인은 법을 지키는 이유가 그것을 통해 개인의 기본적인 권리를 지킬 수 있기 때문이라는 사고를 한다. 따라서 법을 지킨다는 것은 그 자체가 목적이 아니다. 그리고 어떤 가치, 권리, 원칙은 법전을 초월할 수 있으며, 변화 가능하다. 이 단계에 속한 개인은 세상에는 다양한 의견과 권리와 가치가 있음을 인정하고, 이러한 다양한 의견은 그것이 기본적인 인간의 가치를 지키는 이상 존중되어야 한다고 사고한다. 현실적으로 이 단계는 콜버그의 도덕 발달 단계에서 가장 높은 수준이라고 볼 수 있다.

08
정답 ①

① 전보에 해당하는 사례이다. 동일한 직렬 동일한 직급 내의 직위 이동, 즉 직무의 성격이 같은 동일 직급(class) 내의 인사이동을 전보라 한다. 전보와 전직은 동일한 계급 또는 동일한 직급 내에서 수평적 이동이라는 점에서 서로 같으나 전직은 직렬(series)을 달리하는 이동이고, 전보는 직렬의 변동이 없다는 점에서 구별된다.

오답피하기

② 전직에 대한 설명이다.
③ 전직에 대한 사례이다.
④ 전직에 대한 설명이다.

09
정답 ②

② 위트킨(H. A. Witkin) 등은 장의존성-장독립성(field dependence-field independence) 등으로 구분하여 이들과 과제수행과의 관계를 연구

오답피하기

① 가드너(R.W. Gardner)는 수평화-첨예화(leveling-sharpening) 차원 등으로 인지 양식을 구분

③ 충동형(속응형) – 반성형(숙고형) 인지양식: 케이건은 과제 해결에 대한 반응시간과 반응 오류를 기준으로 인지양식을 충동형과 반성형으로 구분하고, 유사도형 검사를 활용한다.
〈충동형〉은 문제에 대한 반응 시간은 빠르지만 반응 오류가 많은 유형으로, 행동이 사고보다 앞서고 쉬운 과제를 신속하게 수행하는 데 유리하다. 〈반성형〉은 문제에 대한 반응 시간은 느리지만 반응 오류가 적어, 사고가 행동보다 앞서고 어려운 과제 해결할 때 유리하다. 둘 다 지능과는 낮은 상관을 가지고 있다.
학습자가 충동형이라면 문제 해결시 단순하게 답하려고 하며, 빠르게 처리하지만 실수가 많고, 학업 성취도가 낮다. 반성형은 문제를 해결할 때까지 여러 대안 탐색 검토해 적절한 답을 구하는 경향, 느리지만 수행에서 실수가 적고, 학업성취도가 높다.
극단적이면 모두 문제이기 때문에 교수전략으로는 충동형 학습자에게는 신중하게 사고하도록 하는 전략(인지적 자기교수 – 혼잣말 가르치기, 훑어보기 전략 등)이 필요하고, 반성형 학습자는 어려운 문제는 건너뛰게(과제 시간 내에 완성할 수 있도록) 한다.

④ 콜브는 학습자의 정보지각방식과 정보처리방식에 따라 학습유형을 적응형, 분산형, 수렴형, 동화형으로 분류하였다. 이때 정보지각방식은 정보를 인지할 때 구체적 경험을 통해 하는지, 추상적으로 개념화하는지에 따라 구분되며, 정보처리방식은 활동적 실험, 반성적 관찰로 구분된다.

10
정답 ③

③ 신법 우선의 원칙이 있다. 신법 우선의 원칙은 특정한 법률이 개정되거나 하여 그 내용이 바뀔 경우에 이전에 적용되던 구법이 적용되지 않고 새로 개정된 신법이 우선적으로 적용된다는 원칙이다. 다만 신법 우선의 원칙은 신법과 구법이 동일한 형태의 법률일 것을 요구한다. 신법 우선의 원칙이 타당한 이유는 신법이 구법보다 현실에 좀 더 부합하고 법을 개정하는 과정에서 새로운 사항들에 대해 입법자가 고민하고 발전적인 방법으로 법을 변경했다는 것에 있다. 신법과 구법은 법의 효력발생 순서를 기준으로 판단되며, 법의 효력발생의 우선순위는 공포시를 기준으로 한다.

오답피하기

① 상위법 우선의 원칙이 있다. 상위법 우선의 원칙은 법에도 일정한 단계가 존재한다는 인식 아래 하위법은 상위법에 위배될 수 없다는 것을 그 내용으로 하고 있다. 한 나라의 법체계는 근본법으로써 헌법이 존재하고, 헌법의 규정 또는 위임으로부터 의회가 제정하는 법률이 있다. 그 다음으로 법률을 집행하기 위해 행정부의 대통령이나 행정 각 부장이 제정하는 명령이 있다. 명령이 제정될 때에는 법률에 근거하여 위임이 있어야 하고, 특히나 국민의 자유와 기본권을 침해할 때에는 법에서 구체적으로 위임의 범위를 정하여야 하므로 명령은 법률에 종속되는 것이다.

② 특별법 우선의 원칙이 있다. 특별법은 특수한 사항이나 특정한 사람에게 적용되는 법을 말하는 것인데, 이에 대비되는 개념이 일반법이다. 일반법은 그 법의 적용 영역에 있어서 모든 사항과 사람에게 적용되어 영향을 미치는 반면, 특별법은 일반법에 비하여 적용 영역이 한정되어 있는 법이다. 사회가 복잡 전문화됨에 따라 특수한 사정을

규율할 필요성이 날로 증가하고, 이에 따라 특별법도 증가하는 추세이다. 특별법은 일반법에 비하여 우선적으로 적용되는 법이다. 특별법의 입법 목적이 특수한 사항을 규율하는 데 있으므로, 특수한 사정이 발생하였을 때에는 특별법이 우선적으로 적용되어야 한다. 특별법은 수 없이 많이 존재하는데 대표적으로 상법이나 주택임대차보호법 등은 민법에 대한 특별법이고, 군형법, 국가보안법, 특정범죄가중처벌에 관한 법률은 형법에 대한 특별법이다.

④ 법률불소급의 원칙은 기본적으로 법률의 적용은 행위 당시의 법률에 의하여야 한다는 원칙이다. 즉, 행위시에 존재하지 않던 법률을 사후에 재정하거나 개정하여 법제정 이전의 행위에 적용해서는 안 된다는 원칙이다. 이는 국민들에 대하여 법적 안정성과 예측가능성을 부여하고 법치국가를 실현하기 위한 원칙이다. 행위시에 존재하지 않던 법률을 제정하여 불이익한 효과를 국민에게 부여한다면 일반 국민의 법적 신뢰와 행동의 자유를 보장할 수 없기 때문이다. 법률불소급의 원칙은 특히 형법에서 강조되며, 이로써 국민의 자유와 권리를 보장하는 기능을 수행한다. 형법 제1조 제1항도 '범죄의 성립과 처벌은 행위시 법률에 의한다.'고 규정하여 법률불소급의 원칙을 채택하고 있다. 다만 행위시와 재판시에 법률이 국민에게 유리하게 변경된 경우에는 신법 우선의 원칙에 따라 재판시 법률이 적용되고 불소급원칙은 배제된다.

11 ─────────────────────── 정답 ②

② 거시적 수준의 교수설계이론이다. 정교화 교수이론의 일반적인 교수처방 원리는 다음과 같다.
첫째, 수업내용을 단순한 것으로부터 복잡한 것으로 계열을 구성하는 것이다. 이러한 계열화 방식은 안정된 인지구조를 형성시키는데 도움을 줄 뿐만 아니라 모든 수업내용에 의미 있는 맥락을 제공해 주며, 또한 최초의 학습주제를 학습할 때부터 의미있는 적용력의 학습을 제공한다.
둘째, 선수학습요소의 학습계열은 각 학습주제에 필요하다고 생각될 경우에만 소개되며, 체계적인 통합과 복습은 각 학습 주제나 각 단원의 학습을 끝마쳤을 때 제공된다. 또한 학생들의 능력수준에 적합하도록 각 학습주제의 내용의 복잡성이나 난이도 수준이 조정된다.
셋째, 학습자통제를 촉진시켜 줄 수 있는 방식으로 수업을 조직한다. 학습자 통제는 「종합자」와 「복습」과 같은 교수방략 요소들의 사용횟수와 사용 시기에 대한 통제뿐만 아니라 아이디어의 선택과 계열화에 대한 통제도 포함된다.
넷째, 정교화 교수이론은 「비유」를 사용하여 인지 과정을 촉진시킨다.

◎ 오답피하기
① 수행 - 내용 분류체계로 구성된다.
③ 켈러의 학습동기유발 수업설계에 대한 설명이다.
④ 학습의 결과로 5가지 학습영역을 제시하고 있다.

12 ─────────────────────── 정답 ①

① 점증 모형에 대한 설명이다. 기존정책보다 약간 개선된 대안을 선택하는 것이다.

◎ 오답피하기
② 최선의 대안 모색 모형이다. 인간과 조직의 합리성, 완전한 정보환경 등을 전제로 하여, 목표 달성의 극대화를 위한 합리적 대안의 탐색·선택을 추구하는 규범적·이상적 정책결정 모형을 말한다. 즉 합리모형은 인간을 합리적 사고방식을 따르는 경제적 인간으로 전제하고 정책결정자의 전지(全知)를 가정(assumption of omniscience)하여, 문제 해결을 위한 대안을 체계적·포괄적으로 분석하여 가장 합리적인 최적 대안을 선택할 수 있다고 보는 정책결정 모형을 말한다.
③ 제한된 합리성 모형이다. 현실적인 의사결정은 '어느 정도 만족할 만한' 대안의 선택으로 이루어진다는 의사결정 모형을 말한다. 즉 이 모형은 의사결정에서 합리적인 결정이나 최적 대안을 선택하는 데는 여러 가지 현실적 제약이 있기 때문에, 어느 정도 동의할 만한 (agreeable) 차선의 대안을 선택함으로써 제한된 합리성을 찾을 수밖에 없다는 이론모형으로, 사이먼(H. A. Simon)과 마치(J. March)가 제시한 것이다.
④ 최적 모형의 주요 특징은
• 주어진 목적에 가장 알맞은 모형 선택
• 합리적 요인과 초합리적 요인을 동시에 고려하는 규범적 모형이다.
• 계량적인 측면과 질적인 측면을 구분하여 검토하고 난 다음 이들을 결합시키는 질적 모형이다.
• 정책결정에 있어서 직관적 판단이나 상상력과 같은 초합리성을 중시하여 선택하는 데 활용

13 ─────────────────────── 정답 ②

② 피그말리온 효과는 일명 자성예언이라고도 한다. 어떤 행동이나 학습을 함에 있어 학습자가 보이는 학습수준이 주변에서 특히 교사가 가지는 기대수준에 부합되게 일어나는 현상이다. 예컨대 학습자의 지능수준이 높으면 학습 성취도가 높아진다는 정보를 가진 교사가 자신이 담당하는 학생 중 특정학생이 머리 좋다고 믿게 되면 그 학생의 성취도가 실제로 높게 나타나는 현상이다. 그 학생의 실제 지능은 그렇게 높지 않더라도 이 관계가 성립된다.

14 ─────────────────────── 정답 ④

④ 준거지향평가의 기본가정이다. 평가대상자가 사전에 결정된 어떤 수행준거 또는 목표를 얼마나 성취하였는지에 초점을 두고, 개인의 성취수준의 유의미성을 다른 사람들이나 규준집단의 성취 정도와의 상대적 비교에서 찾지 않는 평가를 의미한다.

◎ 오답피하기
①, ②, ③ 규준지향평가의 기본가정이다. 한 학생의 학업성취도를 학생 상호간의 상대적 비교를 통해서 성적을 결정하는 평가방법. 한 학생의 성취가 얼마나 바람직하냐 하는 정도는 주어진 집단의 점수분포인 규준에 의해서 결정된다.

15 ─ 정답 ③

③ 로우의 욕구이론에 대한 설명이다. 개인의 욕구가 직업선택에 커다란 영향을 미친다. 아동기에 형성된 욕구에 대한 반응으로 직업선택. 부모의 양육방식이 직업선택에 영향을 준다.

오답피하기

①, ②, ④ 수퍼의 진로발달이론에 대한 설명이다. 수퍼의 이론은 직업적 자기개념을 강조하였고 신체적·정신적 성장, 일의 관찰, 일반적 환경, 경험 등에 의해 발달하고 자신과 타인과의 차이점 및 유사점들로 동화된다. 일에 관한 인식을 폭넓게 경험할수록 더 복잡하게 형성된다. 진로발달은 성장기(growth stage), 탐색기(exploration stage), 확립기(establishment stage), 유지기(maintenance stage), 쇠퇴기(decline stage)의 과정을 거치며, 전 생애적으로 발달한다고 보았다.

16 ─ 정답 ④

④ 학교 내외이다. "학교폭력"이란 학교 내외에서 학생을 대상으로 발생한 상해, 폭행, 감금, 협박, 약취·유인, 명예훼손·모욕, 공갈, 강요·강제적인 심부름 및 성폭력, 따돌림, 사이버 따돌림, 정보통신망을 이용한 음란·폭력 정보 등에 의하여 신체·정신 또는 재산상의 피해를 수반하는 행위를 말한다.

오답피하기

① 제2조(정의) 3.
② 제2조(정의) 4.
③ 제2조(정의) 1.

17 ─ 정답 ④

④ 예언타당도에 대한 설명이다. 목적하는 준거를 얼마나 정확하게 예언하고 있는지를 의미. 미래의 행동이 준거가 됨

오답피하기

①, ②, ③ 구인타당도에 대한 설명이다. 구인타당도를 성취하는 과정은 다양한 조건에서 측정대상인 특질의 이론적 배경을 만족하는 경험적 증거들을 축적하는 과정이다. 일반적으로 검사개발자들이 구인타당도를 제시하는 방법은 상이한 피험자 집단 간의 차이, 검사점수의 변화에 대한 증거, 외적 준거와의 상관에 대한 증거, 검사문제 해결과정에 대한 증거 등이 이론적 예측과 일치하는가로 제시한다.

18 ─ 정답 ②

② 약식장학에 관한 설명이다. 약식장학은 단위학교에서 교장 혹은 교감이 짧은 시간 동안 순시나 수업참관을 통해 교사들에 대해 지도 조언을 제공하는 활동이다. 약식장학은 장학을 받게 되는 교사에게 교장 혹은 교감이 미리 일러주는 것이 좋고 장학의 결과를 자신들만 아는 것이 아니라 피드백 해주는 것이 중요하다.

오답피하기

① 임상장학에 대한 설명이다. 임상장학이란 장학을 담당하는 장학담당자(장학의 주 담당자는 학교의 교장이나 교감이 주가 된다. 여기에 외부 장학사나 전문가가 포함될 수도 있다)와 교사가 일대일 관계 속에서 수업지도에 관한 문제를 해결하고 수업기술 향상을 도모하는 지도·조언의 과정이다.
③ 임상장학에 대한 설명이다.
④ 담임장학에 대한 설명이다.

19 ─ 정답 ①

① 항존이란 용어는 일 년을 통해 계절마다 계속 피어나는 어떤 종류의 꽃에서 유래된 것으로 「영원성」을 의미하는 말이다.

오답피하기

② 문화적 유산의 본질적 가치가 모든 사람에게 전달되어야 한다고 주장하는 20세기 미국사회의 한 교육사조. 본질은 실존하며, 직관적으로 알 수 있고 구체적인 존재보다 우선한다는 철학적 학설로서 실재론과 관념론을 포괄하고 있다.
③ 교육사조로서의 진보주의는 1918년에 아동중심 교육을 주장하던 미국의 교육학자·심리학자들이 「진보주의 교육협회」(The Progressive Education Association)를 결성한 데서 본격적으로 출발한 교육운동을 뜻한다.
④ 재건주의 교육사상(再建主義 敎育思想)은 교육이 사회개혁의 역군이 되고 선봉이 되어야 한다는 사상으로, 1950년대 이후 미국의 브라멜드가 진보주의·본질주의·항존주의 사상을 종합·비판, 주장한 사상이다.

20 ─ 정답 ③

③ 가드너의 다중지능이론에 대한 설명이다. 미국의 하버드 대학교 교수인 가드너가 1983년에 출판한 그의 저서 『마음의 틀』(Frames of mind)에서 제시한 지능이론이 '다중지능이론'이다. 이 이론에서는 기존의 지능이론과는 달리 인간의 지능은 서로 독립적이며 다른 여러 종류의 능력으로 구성되어 있다고 본다. 따라서 다중지능이론이란 각 개인이 특정 분야의 개념과 기능을 어떻게 배우고, 활용하며, 발전시켜 나가는가 하는 특정 분야에서의 '문제해결 능력' 또는 '가치 있는 결과를 생산하는 능력'으로서 한 개인이 속한 문화권에서 가치 있다고 인정하는 분야의 재능을 말한다. 가드너는 인간의 지적 활동을 서로 독립적인 아홉 개의 분야로 나누어 각 분야에 대응하는 아홉 가지 지능을 제시하고 있다. 아홉 가지 지능에는 언어지능, 논리-수학적 지능, 공간지능, 신체-운동적 지능, 음악지능, 개인 간 지능, 개인내 지능, 자연주의적 지능 및 실존지능이 포함된다.

오답피하기

① 스턴버그 - 세 가지 하위 지능에 대한 설명이다.
② 스턴버그 - 상황적 지능(실용적 지능)에 대한 설명이다.
④ 스턴버그 - 실제적 지능에 대한 설명이다.

제02회 실전동형 모의고사

문제편 p.10

★ 빠른정답

01	③	02	①	03	④	04	①	05	③
06	②	07	④	08	①	09	②	10	③
11	②	12	①	13	②	14	④	15	③
16	④	17	④	18	②	19	①	20	③

01
정답 ③

③ 교육 개념의 분석을 통하여 이루어지는 것. 교육 그 자체가 가치 용어이기 때문에 내재적으로 목적이 주어진다고 본다. 그리고 교육 개념에 내포된 교육목적의 준거로는 규범적 준거, 과정적 준거, 인지적 준거가 있다고 한다. 따라서 이때의 교육목적은 내재적으로 주어지기 때문에 초월적인 것의 수단일 수는 없다고 하겠다.

오답피하기

①, ②, ④ 교육의 내재적 목적과 외재적 목적은 교육받은 사람의 특성과 그에 기대하는 행동양식을 규정하는 게 중요하다. 교육활동은 가치활동이며 가치어의 성격을 지니고 있는 것도 사실이며, 사회문화적 맥락 속에서 그 사회문화의 가치를 실현하는 작업임에 틀림없다. 따라서 이 두 가지 관점을 동시에 인정하고 통합적인 안목에서 교육목적을 설정해야 하고 어느 한 방향으로 기울이지 않는 것이 좋다. 내재적 목적만을 강조한다면 교육의 성역은 보장될지 모르나 사회문화적으로 고립된 영역이 될 수밖에 없고, 외재적 목적만을 강조한다면 교육은 기계적으로 흐르고 교육의 자율성을 잃게 될 것이기 때문이다.

02
정답 ①

① 고려 역사를 조금이라도 아는 사람이라면, 최충(崔沖, 984~1068)이라는 이름이 생소하지 않을 것이다. 최충은 학교 교육의 아버지였다. 그가 세운 9재학당은 사학교육의 원조였고, 고려시대 문신 배출의 산실이었다. 최승로가 유교적 정치개혁에 공헌한 인물이라면, 최충은 유교 교육을 제대로 받은 인물을 배출하는 데 이바지한 인물이라 평가할 수 있다. 물론, 그가 세운 9재학당이 과거시험 합격을 위한 입시 교육장이었다는 비판이 없지는 않다. 그러나 실제 유교 경전에 바탕을 둔 그의 학문 교육은 유학이 꽃피울 수 있는 터전을 마련해 주었다.

오답피하기

② 고려 말의 문신·학자. 삼은(三隱)의 한 사람이다. 정방 폐지, 3년상을 제도화하고, 김구용·정몽주 등과 강론, 성리학 발전에 공헌했다. 우왕의 사부였다. 위화도 회군 후 창(昌)을 즉위시켜 이성계를 억제하려 했다. 조선 태조가 한산백에 책봉했으나 사양했다.

③ 고려시대의 유학자로 좌부승지·판밀직사사·도첨의중찬 등을 지냈으며, 한국 성리학의 시조라고 불린다.

④ 고려 말기 문신 겸 학자. 의창을 세워 빈민을 구제하고 유학을 보급하였으며, 성리학에 밝았다. 《주자가례》를 따라 개성에 5부 학당과 지방에 향교를 세워 교육진흥을 꾀했다. 시문에도 뛰어나 시조〈단심가〉외에 많은 한시가 전해지며 서화에도 뛰어났다.

03
정답 ④

④ 위 세 개는 문항 내적 신뢰도를 산출하는 신뢰도 검증방법이다. 문항 내적 일치도를 계산하는 데 가장 보편적으로 사용되는 것은 문항들 간의 상관관계를 계산하는 것으로 KR-20, KR-21, Cronbach's α 등이 있다. 문항 내적 일치도에 영향을 주는 요인으로는 검사의 길이나 문항수, 문항의 난이도, 문항의 변별도, 검사 도구의 내용, 검사 실시 시간 등이 있다.

오답피하기

① 재검사 신뢰도는 상관계수는 Karl Pearson의 단순적률상관계수 추정 공식에 의해 산출된다.

② 동형검사 신뢰도는 미리 두 개의 동형검사를 제작하여 동일 집단을 대상으로 실시하여 얻은 두 점수 간의 상관관계에 의한 신뢰도이다.

③ 반분신뢰도는 검사를 두 부분으로 나누어 두 부분 검사점수에 대한 측정의 유사성을 추정하는 방법이다.

04
정답 ①

① 고전검사이론이다.

오답피하기

②, ③, ④ 한 검사를 결정하는 것은 그 검사를 구성하고 있는 문항의 질에 달려 있다. 그 속에 담긴 문항의 질이 좋지 못하면 검사 전체의 양호도(良好度)도 줄어들게 마련이다. 문항분석의 통계적 분석의 종류에는 ① 문항곤란도(item difficulty), ② 문항 내적 합치도(item internal consistency), ③ 문항타당도(item validity)가 있다. 또한, 흔히 문항 내적 합치도와 문항타당도를 합쳐 문항변별력(item discriminating power)이라고도 한다.

05
정답 ③

③ 아들러의 개인심리학 내용이다.

오답피하기

①, ②, ④ 오스트리아의 신경과 의사, 정신분석의 창시자. 히스테리 환자를 관찰하고 최면술을 행하며, 인간의 마음에는 무의식이 존재한다고 하였다. 꿈·착각·해학과 같은 정상 심리에도 연구를 확대하여 심층심리학을 확립하였다. 프로이트에 따르면 인간의 영혼은 무의식과 의식의 영역으로 구성되어 있으며, 무의식의 영역은 자유연상(free association), 환상, 말실수, 꿈들을 통해 접근이 가능하다고 한다. 특히 전치, 응축, 상징, 이차연상 등의 여러 기제가 작용하고 있는 꿈에 대한 해석은 정신분석학의 중요한 성과로 여겨지며, 프로이트는 꿈의 연구를 통해 다양한 신경증과 정신병에 시달리는 환자를 치료할 수 있는 토대를 마련하였다. 이때 치료는 우리가 흔히 무의미하고 비이성적이라 여겨지는 부분에 의미를 부여하고, 이를 환자가 인식하게끔 하는 방법을 통해 가능하다.

06
정답 ②

② 2022 개정 교육과정에서의 창의적 체험활동은 자율자치 활동, 동아리 활동, 진로 활동으로 한다.

오답피하기

① 2022 개정 교육과정은 우리나라 교육과정이 추구해 온 교육 이념과 인간상을 바탕으로, 미래 사회가 요구하는 핵심역량을 함양하여 포용성과 창의성을 갖춘 주도적인 사람으로 성장하게 하는 데 중점을 둔다.
③ 모든 학생이 학습의 기초인 언어, 수리, 디지털 기초소양을 갖출 수 있도록 하여 학교교육과 평생 학습에서 학습을 지속할 수 있게 한다.
④ 다른 사람의 관점을 존중하고 경청하는 가운데 자신의 생각과 감정을 효과적으로 표현하며 상호협력적인 관계에서 공동의 목적을 구현하는 협력적 소통 역량

07
정답 ④

④ 정보를 통합하고 조직화하는 인지적 개념 또는 틀

오답피하기

① 개인이 환경에 적응하기 위해 인간 발달의 각 단계마다 반드시 성취해야 할 과업
② 사물이 갖는 지각적 속성과 특징에 의해 판단이 영향받기 쉬운데 그 심상을 기초하여 사고하는 경향
③ 아동이 스스로 해결하거나 성취할 수 있는 능력과 자신보다 인지수준이 높은 또래나 성인의 도움을 받아 과제를 해결하거나 성취할 수 있을 것으로 기대되는 능력 간의 차이

08
정답 ①

① 작동기억은 제한된 정보를 짧은 시간에 파지하는 임시 저장고를 말하며, 다른 인지적인 과제를 수행하면서 동시에 정보를 기억하는 능력으로 내용은 감각기억에서 전이된 정보와 장기기억에서 인출된 정보로 구성된다. 작동기억의 가장 두드러지는 특징은 정보저장과 관련된 한계를 들 수 있다(Bruner, 1993; Sweller et al., 1998). 즉, 기억범위가 상당히 제한되어 있다는 것이다. 기억범위(memory span)란 의식 속에서 동시에 활성화시킬 수 있는 항목의 수를 말한다.

오답피하기

② 심리학 용어로, 오감에 의해서 받아들여진 자극에 대해서 매우 짧은 시간 동안 저장하는 기억을 의미한다.
③ 용량에 제한이 없고 정보가 몇 분에서부터 평생 동안 보존되는 기억을 의미한다.
④ 심리학 용어로, 외현기억의 일종이다. 추상적이며 일반적인 지식에 관련된 기억을 의미한다.

09
정답 ②

② 워커의 자연주의적 설계 모형에 대한 설명이다.

오답피하기

① 교육과정과 수업은 하나의 과정이며, 그의 교육과정 개발 모형은 합리적 모형, 목표 중심 모형, 평가 중심 모형 등으로 불린다. 목표달성에 가장 도움이 될 만한 활동과 조직의 종류 선택하고, 선정·조직된 학습경험이 어떤 결과를 낳는가를 평가함으로써 효과적인 학습이 이뤄지기 위한 단계를 제시하였다. 교육과정 모형은 구체적 목표를 정하고 학습경험을 선정하여 학습경험을 조직하고 마지막으로 평가하는 순으로 모형이 이루어져 있다.
③ 학교현장 특성을 반영한 교육과정 개발. 교사를 교육과정에 적극적으로 참여시킨다.
④ 목표 달성을 위해 평가를 강조한 모형(선 평가 후 교육)

10
정답 ③

③ 계속성(繼續性)과 함께 교육과정의 종적(縱的) 조직에 관계되는 원칙으로서, 교육내용을 조직할 때 어느 것을 먼저 가르치고 어느 것을 나중에 가르치는가를 말하는 것. 계열성을 보장하는 방법으로서는 「논리적 조직」과 「심리적 조직」이 있는 것으로 알려져 왔다. 전자는 교과 자체의 논리적 순서를 따라 조직하는 것이며, 후자는 학습자의 심리에 가까운 것에서 먼 것으로 나아가는 것이다. 예컨대, 역사과에서 고대 중세 근세 현대로 조직하는 것은 교과의 논리적 순서를 따른다고 볼 수 있으나, 학습자의 심리에는 현대가 더 가깝다고 볼 수도 있다.

오답피하기

①, ②, ④ 계열성에 대한 설명이다.

11
정답 ②

② 현실치료는 현재 시점을 강조

오답피하기

①, ③, ④ 현실치료는 다양한 인지행동적 전략을 적용하여 내담자가 자신의 욕구를 자각하고, 보다 나은 삶의 구성요소를 인식하며, 삶의 질을 향상시키기 위한 목표와 과정을 구체화할 수 있도록 도와준다. 글래서는 초기이론에서 모든 사람들이 상호 관계성과 존중감의 두 가지 기본욕구를 지니고 있다고 보았다. 두 가지 욕구는 서로 관련되어 있는데, 자신과 타인의 욕구를 정확하게 인식하고자 하는 행동은 자신의 가치를 느끼게 하고 타인과 친밀한 관계를 맺을 수 있도록 해준다. 이러한 초기개념은 이후 수정·보완되어 발전되어 오고 있다.

12
정답 ①

① 제6차 교육과정기(1992.6.~1997.12.)는 중앙 집권형 교육과정을 지방 분권형 교육과정으로 전환하여, 시·도와 학교의 자율 재량권을 확대해 운영되었다.

오답피하기

② 제7차 교육과정은 국민 공통 기본 교육과정과 고등학교 선택 중심 교육과정으로 구성되는 것이 특징이며, 교육내용과 방법을 진로와 적성에 맞게 다양화하고 교육내용의 양과 수준을 적정화하여 심도 있는 학습을 할 수 있도록 함을 방침으로 하여 구성되었다.
③ 5차 교육과정은 통합중심교육으로 이루어졌다. 과외금지조치가 해제되었다.
④ 4차 교육과정은 인간중심교육으로 이루어졌다.

13 정답 ②

② 포섭에 대한 설명이다.

오답피하기

① 이미 학습된 지식과 능력을 이용하여 자극상황에 순응하는 과정을 설명하는 피아제(J. Piaget)의 용어. 동화될 수 있는 상황의 제측면(諸側面)은 변화 또는 새로운 학습을 요구하지 않는 측면들이다. 동화한다는 것은 어떤 의미에서는 과거에 학습된 것을 흡수하고 사용하는 것으로서, 즉 과거에 학습된 반응들을 새로운 상황에 활용하는 것이라고 말할 수 있다.

③ 환경에서 오는 도전을 받음으로써 유기체가 지적인 구조적 변화를 가져오는 것. 피아제(J. Piage)의 이론에서 사용되는 개념으로서 생물학에서 빌려온 것이다. 유기체(有機體)가 환경의 변화에서 살아남으려면 유기체 자신이 구조적 변화를 가져와야 한다.

④ 선행조직자를 제시하는 목적은, 새로운 학습을 위한 개념망(conceptual framework)을 부여하고, 학습자가 가지고 있는 현재의 정보와 새로운 학습을 연결 지으며, 학습자의 장기적인 저장기호화(encoding)를 효과적으로 촉진하는 데 있다. 유의미 학습을 위한 개념적 기반(conceptual scaffolding)으로서, 해당 학습 과제에 앞서 제시되는 것으로, 해당 학습과제보다 높은 수준의 일반성, 추상성, 포섭성(inclusiveness)을 가진다.

14 정답 ④

④ 준거지향평가의 기본가정이다. 평가대상자가 사전에 결정된 어떤 수행준거 또는 목표를 얼마나 성취하였는지에 초점을 두고, 개인의 성취수준의 유의미성을 다른 사람들이나 규준집단의 성취 정도와의 상대적 비교에서 찾지 않는 평가를 의미한다.

오답피하기

①, ②, ③ 규준지향평가의 기본가정이다. 한 학생의 학업성취도를 학생 상호간의 상대적 비교를 통해서 성적을 결정하는 평가방법. 한 학생의 성취가 얼마나 바람직하냐 하는 정도는 주어진 집단의 점수 분포인 규준에 의해서 결정된다.

15 정답 ③

③ 반응행동이 발생한 후 일정한 수만큼의 반응을 했을 때 강화요인을 적용하는 방법을 뜻한다. 예를 들면 7번째의 반응마다 강화를 하는 것. 어떤 행동이 일정한 횟수만큼 반복되었을 때 강화를 주도록 계획한 간헐 강화의 일종이다.

오답피하기

① 변동간격계획은 반응이 강화받기 전에 경과해야만 하는 간격이 변화하는 것. 선행한 강화로부터 어느 정도 시간이 경과한 뒤에 나타나는 반응을 강화하는 간헐강화(間歇强化) 계획의 일종. 강화와 강화 간의 시간간격은 일정하지 않고 임의로 정한 시간범위 내에서 어떤 평균시간을 중심으로 변한다.

② 변동비율계획은 강화를 얻는 데 필요한 반응의 수가 변화하는 것을 말한다. 선행(先行)한 강화로부터 수개의 반응이 나타났을 때 강화하는 간헐강화 계획의 일종. 강화와 강화 간의 반응수는 일정하지 않고 임의로 정한 어떤 평균 반응수를 중심으로 변동한다.

④ 반응행동이 발생한 후 일정한 시간이 경과한 다음 강화요인을 적용하는 방법을 뜻한다. 예를 들면 5분씩 간격을 두고 강화하는 것. 간헐강화의 하나로, 일정한 시간 간격이 경과한 후에 발생하는 첫 번째 반응에 대해 강화인을 제공하는 강화계획

16 정답 ④

④ 장기기억에 대한 설명이다. 작업기억은 정보들을 일시적으로 보유하고, 각종 인지적 과정을 계획하고 순서 지으며 실제로 수행하는 작업장으로서의 기능을 수행하는 단기적 기억이다.

오답피하기

①, ②, ③ 정보처리이론에 대한 설명이다. 새로운 정보가 투입되고 저장되며 기억으로부터 인출되는 방식에 대한 연구를 통해 학습자의 내부에서 학습이 발생하는 기제를 설명해 준다. 이 이론은 정보와 관련된 인간의 내적 처리과정을 컴퓨터의 처리과정에 비유하여 설명한다. 이 이론의 구조는 정보저장소와 인지처리 과정의 두 가지 요소로 구성된다. 정보저장소란 투입된 정보가 머무르는 곳으로 감각등록기(sensory register), 작업기억(working memory) 또는 단기기억(short-term memory), 그리고 장기기억(long-term memory)이라는 세 요소를 포함한다. 인지처리과정이란 각각의 정보장소로부터 정보가 이동하는 것과 관계되는 처리과정을 의미하며, 주의집중(attention), 지각(perception), 시연(rehearsal), 부호화(encoding), 인출(retrieval)과 망각(forgetting) 등의 처리과정이 포함된다.

17 정답 ④

④ 보기의 내용은 인간의 자율성을 강조한 Y이론과 성숙이론에 적용되는 가정이다.

오답피하기

①, ②, ③ Y이론은 맥그리거(D. McGregor)가 인간본성을 두 가지로 구분한 것 중 하나에 해당하는 것으로 Y이론은 X이론과 상반되는 인간관을 말하며 "일이란 반드시 고통스러운 것만은 아니며 그때그때의 환경과 조건에 따라서는 즐거움과 만족의 원천이 될 수도 있으며, 인간은 자기 스스로 통제하며 또한 책임질 줄도 안다."라는 가설을 말한다.

성숙이론에서 아지리스는 인간을 완전히 실현될 수 있는 잠재적인 능력을 지닌 존재로 파악하였다. 이 점에서 Y이론과 유사하다.

체제접근모형이란 의사결정자나 계획자에게 보다 체계적이고 합리적으로 문제해결과 목표달성을 할 수 있도록 도와주는 사고양식이다. Taylor에 의해 주창된 과학적 관리론은 조직관리를 과학적으로 하여 인간의 생산성을 증대시키고자 하는 일련의 연구를 의미한다. 테일러는 저서 「과학적 관리의 원칙(The principles of scientific management)」에서 '주먹구구식 방법'을 반박하면서 조직 내의 직무를 수행하기 위한 유일 최고의 방법(one best way)을 규명할 수 있다고 주장하였다. 과학적 관리론은 능률과 공식적 구조를 강조하고 분업을 통한 노동 생산성의 증대에 관심을 두었다. 조직 내의 인간은 분업과 생산성 증대를 위해 기계의 부속품처럼 움직여 주기를 바라는 X이론적 인간관으로 간주했다.

18   정답 ②

② 가드너(Gardner)는 인간의 지능이 서로 다른 특징을 지닌 여러 유형의 능력으로 구성되어 있으며, 이들은 서로 독립적인 특성을 지닌다고 주장했다. 즉, 스턴버그와 마찬가지로 지능이 복잡하고 다차원적인 시스템이라고 본 것이다. 가드너는 지능을 개인이 특정 상황이나 맥락에서 문제를 해결해 내는 능력, 혹은 개인이 살고 있는 문화에서 가치 있다고 생각하는 것을 만들어 내는 능력이라고 보았다. 이러한 지능은 총 8가지로 구성되어 있다고 주장했는데, 언어(linguistic), 논리 수학(logical-mathematical), 공간(spatial), 신체 협응(bodily-kinesthetic), 음악(musical), 대인 관계(interpersonal), 자기 이해(intrapersonal), 자연 탐구(natural) 지능이 그러하다.

◎ 오답피하기

① 스피어만(Spearman)은 지능 검사 항목 간에 상관이 있음을 발견하고 모든 항목에 영향을 미치는 'g'로 불리는 일반적인 요인(general factor)을 제안했다. 또한 검사 항목 간의 상관이 완전하지 않음을 주목하고, 'g'가 각 항목에 기여하는 정도가 다르며 특정 과제 수행에 관여하는 's'로 불리는 특수적인 요인(specific factor)도 존재함을 제안했다.
③ 서스톤(Thurstone)은 지능이 한두 가지의 요인으로 설명될 수 없다고 주장했다.
④ 카텔(Cattell)은 지능이 유동적인 지능과 결정적인 지능, 이렇게 두 가지로 나뉜다고 주장했다.

19   정답 ①

① 애덤스는 조직 내의 개인과 조직 간의 교환관계에 있어서 공정성(公正性) 문제와 공정성이 훼손되었을 때 나타나는 개인의 행동유형을 제시하고, 구성원 개인은 직무에 대하여 자신이 조직으로부터 받은 보상을 비교함으로써 공정성을 지각(知覺)하며, 자신의 보상을 동료와 비교하여 공정성을 판단하는데 이때 불공정성(不公正性)을 지각하게 되면 이를 감소시키기 위한 방향으로 모티베이션이 작용하여 균형을 찾는다고 하였다.

◎ 오답피하기

② 기대이론에 대한 설명이다.
③ 목표설정이론에 대한 설명이다.
④ 욕구단계이론에 대한 설명이다. 성취동기이론은 금전이나 명예 때문이 아니라 일 자체에 즐거움과 의미를 부여하는 동기에 의해 일을 성취하는 경우 이를 성취동기라고 한다.

20   정답 ③

③ 5단계-자아 정체감 대 역할 혼미(Identity vs. Role Confusion) 단계

◎ 오답피하기

① 1단계-신뢰 대 불신(Trust vs. Mistrust) 단계: 에릭슨은 신뢰(trust)를 "타인에 대한 기본적인 믿음뿐 아니라 자신의 가치에 대한 느낌(Erikson, 1968)"으로 정의한다. 신뢰를 형성한 영아는 엄마가 자신이 배가 고플 때 음식을 주고 두려움이나 고통을 느낄 때 위로를 준다는 기대감을 형성한다. 아기는 또한 자기 자신에 대한 믿음과 통제력을 발달시킨다. 엄마와 신뢰감을 형성한 아이는 엄마가 잠시 자리를 떴다 하더라도 그녀가 다시 돌아올 것을 믿으며, 지나친 불안이나 걱정을 보이지 않는다.
② 4단계-근면성대 열등감의 시기
  • 어려운 과제의 완성에 대한 기쁨을 경험하게 한다.
  • 독립심과 책임감을 보일 수 있는 기회를 준다.
  • 학생이 자신의 성찰을 확인할 수 있도록 한다.
④ 7단계-생산성 대 자기 침체(Generativity vs. Stagnation) 단계: 성인 중기에 이르러 두 사람간의 친밀감을 형성하게 되면 이제 그 관계는 두 사람을 넘어서도 적용되기 시작한다(Erikson, 1982). 즉, 다음 세대를 '생산'하고 가치를 전수하는 단계로 이행하게 된다. 그러한 의미에서 생산성은 좁게 말해서 자녀를 낳고 기르는 것이다. 하지만 넓은 의미의 생산성은 다음 세대에게 자신의 능력이나 가치를 전수하는 모든 활동을 의미한다. 예를 들어 물건을 만든다든지, 지식을 전파하는 행위 역시 생산성 있는 활동이라 할 수 있다.

제03회 실전동형 모의고사

문제편 p.14

★ 빠른정답

01	③	02	③	03	④	04	①	05	③
06	②	07	④	08	①	09	②	10	③
11	④	12	①	13	②	14	①	15	③
16	④	17	④	18	②	19	①	20	③

01 ──── 정답 ③

③ 루소의 자연성의 입장

◎ 오답피하기

①, ②, ④ 칸트의 교육사상: 합리주의에 대한 반동으로 자연주의 교육사상이 대두되었다. 루소의 자연주의 교육을 새로운 합리적 입장에서 수정 보완한 것이 칸트의 교육사상. 칸트 철학을 흔히 비판철학이라 일컫는데, 여기에서 비판이란 가능 근거를 따져 묻는 것, 즉 '그것이 어떻게 가능한가?'를 되묻는 것이다. [순수이성비판]의 문제의식은 '인간은 보편적인 진리를 도대체 어떻게 알 수 있는가?'였다. 그에 대한 대답은 바로 위와 같이 경험을 재료 삼아 인간 지성의 능동적이고 자발적인 능력 또는 형식을 통해 가능하다는 것이다. 인식 주체의 능동적, 자발적 능력을 강조한다는 점에서 칸트 철학은 그 어느 것에도 의지하지 않고 '감히 스스로 생각하는'(Sapere Aude) 계몽주의적 주체의 철학적 완성이다.

02 ──── 정답 ③

③ 올바르지 못한 태도

◎ 오답피하기

①, ②, ④ 올바른 청소년관: 모든 청소년은 교육과 환경에 따라 바르고 슬기롭게 성장 발달할 수 있다. 모든 청소년은 독립적인 존재이며 그들의 개성은 존중되어야 한다. 청소년의 지도는 가정, 학교, 사회의 긴밀한 유대와 차별 없는 공평한 지도로 이룩되는 것이므로 믿음과 사랑으로 이끌어 나가야 한다.

03 ──── 정답 ④

④ 원효의 교육적 인간상인 '중도인'에 대한 설명이다.

◎ 오답피하기

①, ②, ③ 옳은 설명이다.

04 ──── 정답 ①

① 보기의 지문은 소크라테스의 교육관을 나타낸 것으로 교육은 주입이 아니라 사고력의 발전인 동시에 교육방법으로 문답법의 중요성을 일깨운 글이다.

◎ 오답피하기

② 플라톤에 따르면 각 개인은 선천적으로 소질, 능력이 다르며 우수한 사람은 통치자가 되어야 하고, 다음으로 우수한 소질, 능력을 가진 자는 수호자이어야 하며, 그 외의 자는 생산자가 되어야 한다. 다만 공공업무를 수행하는 능력에 대해서 남녀 간에는 본질적 차이는 존재하지 않기 때문에 남녀는 동등하게 수호자 또는 통치자가 될 수 있다. 각 개인의 선천적 소질, 능력에 의해 지위가 결정되기 때문에 수호자의 자녀라 하더라도 우수하지 않으면 수호자로 될 수 없고 생산자의 자녀 중에서 우수한 자는 수호자로 선택되어야 한다.
③ 아리스토텔레스는 인간 삶의 목적은 행복이라고 말한다. 그런데 행복한 삶이란 결코 쾌락적이고 무절제하지 않다. 무절제한 삶은 결국에는 더 큰 고통만을 가져다준다. 행복은 쾌락과 도덕 사이의 균형을 잃지 않는 데서 온다. 이런 태도는 '중용'이라는 말로 요약될 수 있다.
④ 교육자로서 이소크라테스는 그의 아버지로부터 상업자본가의 실용주의 정신을 상속받았다. 상업으로 부를 획득한 신흥 세력들이 '세습'보다 '능력'을 강조했듯이, 고루한 전통이나 철학적 논증보다 실제 정치영역에서 활용할 수 있는 지식을 가르치는 것을 일차적 목적으로 했다. 그리고 아테네 민주주의의 황금기가 끝난 기원전 4세기의 시대적 상황을 역전시켜보려는 그의 의지도 한 몫을 했다. 펠로폰네소스 전쟁에서 패배한 이후, 아테네의 젊은이들은 공적인 활동보다는 개인적 영달에 큰 관심을 갖고 있었고, 자연스럽게 시민적 자유와 정치적 삶과는 무관한 탁상공론만이 일삼았던 것이다. 이런 시기에 그는 "조언, 말, 그리고 행동"으로 공공선을 위해 일할 수 있는 인재들을 양성하려 했던 것이다.

05 ──── 정답 ③

③ 교부철학에 의해 세워진 기독교 신앙을 체계적으로 정리하고 이를 이성적인 사유를 통하여 논증하고 이해하려 했던 중세 철학 흐름

◎ 오답피하기

①, ②, ④ 스콜라 철학의 목적은 어떤 새로운 진리를 발견하기보다는 이미 《성경》에 계시된 진리에 대해 어떻게 하면 합리적으로 뒷받침할 것인가 하는 문제였다. 이를 위해 합리적 사유의 방법인 철학을 이용했는데, 이때의 철학은 철학 고유의 목적이 아닌, 오직 기독교 신학에 그 이론적 정통성과 근거를 제공하려는 데 있었다.

06 ──── 정답 ②

② 최근의 경향과 무관한 내용

◎ 오답피하기

① 브론펜브레너(U. Bronfenbrenner)는 다양한 수준의 주위 환경이 어떻게 아동의 발달에 영향을 미치는지를 기술하였다. 그는 확장된 환경과 아동과의 상호 작용을 중시하면서, 아동은 단순히 환경에 영향을 받는 존재가 아니라, 환경에 영향을 주기도 하는 능동적 존재임을 강조하였다.

③ 행동의 관찰과 기록을 바탕으로 행동이 일어나는 메커니즘, 행동의 적응적인 의의, 행동의 개체발생(個體發生), 행동의 계통발생(系統發生), 즉 진화 등을 연구한다.
④ 사회문화이론(Sociocultural Thoery)은 레프 비고츠키가 제시하고 이후 그의 제자 및 이러한 관점의 심리학자들이 형성한 이론으로 세대 간 사회문화의 전달과정에 주목하는 심리학적 이론이다. 발달이론 및 학습이론 등에서 다루어진다.

7 — 정답 ④

④ 지능은 단일한 능력요인 또는 다수의 능력요인으로 구성된다는 가드너(H Gardner)의 다중지능이론에서 말하는 언어지능, 논리-수학지능, 시각-공간지능, 음악지능, 신체운동지능, 대인관계지능, 자기성찰지능 및 자연탐구지능을 가리킴. 다중지능이론의 핵심은 다음과 같다. 첫째, 모든 개인은 이들 지능을 모두 가지고 있다. 이 이론은 어떤 사람에게 맞는 한 가지 지능을 결정하기 위해서 제시된 것이 아니라 여러 지능이 합해져서 독특한 방식을 가진 한 사람을 형성한다는 것이다. 둘째, 모든 사람은 각각의 지능을 적절한 수준까지 개발할 수 있다. 가드너는 사실상 모든 사람들이, 만약 적절한 여건(용기, 좋은 내용, 좋은 교육)만 주어진다면, 비교적 높은 수준의 성취를 할 수 있다고 보았다. 셋째, 이들 지능은 여러 가지 다양한 방식으로 함께 작용한다. 이들 여러 지능은 서로 협조하여 작용하는 것이다. 넷째, 각 지능영역 내에서도 그 지능을 향상시킬 수 있는 많은 방법이 있다. 다중지능이론은 개개인이 가진 독특한 지능을 발휘할 수 있도록 다양하고 풍부한 방법을 추구할 뿐만 아니라 각 지능 사이의 관계를 통한 지능 향상 방법을 추구한다.

오답피하기

① 서스톤(Thurstone)은 지능이 한두 가지의 요인으로 설명될 수 없다고 주장했다. 이러한 주장이 나오게 된 원인으로는 지능의 구성 요소에 대해 수많은 연구를 한 결과, 지능의 요소가 스피어만이 주장한 것처럼 두 가지의 요인으로 구성되지 않았기 때문이다. 지능 검사의 하위 요소들이 각기 다른 특징을 지녔으며 하위 요소들 간 전혀 상관관계가 나타나지 않은 것도 있었다. 이러한 이유로 서스톤은 지능이 이보다 더 많은 7가지의 기본적인 능력으로 구성되어 있음을 주장했다. 위의 7가지 기본 능력을 기본적인 주요 지적 능력(primary mental abilities, PMA)이라고 하는데, 여기에는 언어 이해력, 언어 유창성, 기억력, 수리력, 공간 지각 능력, 지각 속도, 귀납적 추론 능력이 있다. 위의 개별적인 7개의 능력은 각자 독립적인 영역을 맡고 있지만 한 개인의 지능을 의미할 때에는 이 능력들이 하나로 통합되어 정의된다.

② 인간의 지능을 올바로 이해하기 위하여 길포드(J. P. Guilford)는 지능구조의 가설적 모형을 제시했는데 이를 SI(structure of intellect) 모델이라 한다. 그는 인간의 지능을 조작(operations)·내용(contents)·소산(products, 결과) 등의 3차원의 입방체로 생각했다. 조작의 차원은 지적 기능의 양상을 분류한 것으로 평가·수렴적(收斂的) 사고·확산적(擴散的) 사고·기억·인지의 5종으로, 내용차원은 지능측정을 위한 검사내용을 구분한 것으로 도형·기호·언어·행동 등의 4종으로, 그리고 소산차원은 지적 작용의 소산을 분류한 것으로 단위·유목·관계·체계화·전환·함의(含意)의 6종으로 구분하고 있다.

③ 스턴버그(Sternberg)는 지능을 "mental activity directed toward purposive adaptation to, selection and shaping of, real-world environments relevant to one's life"(Sternberg, 1985, p.45)라고 정의했다. 즉 지능이란 한 개인의 삶 안에서 환경에 적응하기 위해 그 변화에 적응하고 대처하는 능력을 말하는 것이다. 스턴버그는 이러한 지능이 크게 세 가지 요소들 즉, 분석적인 지능, 창의적인 지능, 실용적인 지능으로 이루어져 있다고 주장했다. 가장 먼저 분석적인 지능은 과제와 관련된 지식을 얻거나 내가 어느 만큼의 지식을 알고 있는지 의식하는 메타 인지 능력이 포함되며, 문제 해결을 위한 전략을 적용하고 목표를 위해 자기를 규제할 수 있는 능력을 말한다.

8 — 정답 ①

① 구성원간의 상호작용은 해당하지 않는다. 리더십에 관한 상황이론(situation theories) 중 피들러가 제시한 모형. 미국의 일리노이 대학 교수 피들러(Fred E. Fiedler)에 의하여 연구·발전된 상황적응적 리더십 모형으로서 일명 피들러의 상황적응모형 또는 상황조건이론, 상황결정이론이라고도 부른다. 이 리더십 이론의 모형은 지도자의 리더십 유형과 상황의 요구 조건과의 관계에서 어떤 특정한 상황의 경우에 있어서는 어떤 유형의 리더십이 가장 적절한가를 구명(究明)한 이론이다.

오답피하기

②, ③, ④ 어떤 상황이 지도자에게 유리한가 불리한가를 결정하는 상황적 요소[변수(→ 변인)]로서 '지도자와 조직 구성원과의 관계(leader-member relations)[우호적·비우호적 관계], 업무의 구조(task structure)[구조화의 여부], 지도자의 직위권(position power)[많고 적음의 정도](→ 헤드십)'의 세 가지를 들고, 이들 요소의 강도가 높을수록 지도자에게 유리한 상황이 되고 낮을수록 불리한 상황이 된다고 보았다.

9 — 정답 ②

② 전환학습에 대한 설명이다.

오답피하기

①, ③, ④ 맞는 설명이다.

10 — 정답 ③

③ 학습과제 분석의 절차상 가르칠 개념이나 원리, 기능 등을 확인하는 일이 먼저 진행된다. 그러나 분석활동의 궁극적인 목적은 효율적인 수업전략을 구체화하기 위함이다.

오답피하기

①, ②, ④ 학습과제는 어떤 수업목표의 달성을 위해 선정된 소재이면서도 이 목표의 달성을 위한 여러 가지 하위목표(下位目標) 또는 하위능력을 포괄하는 성격을 지닌 수업의 내용적 단위

11 ─────────── 정답 ④

④ 교육내용은 교육목표 달성에 직결되는 것으로 선정한다.

오답피하기
① 학생들에게 만족감을 얻을 수 있는 경험으로 선정한다.
② 학교의 제 여건과 학생의 능력을 고려하여 실천 가능한 경험이어야 한다.
③ 한 가지 경험으로 여러 가지 목적을 달성할 수 있는 내용으로 선정한다.

12 ─────────── 정답 ①

① 학교조직은 규범조직, 이완결합체제, 조직화된 무정부 상태의 특성을 가지고 있다.

오답피하기
②, ③, ④ 규범적 조직은 권위·위신·존경 등의 규범적 상징이나 애정·관용 등의 사회적 상징을 원천으로 이루어진 이른바 규범적 권력을 통제 수단으로 하기 때문에 조직 구성원들은 조직에의 높은 귀속감(歸屬感)[소속감]과 적극적인 관여의 태도를 보인다. 이러한 유형의 조직으로는 종교 단체, 자발적 사회단체, 이데올로기적 정치조직, 학교(교육)조직 등을 들 수 있다. 이완결합은 조직이론의 대가인 와익(K. Weick) 교수가 1976년에 소개한 개념으로, 구성원의 자율성이 허락되는 느슨한 결합기제이다. 조직화된 무질서(정부) 조직은 조직의 목표, 테크놀로지 그리고 참여자 등의 요소들이 불분명하고 유동적인 상태에 있는 조직을 말한다.

13 ─────────── 정답 ②

② 자유주의적 관점: 자유주의 원칙을 남성과 여성에게도 똑같이 적용하는 것이다. 이들은 여성이 이성을 발달시키지 못한 이유가 기회부족에 있다고 보고, 평등한 교육의 기회로 여성의 능력차가 줄어들 것이라고 주장하였다.

오답피하기
① 사회주의적 관점: 마르크스주의는 성차별은 부차적인 문제로 계급 문제가 해소되면 사라진다고 주장한다.
③ 보수주의적 관점: 양성간의 자연적 차이, 생물학적 차이를 근거로 사회적 불평등을 정당화한다.
④ 급진주의적 관점: 성차별은 계급문제와 무관한 남녀의 권력투쟁의 결과라고 인식하는 과정이다.

14 ─────────── 정답 ①

① 상담활동은 학생들의 심미적인 문제를 도와주는 활동이다.

오답피하기
② 상급학교 진학에 필요한 교육정보, 직업선택을 위해 필요한 직업정보, 건강과 사회상황 등에 관한 개인적, 사회적 정보 등을 제공하는 정보제공활동
③ 취업(就業)·진학·진급·선택과목의 선정, 특별활동의 결정 등과 같이 개인 또는 집단이 어떤 선택적 결정을 내리게 될 때 합리적이고 현실적인 의사결정을 하도록 돕고 또 의사결정에 필요한 정보의 제공이나 조정과 협조를 하는 활동
④ 정치가 끝난 후 선택한 일을 효과적으로 수행하고 적응하도록 도와주는 추수지도(追隨指導, follow-up service)

15 ─────────── 정답 ③

③ 비지시적 상담에서는 내담자의 감정에 기초한 공감적 이해를 중시한다. 인본주의 상담, 사람중심상담이라고도 부른다. 1960~1970년대에 걸쳐 심리상담/치료사들 간에 정신분석과 행동주의 접근의 대안적인 접근으로 '제3세력'에 대한 관심이 증가하였다. 이 같은 움직임 속에서 인간중심 접근은 인본주의 심리학에 뿌리를 두고 실존주의 철학의 영향을 받아 로저스를 중심으로 발달하였다. 로저스는 내담자를 진단하여 지시적이었던 전통적 정신분석적 접근방법에 반대하는 뜻에서 자신의 접근을 비지시적 상담접근이라고 불렀지만, 그 후 '비지시적'이라는 방법적 측면보다는 내담자가 가지고 있는 성장요인을 강조하면서 '내담자중심상담'으로 이름을 변경하였다. 인생의 후반부에 로저스는 이론을 확장하여 인간에 대한 확고한 신념을 강조하면서 자신의 상담접근을 '인간중심상담이론'으로 다시 수정하였다.

오답피하기
①, ②, ④ 모두 올바른 내용이다.

16 ─────────── 정답 ④

④ 학습자의 제반 특성을 분석하는 것이 가장 먼저 고려해야 할 활동이다.

오답피하기
①, ②, ③ 우선순위에서 먼 활동

17 ─────────── 정답 ④

④ 다학문적 설계모형이다.

오답피하기
① 어떠한 주제에 대하여 연구할 때, 두 가지 이상의 다양한 학문으로부터 관점이나 방법을 적용하여 통합적으로 접근하는 것
② 교육현장에서 학습자들이 활동하고자 하는 것을 교사가 파악하고 그 자리에서 직접 구성한 교육과정. 일명 기능교육과정이라고도 하며, 일체의 사전계획을 필요로 하지 않으나 현장에서 직접 구성해야 하므로 교사의 깊고 넓은 교육과정적 소양을 필요로 한다. 비교적 유치원 및 초등학교의 저학년에서 활용되는 수가 많다. 학습자의 현재 욕구에 가장 적절한 교육과정이 구성될 때 학습의 극대화가 가능하다는 것에 이론적 근거를 두고 있다. 학습자의 자발적 활동을 유발하거나 강화시킬 수 있다는 장점이 있는 반면에 학습결과들을 관련시키거나 체계화하는 데는 불리하다고 평가되고 있다.
③ 학교의 교육과정에서 가장 중요하다고 생각되는 활동을 중심에 놓고 그 이외의 것을 주변에 조직하는 교육과정의 형태

18 ───── 정답 ②

② 궁극적인 목적과 거리가 멀다.

◎ 오답피하기

①, ③, ④ 2022 개정 교육과정에서 규정하고 있는 평가의 주안점이다.

19 ───── 정답 ①

① 지식은 가장 낮은 단계의 행동목표이다.

◎ 오답피하기

②, ③, ④ 인지적 영역에 있어서는 블룸(B. S. Bloom) 등이 중심이 되어 만든 분류체계가 가장 널리 사용되고 있으며, 단순성－복잡성의 수준에 따라서, ① 지식, ② 이해력, ③ 적용력, ④ 분석력, ⑤ 종합력, ⑥ 평가력의 여섯 개 행동 유목(類目)으로 구성되어 있다.

20 ───── 정답 ③

③ 시행령: 통상적인 경로 및 방법에 의한 등·하교 시간

◎ 오답피하기

①, ④ 학교의 교육과정 또는 학교의 장(이하 "학교장"이라 한다)이 정하는 교육계획 및 교육방침에 따라 학교의 안팎에서 학교장의 관리·감독하에 행하여지는 수업·특별활동·재량활동·과외활동·수련활동·수학여행 등 현장체험활동 또는 체육대회 등의 활동

② 등·하교 및 학교장이 인정하는 각종 행사 또는 대회 등에 참가하여 행하는 활동

제04회 실전동형 모의고사

문제편 p.17

⭐ 빠른정답

01	④	02	①	03	④	04	①	05	③
06	②	07	④	08	①	09	②	10	③
11	②	12	①	13	②	14	④	15	③
16	④	17	④	18	②	19	①	20	③

01 정답 ④

④ 피터스의 교육의 개념적 준거: 가치지향성, 지식, 의지와 자발성

🔍 오답피하기

① 가치지향성
② 지식
③ 학습자의 의지와 자발성 강조

02 정답 ①

① 최빈값에 대한 설명이다.

🔍 오답피하기

②, ③, ④ 중앙치는 그 계산이 비교적 간편하고 해석이 용이하며 극단한 점수의 영향을 받지 않는 장점을 가지고 있는 반면에 표집에 따른 변화가 비교적 크며 다른 통계치와 관련되어 해석되기 어려운 점이 있다. 일반적으로 극단한 점수가 있거나 점수분포의 양극단이 개방급간(開放級間) 또는 점수분포의 어느 쪽 일단이 표시되어 있지 않은 경우에는 중앙치의 사용이 적절한 경우가 된다.

03 정답 ④

④ 신라의 관리선발제도로 국학의 학생들을 독서능력에 따라 상·중·하로 구분하였으며 이를 관리임용에 참고하였다.

🔍 오답피하기

①, ②, ③ 올바른 설명이다. 독서출신과(讀書出身科)라고도 하며, 788년(원성왕 4) 유교정치사상에 입각한 정치운영을 목적으로 국학(國學) 내에 설치하였다. 학생들을 유교경전 독해능력에 따라 상(上)·중(中)·하(下)의 3등급으로 구분하는 일종의 졸업시험이었다. 이 성적을 관리임용에 참고하였으며 이는 곧 국학출신자들의 관직 진출을 제도적으로 보장하는 장치였다. 하품(下品)은《곡례(曲禮)》,《효경》을 읽은 사람, 중품(中品)은《곡례》,《논어》,《효경(孝經)》을 읽은 사람, 상품(上品)은《춘추좌씨전(春秋左氏傳)》,《예기(禮記)》,《문선(文選)》을 읽어 그 뜻에 능통하고 아울러《논어》,《효경》에도 밝은 사람을 등용했다. 특히, 오경(五經)·삼사(三史: 사기·한서·후한서)·제자백가(諸子百家)의 서적에 모두 능통한 사람은 특품으로 특용채용되었다.

04 정답 ①

① 절차적 지식이란 과정적 지식이나 방법적 지식으로 불리기도 하는데, 학습한 결과의 기억을 중요시하는 것이 아니라 결과가 성립되는 과정을 증명해 보이거나 과제 해결방법을 순서에 따라 재현하는 것과 같은, 수행에 있어서의 과정이나 단계, 절차에 관해 아는 것을 의미한다. 일반적으로 절차적 지식이란 어떤 문제의 해결을 위한 단계나 과정, 구체적인 계열에 따라 차례대로 순서화되어 있는 형태의 지식을 지칭한다.

🔍 오답피하기

② 언어나 기호로 표현될 수 있는 지식. 방법적 지식(方法的知識, procedural knowledge)에 상대되는 개념이다. 우리가 알고 있는 내용은 대개 문장으로 표현될 수 있지만, 예컨대 수영의 경우처럼 앎을 문장으로 표현할 수 없는 내용도 있다. 이 양자를 구별하기 위해서, 문장으로 표현될 수 있는 것을 명제적 지식이라고 한다. 보통 「지식」이라고 하면 이것을 가리킨다.
③ 사물의 기술로부터 획득된 지식. 직관적 혹은 형식적 사고에 의해 획득된 지식은 기술적 지식의 개념에서 제외된다. 그러므로 수학적·논리적 지식은 기술적 지식일 수 없으며, 기술적 지식의 전형적인 것은 사실적·과학적 지식이다.
④ 절차적 지식, 조건적 지식과 함께 지식의 한 종류로, 특정한 대상이 무엇인지 아는 것을 의미한다. 대부분 언어적으로 표현 가능하며, 의식적인 과정을 통해 학습된다.

05 정답 ③

③ 인문주의는 대체로 초등교육보다는 중등교육 이상의 교육을 강조한 미적, 귀족주의적 색채를 지니고 있다.

🔍 오답피하기

①, ②, ④ 올바른 설명이다.

06 정답 ②

② 윤아의 행동은 보존개념이 발달하지 않았기 때문에 나타난 현상이다.

🔍 오답피하기

① 반사 활동을 통하여 외부 세계와 접촉하면서 실용적 지능을 발달시키는 단계
③ 양, 무게, 부피 따위의 보존 개념을 이해하게 되고 구체적 사물에 대한 논리적 조작이 가능한 시기
④ 가설과 논리적 추론이 가능해지는 발달 단계

07 정답 ④

④ 측정도구가 얼마나 정확하게 오차 없이 일관성 있게 안정적인 결과를 재어주고 있는가에 대한 개념이다. 이러한 신뢰도(reliability)는 채점자, 평가도구, 평가 시점에 의해 좌우될 수 있다. 우리가 저울을 사용하여 몸무게를 측정할 때마다 다른 결과를 제공한다면 그 저울을 신뢰할 수 없다. 측정할 때마다 오차가 적은 일관성 있는 결과를 제공할 수 있는 도구가 중요한 것이다. 신뢰도는 타당도의 선행조건으로 필수 조건이 된다. 신뢰도는 타당도의 중요한 선 요건으로서 타당도가 높기 위해서는 신뢰도가 높아야 한다. 그러나 신뢰도가 높다고 반드시 타당도가 높은 것은 아니다.

오답피하기

① 타당도(validity)의 핵심적인 관심사항은 '측정해야 하는 속성을 충실하게 측정하고 있는가?'에 대한 대답이다. 타당도는 '이 검사가 무엇을 재고 있느냐'로 표현할 수 있다. 타당도는 검사의 진실성에 관련된 문제이다. 무엇에 비추어 타당한가라는 질문을 하므로 준거의 개념을 항상 수반하게 된다.
② 신뢰도가 측정도구의 오차에 의한 것이라면, 객관도(objectivity)는 채점자에 의해 결정되는 신뢰도를 의미한다. 따라서 객관도를 평가자 신뢰도라고도 부른다. 객관도는 채점자가 얼마나 일관성 있고 객관화된 기준에 의하여 평가하느냐에 달려 있다.
③ 검사의 타당도나 신뢰도는 우선적으로 검사 선정에 고려하지만 또 하나 고려되어야 할 것은 그 검사가 얼마나 실용성이 있느냐 하는 것이다. 어떤 검사가 필요한 결정을 내리는 데 아무리 좋은 정보를 제공해 준다고 해도 그 검사를 실제 이용하는 데 필요한 비용이나 인간의 노력을 고려할 때, 때로는 이러한 검사의 도움 없이 불확실한 결정을 내릴 때 초래되는 손해보다도 더 많은 비용이 드는 경우가 있는 것이다.

08 정답 ①

① 학생이 교육의 중심적 존재가 되어야 한다는 입장에서 교육과정의 중심이 되는 내용을 학생이 행해야 할 경험으로 구성하는 교육과정. 이는 루소(J. J. Rousseau) 이후 연면하게 제창되어 온 주장이며, 1930년대에서 1950년대 말까지 미국에서 영향력을 가졌던 교육과정의 사조(思潮)로서 종래의 「교과중심 교육과정」에 대한 비판으로 대두된 것이다.

오답피하기

② 교육과정의 중심되는 내용을 교과로 하는 교육과정 형태
③ 교과를 구성하고 있는 핵심적인 사실·개념·이론·법칙 및 그 교과의 탐구방법을 중심으로 구성하는 교육과정
④ 서로 다른 교과 간에 관련되는 요소를 새로운 교과로 조직하여 융합시킴으로 성립하는 교육과정

09 정답 ②

② 학습자는 목적을 추구하는 유기체이기 때문에 교수목표의 명확성과 일관성이 유지되는 수업이어야 한다.

오답피하기

①, ③, ④ 거리가 먼 내용

10 정답 ③

③ 한 진술문 속에 '내용'과 '행동'으로 진술. 학생에게 기대되는 행동이 세분되어야 한다. 타일러의 진술양식은 형성평가보다는 총합평가에 활용될 수 있다.

오답피하기

①, ②, ④ 관계없는 내용

11 정답 ②

② 작업내용 그 자체는 동기 요인에 해당된다. 동기 이론의 기본 가정은 직무 상황에서 만족을 불러오는 요인인 동기 요인은 동기 유발 효과가 있어서 직무 수행을 높인다는 것이다. 불만족을 결정하는 요인인 위생 요인과는 다르게 동기 요인만이 동기적 효과를 지닌다.

오답피하기

①, ③, ④ 조직 구성원들로 하여금 불만을 갖게 하는 요인으로는 보수(報酬)·감독·대인관계·작업 조건 등이다. 이러한 것들은 직무 수행상의 작업 환경과 관계되는 요인이므로 위생요인(hygiene factors) 또는 불만요인(dissatisfiers)이라고 한다.

12 정답 ①

① 미래지향적이다.

오답피하기

②, ③, ④ 올바른 내용이다. 성취동기는 심리학자인 맥클랜드(McClelland)에 의해 도입된 개념이다. 이것은 성취를 추구하는 데 있어서의 개인적, 문화적 차이를 측정하는 것을 그 취지로 하고 있다. 성취를 위한 욕구는 높은 수준의 행동을 권장하면서, 돌봐 주는 부모(특히 어머니)와의 관계에 의해 자극된다는 가설에 기초하고 있다. 성취동기는 개인적인 기업가적 노력과 경제적 발전의 중요한 결정 요인이다. 따라서 베버(Weber)의 자본주의정신과도 통하는 개념이다.

13 정답 ②

② 접근 방법으로, ① 교육에 대한 사회의 개인적 욕구를 파악·충족시키려는 사회수요 접근(social demand approach), ② 인력수요와 공급 간의 불균형을 완화하려는 인력수요 접근(manpower requirement approach), ③ 교육투자의 효율성을 높이기 위한 투자 수익률 접근(rate of return approach) 등으로 나눌 수 있다. 사회적 수요 접근이란 모든 사람에게 교육기회를 보장해 준다는 원칙하에 교육에 대한 개인적, 사회적 수요에 기초하여 교육계획을 수립하는 것을 말한다.

오답피하기

①, ③, ④ 거리가 먼 내용

14 — 정답 ④

④ 학교가 학교 내의 사회적 관계를 자본주의 경제구조의 사회관계와 일치시킴으로써 자본주의적 생산관계를 재생산한다고 보는 이론. 학교 내의 사회관계와 경제영역의 사회관계가 대응되는 이론이라 하여 대응이론(對應理論)이라고도 한다. 이 이론은 미국의 경제학자 보울즈(S. Bowles)와 진티스(H. Gintis)에 의해 주장되었다. 이들은 학교제도가 자유와 평등이라는 자유주의(liberalism)의 이상을 실현시키지 못하고 있다고 보고, 그 이유로 학교의 교육내용 및 사회적 관계가 경제영역의 지배·종속관계를 재생산한다는 점을 지적하였다. 그들은 교육제도는 노동력의 생산과 제도와 사회관계의 재생산을 통해 경제구조를 재생산한다고 본다.

◎ 오답피하기

① 인간행위의 특징에 착안한 미국 사회학·사회심리학의 새로운 흐름 속에서 이론화된 개념
② 사회시스템에 관한 사회학적 연구방법론으로, 미국의 사회학자 파슨스(Talcott parsons)가 사회 시스템의 구조분석과 기능분석을 통합하고자 제창한 용어. 파슨스에 의하면 사회시스템은 경제학이 대상으로 하는 수량변수만으로 파악되는 것이 아니라 그 대표적 예인 가족·조직·지역사회·국민사회에서 증명된 바와 같이 모든 사회시스템은 지위·역할의 배치로서 구성되어 있다는 공통의 특징을 가지고 있으며, 이 지위·역할의 배치가 사회시스템의 구조이다. 즉, 사회시스템의 상대적으로 안정된 부분이 구조이고, 이 구조는 때로 권력의 격차를 내장하고 있다. 이것에 대해 기능이란 이 구조에 대한 사회시스템의 요소의 작용으로 구체적으로는 개인이나 집단의 활동이 사회에 미치는 작용을 의미한다.
③ 발전교육론은 2차 대전 이후 신생국과 발전도상국에서 각광을 받아온 이론이다. 발전이 최대의 관심인데, 교육이 발전을 위한 주요한 수단이라고 믿었기 때문이다. 또한 발전교육은 국가발전에 이바지하기 위한 교육을 말한다. 즉 국가의 경제, 정치, 사회, 각 부문의 발전을 자극하고 촉진시키기 위하여 교육의 양과 질을 계획적으로 조절하는 것을 말한다. 그러나 교육이 국가발전을 위하여 동원되는 것이 바람직한 것이냐에 대한 논쟁은 끊이지 않고 계속되고 있다.

15 — 정답 ③

③ 상담은 생활지도의 한 영역에 포함된다. 생활지도는 아동 및 청소년들이 성장과정에서 당면하게 되는 가정적·교육적·직업적·신체적·정서적·성격적인 여러 가지 문제를 자기의 힘으로 해결할 수 있도록 도와주는 봉사활동

◎ 오답피하기

①, ②, ④ 잘못된 설명이다.

16 — 정답 ④

◎ 오답피하기

① 연령이 낮을수록 밝은 색상을 사용하는 것이 좋다.
② 가장 먼저 보기 시작하는 곳은 좌상단 1/3 지점이다.
③ 시각자료는 얼마나 적절한 수준의 사실성을 지녔는가에 따라 학습의 효과성이 좌우된다.

17 — 정답 ④

④ 지능의 평균점수가 100이므로, 백분위점수는 50이다.

◎ 오답피하기

①, ②, ③ 백분위는 특정 점수분포에서 최하점부터 최고점 순으로 나열했을 때, 그 점수보다 낮은 점수를 얻은 사례 수를 전체 사례 수에 대한 백분율로 나타낸 것. 상대적 위치를 나타내는 여러 가지 상대평가 점수 중에서 가장 널리 사용되는 것이 백분위다. 백분위는 주어진 점수보다 낮은 점수를 받은 사례의 백분율을 가리키기 때문에 백분위 100은 불가능하다. 예를 들어, 백분위가 68이라고 하면 규준집단에 비추어 보았을 때, 이 점수 아래에 전체 사례 수의 68%가 놓여 있고, 그 위에 나머지 32%가 놓여 있다는 뜻이다.

18 — 정답 ②

② 라포 형성을 위해 내담자의 뜻을 수용해 주어야 한다.

◎ 오답피하기

①, ③, ④ 라포 형성이란 의사소통에서 상대방과 형성되는 친밀감 또는 신뢰관계

19 — 정답 ①

① 일반적으로 관찰이라고 하면, 인위적인 통제 없이 어떤 사상(事象)이나 행동을 대상으로 자연적인 상태에서 하는 자연적 관찰법을 말한다. 교사가 학생의 행동을 분석하기 위하여 이용하는 자연적 관찰법으로는, 학생의 평소 행동을 눈에 띄는 대로 기록하는 일화법(逸話法, anecdotal method)과 특별한 계획 없이 자연 상태에서 학생과 대화하며 관찰하는 수시면접, 관찰자가 학생과 어울려 함께 행동하며 관찰하는 참가관찰 등이 있다.

◎ 오답피하기

②, ③, ④ 관찰법의 내용이다.

20 — 정답 ③

③ "핵심 역량"이란 핵심 가치·덕목을 적극적이고 능동적으로 실천 또는 실행하는 데 필요한 지식과 공감·소통하는 의사소통능력이나 갈등해결능력 등이 통합된 능력을 말한다.

제05회 실전동형 모의고사

문제편 p.20

★ 빠른정답

01	③	02	①	03	④	04	①	05	③
06	②	07	④	08	①	09	②	10	③
11	②	12	①	13	②	14	④	15	③
16	④	17	④	18	②	19	①	20	③

1 — 정답 ③

③ 루소는 '에밀'에서 교육의 3요소로 자연, 인간, 사물을 주장

◎ 오답피하기

① 칸트의 인격성(도덕성)의 입장에서 교육을 정의하고 있다.
② 스위스의 교육자이며 사회비평가이다. 피히테에게 영향을 준 바 있다. 루소의 교육론에 경도(傾倒)되어 '왕좌에 있으나 초가(草家)에 있으나 모두 같은 인간'이라는 신념으로 농민 대중의 교육에 진력하였다. 교육의 목적을 '머리와 마음과 손'의 조화로운 발달에 두고 노동을 통한 교육과 실물(實物)과 직관의 교육을 스스로 실천하였다. 그의 교육론은 많은 국가에서 받아들여졌으며 루소와 함께 신교육의 원천이 되었다.
④ 실용주의의 대표적인 철학자로서, 탐구나 이론보다는 행동을 우선하는 실천적 연구에 집중하여 인간학을 수립하고자 하였다. 그는 미국 지성의 역사에서 중요한 자리를 점한 인물로서 미국의 20세기 주요 인물 중 한 사람으로 손꼽힌다.

2 — 정답 ①

① 평생 학습은 인간의 삶의 질 향상과 자아실현을 위해 태어나면서부터 죽을 때까지 전 생애에 걸쳐 이루어지는 학습을 의미한다. 본질은 자기 주도성으로, 개인이 스스로 학습에 대한 욕구를 가지고 목표를 설정하며 이를 달성하기 위해 자신이 주체적 학습자가 되어 평생에 걸쳐 학습 활동을 하는 것이다.

◎ 오답피하기

②, ③, ④ 거리가 먼 내용이다.

3 — 정답 ④

④ 인간중심 교육과정은 1980년 이후부터 본격적으로 관심을 갖게 된 교육과정으로서 특정 영역에 관한 많은 지식을 갖는 인간보다는 인간학습자에게 일어나는 모든 것을 전체적으로 수용하고 잘 대처해 나갈 수 있는 전인적 인간, 즉 자아실현이 가능한 사람을 중시한다. 교육내용은 인지적 영역과 정의적 영역이 통합된 교육내용, 즉 전통적인 교육과정의 내용에 개개인의 학습자에게 의미가 있다고 생각되는 정의적 영역의 내용을 합친 통합된 내용을 강조한다.

◎ 오답피하기

①, ②, ③ 학문중심 교육과정은 지적 성장을 강조한다. 장래생활준비는 물론 학습자의 현재 생활까지도 강조한다. 개인차를 인정하고 개별학습과 집단학습의 장을 마련해 준다. 학습할 교과의 구조, 목적, 방법 및 역사 등의 이해를 강조한다. 발견, 실험, 탐구, 발명을 권장하고 도서, 시청각 교재를 사용할 것을 요구한다. 학문중심 교육과정은 신실재론, 절대적 진리관, 학문구조를 중시하는 입장을 취하고 있고, 그 지향점은 탐구력 배양에 두고서 기본지식의 습득을 통한 자발적 탐구를 도모하고 있다. 내용은 구조화된 지식이 바탕이며, 내용 조직방법은 논리심리성을 강조한다. 이 교육과정의 장점으로는 교육내용을 선정·조직함에 있어 경제적 단순화를 제기할 수 있고, 교과의 기본 이해를 촉진하는 점을 들 수 있다. 단점으로는 중상급 성적의 학생에게 유리하고, 지적 교육을 지나치게 강조한다는 것을 들 수 있다.

4 — 정답 ①

① 국가주의 교육에서는 자국의 역사와 지리를 교육내용으로 강조하였다. 교육의 궁극적 목적을 국가이익과 발전에 기여하는 인간의 육성에 두는 교육

◎ 오답피하기

②, ③, ④ 고대 아테네 교육과 스파르타 교육은 모두 국가주의에 입각한 것으로, 전자는 각 개인의 자유로운 발전이 국가에 유용하다고 보고 자유로운 시민 육성에 중점을 두었고, 후자는 국가와 개인의 발전을 상호 대립적 관계로 보아 개인의 발전보다 국가이익을 우선하는 강압적 교육을 실시하였다. 그 후, 국가주의는 그리스도교의 전파와 문예부흥(文藝復興)을 통한 개인사상의 발달로 배척되다가 19세기 나폴레옹의 침략주의에 대항하여 다시 대두되기 시작하였으며, 20세기에 이르러서는 민족적 국가주의의 경향으로 나타났다. 특히 프로이센이나 나치스 독일, 군국주의 일본 등의 교육에서 두드러지게 나타난 바 있는데, 이는 부국강병(富國强兵)을 목적으로 국민교육을 철저하게 실시한 결과였다. 오늘날 정도의 차이는 있지만 모든 국가의 교육에는 국민을 통합하기 위한 국가주의가 나타나 있다.

5 — 정답 ③

③ 퀸틸리아누스는 교육의 중요성을 강조했는데 이 저술은 자신의 교육자로서 철저한 조사와 객관적인 자료를 바탕으로 저술한 것이다. 웅변·수사학의 교과서인 동시에 인간육성에 관한 글로서 세네카의 문체(文體)·철학에 반대하고, 키케로를 언어·스타일의 전거(典據)로 삼았다. 제10권은 일종의 그리스·로마의 문학사와도 같다.

◎ 오답피하기

①, ②, ④ 답지 2와 4항이 관련이 있으나 개성차에 의한 교육이 가장 관련성이 높다고 할 수 있다.

06 정답 ②

② 듀이는 실생활 속에서 당면하는 문제를 직접적인 경험을 통해서 경험을 재구성하는 것을 교육이라 간주하였다. 존 듀이는 '가장 미국적인 철학을 만든 미국의 철학자'로 평가받는다. 그는 지식을 생활에 도움이 되는 수단으로 여기는 '도구주의' 견해를 갖고 있었고, '아동 중심 교육'을 강조했다. 그의 사상은 전 세계로 퍼져 '서양의 공자'라는 칭호를 얻기도 했다. 그는 배려가 담긴 실용주의를 강조했던 철학자였다.

07 정답 ④

④ 실용주의자에 의하면 우리의 사고란 예측을 하고 문제를 해결하며 행위를 하는 데 있어 도구로 작용할 뿐, 실재를 있는 그대로 묘사하거나 반영하지 않는다. 지식, 언어, 개념, 의미, 믿음, 과학의 본질이 무엇인지를 묻는 전통 철학의 탐구는 그 자체로 의미 있는 작업이 아니라, 이 질문을 하는 목적이 무엇이고 이 목적이 달성되었는지에 기반해 평가되어야 한다. 실용주의적 진리관은 도구적 진리관으로서 생활에 도움이 되면 진리이고 도움이 되지 않으면 비진리로 간주한다.

오답피하기

①, ②, ③ 프래그머티즘은 미국에서 성립하여 미국의 교육 실천을 널리 지배해 왔지만 제2차 대전 후 각국의 교육에도 심대한 영향을 미치고 있다. 프래그머티즘에 따르면 우리가 생활하고 있다는 것은 우리가 환경과 상호작용하여(행위, 경험) 평형 조화를 이루고 있다는 것이다.

08 정답 ①

① 생태이론의 특징이다. 브론펜브레너(U. Bronfenbrenner)는 다양한 수준의 주위 환경이 어떻게 아동의 발달에 영향을 미치는지를 기술하였다. 그는 확장된 환경과 아동과의 상호 작용을 중시하면서, 아동은 단순히 환경에 영향을 받는 존재가 아니라, 환경에 영향을 주기도 하는 능동적 존재임을 강조하였다.

오답피하기

② 행동생물학적 견해
③ 사회문화이론의 입장
④ 현상학적 인간이해의 방식

09 정답 ②

② 지능이론의 한 갈래로서, 지능은 단일하지 않고 다양한 영역으로 구성되어 있으며, 사회문화적 환경과의 상호작용을 통해 발달한다고 보는 이론이다.

오답피하기

① 인지발달이론(認知發達理論, Theory of cognitive development)은 인간의 인지 발달을 유기체와 환경의 상호작용으로 파악한 피아제의 이론이며, 심리학의 인지이론에 있어서 영향력 있는 이론이다.
③ 스피어만(Spearman)은 지능 검사 항목 간에 상관이 있음을 발견하고 모든 항목에 영향을 미치는 'g'로 불리는 일반적인 요인(general factor)을 제안했다. 또한 검사 항목 간의 상관이 완전하지 않음을 주목하고, 'g'가 각 항목에 기여하는 정도가 다르며 특정 과제 수행에 관여하는 's'로 불리는 특수적인 요인(specific factor)도 존재함을 제안했다.
④ 스턴버그는 이러한 지능이 크게 세 가지 요소들 즉, 분석적인 지능, 창의적인 지능, 실용적인 지능으로 이루어져 있다고 주장했다. 가장 먼저 분석적인 지능은 과제와 관련된 지식을 얻거나 내가 어느 만큼의 지식을 알고 있는지 의식하는 메타 인지 능력이 포함되며, 문제 해결을 위한 전략을 적용하고 목표를 위해 자기를 규제할 수 있는 능력을 말한다.

10 정답 ③

③ 정교화 방략은 정보처리자가 다른 사항을 첨가시켜 정보의 저장과 인출을 용이하게 하기 위한 방략이다. 정보의 저장과 인출이 보다 쉽게 이루어지도록 하는 데 도움이 되는 것은 무엇이든 정교화 방략이다. 즉, 항목을 기억해 내는 데 도움이 되기 위해 제시된 항목만을 단순히 그대로 저장하지 않고 이 항목과 관련된 것들과 연합하여 기억하는 방법. 이러한 정교화는 주어진 현재의 정보를 우리의 기존 지식과 관련지음으로써 정보를 통합하고 보존하는 수단을 제공해 준다.

오답피하기

① 중요 내용을 어떤 원칙하에 체계적으로 분류하고 위계화시키는 방략
② 지각정보를 기호화 또는 언어화해서 읽거나 특별한 규칙을 적용하여 보다 고차적인 의미단위를 체계화시켜 기억하는 것
④ 주의란 한정된 양의 자극에 선택적으로 지각하고 반응하는 기능

11 정답 ②

② 외부 대상이나 물체가 직접적으로 시야에 지각되지 않아도 지속적으로 존재하고 있다는 것에 대한 인식

오답피하기

① 아동이 자기의 입장에서만 모든 사물을 보고, 다른 사람의 입장을 이해하지 못하는 것이다.
③ 어떤 대상 혹은 사물의 외양(수, 양, 길이, 면적, 부피 등)이 바뀐다고 해도 그 속성이나 실체는 변하지 않는다는 것을 이해하는 능력이다.
④ 발달과정에서 「결정적 시기」(critical period)와 관련되는 용어. 즉, 개체가 한 발달단계에서 다음 발달단계로 진전될 때, 그리고 그 단계가 진정으로 질적(質的)인 것일 때에 이 진전은 불가역한 것으로 생각된다.

12 정답 ①

① 인간이 지니고 있는 비합리적인 사고는 인간에게 정서적인 불안의 고통을 유발하게 하는데 이를 치료하는 기법으로 합리정서행동치료법이 있다. 미국의 임상심리학자인 앨버트 엘리스(Albert Ellis)가 1955년에 개발하였으며, 인간은 객관적 사실 때문에 혼란스러워하는 것이 아니라 그 사실에 대한 자신의 관점 때문에 혼란스러워한다는 것을 강조하고 이를 수정하는 데 도움을 주는 상담이론이다.

⊘ 오답피하기

② 인간의 잠재력과 가능성에 대한 신뢰를 바탕으로 로저스(C. Rogers)가 창시한 이론
③ 인간에 대한 실존주의 철학의 기본 가정을 현상학적 방법과 결합시켜 내담자에게 자신의 내면세계를 있는 그대로 자각하고 이해하도록 하며, 지금-여기의 자기 자신을 신뢰하도록 하는 데 목표를 두는 상담접근법
④ 행동주의 학습이론의 실험연구에 바탕을 두고 있으며 변화의 대상을 행동에 두는 상담접근

13 ─────────── 정답 ②

② 교수(수업)은 일정한 목표가 있으며 학습은 있을 수도 없을 수도 있다.

⊘ 오답피하기

① 인간을 '가르치다'라는 의미를 지니고 있다.
③ 피동적이다. 학습은 능동적이다.
④ 일의적이다. 학습은 다의적이다.

14 ─────────── 정답 ④

④ 자기활동의 원리로서 학습자 스스로가 능동적으로 학습에 참여케 하라는 원리

⊘ 오답피하기

① 교육에 있어 이러한 개인차를 고려하는 것은, 학습자의 개인차를 인정하고 존중함으로써 교육의 효과를 높이는 개별화의 원리와도 관련된다.
② 학교와 사회 속에서 협동적 경험이 중시되어야 한다는 원리
③ 구체적 사물을 제시하거나 경험시키라는 원리

15 ─────────── 정답 ③

③ 구안법은 창조적 태도와 구성적 태도를 통해 고등정신능력을 함양

⊘ 오답피하기

① 과거의 연상에 의존하는 사고
② 특별한 형태로 짜여진 교재에 의해서 학습자료를 제시하고, 학생에게 개별학습을 시켜서 특정한 학습목표까지 무리 없이 확실하게 도달시키기 위한 학습방법
④ 기억은 경험, 학습에 의한 회상과 인식

16 ─────────── 정답 ④

④ 자기주도적 학습에서는 학습자가 학습의 주도권을 가지고 있을 뿐만 아니라, 그 결과에 대한 평가까지도 한다. 학습자 스스로가 학습의 참여 여부에서부터 목표설정 및 학습목표달성을 위한 학습계획의 수립, 교육프로그램의 선정과 학습계획에 따른 학습 실행, 교육평가에 이르기까지 교육의 전 과정을 자발적 의사에 따라 선택·결정하고 조절과 통제를 행하게 되는 학습형태이다. 학습자는 이러한 학습의 전 과정을 독자적으로 수행할 수도 있고 타인의 도움을 받아 수행할 수도 있다. 자기주도적 학습은 사회교육이나 성인학습에서 많이 활용되며, 스스로 동기화되어 스스로 학습과정을 계획하고 실행해나가는 학습 형태로 학습 목적, 전략, 방법과 자원, 그리고 평가에 대한 학습과 통제권을 부여하는 것이 특징이다. 자기주도적 학습의 목적은 철저히 개인의 성취감에 있으며, 개인의 성취감이 업무, 사회생활 또는 개인생활 어디에 부합이 되든 문제가 되지 않는다.

⊘ 오답피하기

①, ②, ③ 올바른 내용이다.

17 ─────────── 정답 ④

④ 존재의 욕구는 앨더퍼의 욕구이론에 해당

⊘ 오답피하기

① 1단계는 생리적 욕구(physiological needs) 단계로서 이는 인간의 가장 기본적인 욕구를 의미하며 의식주 및 성적 욕구 등이다.
② 2단계 욕구는 안전욕구(safety needs)단계로서 안전과 보호, 경제적 안정, 질서 등에 대한 것으로 일종의 자기 보전적 욕구를 말한다.
③ 3단계 욕구는 사회적 욕구(social needs)의 단계로서 인간은 사회적 동물로서 여러 집단에 소속되고 싶고 그러한 집단으로부터 받아들여지기를 원하는 욕구로 소속욕구, 애정욕구 등이다.

18 ─────────── 정답 ②

② 갈등론에서는 교육이 기존 지배계층의 구조를 영속화하고 재생산하는 기능을 담당하고 있다고 본다.

⊘ 오답피하기

①, ③, ④ 기능론의 관점

19 ─────────── 정답 ①

① 비지시적 상담은 정의적 영역의 상담에 속한다.

⊘ 오답피하기

② 행동적 영역
③ 행동적 영역
④ 인지적 영역

20 ─────────── 정답 ③

③ 학교폭력이 지속적이지 않은 경우

⊘ 오답피하기

①, ②, ④ 1. 2주 이상의 신체적·정신적 치료가 필요한 진단서를 발급받지 않은 경우, 2. 재산상 피해가 없거나 즉각 복구된 경우, 3. 학교폭력이 지속적이지 않은 경우, 4. 학교폭력에 대한 신고, 진술, 자료제공 등에 대한 보복행위가 아닌 경우

제06회 실전동형 모의고사

문제편 p.23

✪ 빠른정답

01	②	02	①	03	④	04	③	05	③
06	④	07	④	08	①	09	②	10	③
11	③	12	②	13	①	14	④	15	③
16	④	17	④	18	②	19	①	20	②

01 ─ 정답 ②

② 단점에 해당한다. 이외에도 자기표현과 창의의 기회가 부족하며, 좋은 문항을 만들려면 시간, 노력, 고도의 훈련이 필요하고 비용이 많이 든다는 것이다.

◆ 오답피하기

①, ③, ④ 장점에 대한 내용이다. 이외에도 일정한 시간에 넓은 분야에 걸쳐 다룰 수가 있으며, 채점하기가 쉽다는 것이다.

02 ─ 정답 ①

① 사회중심·성인중심·교과중심·교사중심·서적중심 등 과거의 전통적 교육에 대하여 아동중심을 주장하는 교육운동의 하나. 이러한 주장은 18세기의 루소(J. J. Rousseau) 이후 강조되어 왔는데 20세기의 초엽 근대사회의 성숙에 따른 휴머니즘(humanism), 케이(E. Key)의 「아동의 세기」, 나아가서 실험심리학과 실용주의 철학 등에서 이론적인 기초를 얻어 「교육은 어린이로부터」라는 표어 밑에 1920년대부터 세계적으로 널리 보급되었다. 1896년 듀이(J. Dewey)에 의한 시카고 대학의 실험학교는 아동의 흥미·활동에 중심을 둔 전형적인 아동중심 교육·생활교육의 선구를 이루었다. 아동중심 교육은 미국의 개인주의적 자유사회를 온상으로 가장 활발하게 발전하였는데 이는 전통적 학교교육에서의 서적중심의 형식적 획일주의에 대한 반대로 일어난 교육혁신 운동의 하나였다.

◆ 오답피하기

②, ③, ④ 진보주의에서 본 자질은 1. 학생의 흥미와 욕구를 찾아내고 이를 충족시켜주는 교사, 2. 학생들이 스스로 학습하는 것을 도와주는 조력자, 안내자로서의 교사, 3. 학생들의 자유로운 활동을 최대한 보장해 주는 교사, 4. 특정교과에 대한 깊은 지식, 기술보다는 다방면에 걸쳐 많은 지식과 기술을 터득하고 있는 교사, 5. 교과에 대한 지식과 기술에 못지않게 심리학 및 사회학에 관한 지식의 소유자, 6. 융통성 있고 학생과 더불어 공동계획을 세울 줄 아는 교사, 7. 학생의 개인차를 존중하는 교사

03 ─ 정답 ④

④ 화랑도의 조직체계: 국선화랑(총단장) – 화랑(각급단장) – 문호(단부) – 낭도(단원)

◆ 오답피하기

①, ②, ③ 위 조직체계 참조

04 ─ 정답 ③

③ 문묘를 모시지 않고 한 사람의 명신과 공신을 제사하였다.

◆ 오답피하기

①, ②, ④ 조선 중기 이후 학문연구와 선현제향(先賢祭享)을 위하여 사림에 의해 설립된 사설 교육기관인 동시에 향촌 자치운영기구

05 ─ 정답 ③

③ 사변적 기능은 교육이론이나 교육문제에 대하여 제언을 하는 정신적 기능을 의미

◆ 오답피하기

① 이론적 또는 일상적 언어의 의미와 논리적 근거를 밝혀 가치 기준을 제시
② 교육의 가치판단에 관한 것으로 어떤 기준이나 준거에 비추어 실천 이론 주장 원리에 만족도를 밝히려는 기능
④ 교육에 관한 이론, 주장, 의견을 포괄적 안목으로 파악하려는 기능

06 ─ 정답 ④

④ 페스탈로치의 교육사상이다.

◆ 오답피하기

① '가톨릭 인문주의'는 르네상스의 또 다른 하나의 지적 흐름을 만들어낸다. 비록 가톨릭의 질서로부터 완전히 이탈하지는 못했지만, 이들이 찾고자 했던 신앙과 지식의 새로운 균형은 시민적 인문주의나 종교개혁운동에서 보지 못한 또 다른 지적 고뇌를 반영하는 것이다. 에라스무스의 정치철학은 르네상스와 종교개혁이 결코 상이한 열정이 아니었음을 반증한다.
② 영국의 철학자이자 정치사상가로서 계몽철학 및 경험론철학의 원조로 일컬어진다. 자연과학에 관심을 가졌고 반스콜라적이었으며 《인간오성론》등의 유명한 저서를 남겼다. 교육에도 많은 관심을 보여 소질을 본성에 따라 발전시켜야 한다고 주장하였다.
③ 루터는 로마 가톨릭교회의 전횡만큼이나 주관적 신비주의 신앙에 대해서도 비판적이었다. 세속적인 것과의 철저한 단절도 천년왕국의 혁명적 건설도 그에게는 피해야 할 극단이었고, 그만큼 루터의 사상은 혁명적이면서도 동시에 보수적이었다.

07 ······ 정답 ④

④ 유동적 지능은 유전적, 신경생리적 영향에 의하여 발달되는 지능으로 생리적 발달이 지속되는 청년기까지는 꾸준히 증가하나 생리적 발달이 쇠퇴하는 성인기 이후에는 감퇴한다. 이러한 유동적 지능은 지각 및 일반적 추리능력, 기계적 암기, 속도 등의 능력에서 잘 나타난다.

오답피하기

①, ②, ③ 결정적 지능은 환경 및 경험, 문화적 영향에 의해 발달하는 지능으로 가정환경 및 교육의 정도, 직업 등의 영향을 받는다. 그러므로 결정적 지능은 환경적인 자극이 지속되는 한 성인기 이후에도 꾸준히 발달할 수 있다. 이러한 결정적 지능은 논리적 추리력, 언어능력, 문제해결력, 상식 등의 능력에서 잘 나타난다.

08 ······ 정답 ①

① 지능을 사회적 문제해결 능력으로 보고 있다.

오답피하기

②, ③, ④ 거리가 먼 내용

09 ······ 정답 ②

② 보비트는 교육과정 과학화를 위하여 5단계를 제시하였다.

오답피하기

① 잠재적 교육과정의 순기능에만 초점, 사회의 유지와 안정에 기여
③ 교육과정은 개인의 인생항로에 대한 재해석 과정(through 타인과의 상호작용)
④ 잠재적 교육과정의 발생 원천 → 학교의 군집성·평가·권력 관계

10 ······ 정답 ③

③ 워커(Walker): 실제적 교육과정 개발모형(숙의모형), 개념경험주의자(from 지루's 분류), 교육과정 개발과정을 있는 그대로 기술, 강령 → (자료) → 숙의 ⇆ (정책) ⇆ 설계, 교육과정을 계획하고 개발하는 동안 실제로 일어나는 일 정확히 묘사, 그러나 교육과정 설계 완성 후에 대한 언급 부족, 소규모 학교 적용 어려움

오답피하기

① 타일러(Tyler): 타일러 합리적 교육과정 개발모형(교육목표 수립 → 학습경험 선정 → 학습경험 조직 → 평가), 학습경험에 대한 논의는 교육목표에 비추어 이루어져야 한다, 전통주의자(from 지루's 분류), 교육목표 설정과정(학습자·사회·교과전문가의 요구 → 잠정적인 교육목표의 추출 → 교육철학(체1) → 학습심리(체2) → 교육목표 설정, 목표의 우위, 탈가치 지향적, 교육의 결과 더 중시, 교육목표는 학생의 도착점 행동으로 진술(행동+내용), 실용적, 평가의 분명한 지침 제공, 종합적, 경험적 연구 촉발, 그러나 내용 경시, 수업의 역동성 무시, 내용 제시 無, 내적 행동 파악 곤란, 교육과정 개발의 실제적 모습 不, 학습 경험의 조직 원리 → 계열성·계속성·통합성의 원리

② 파이나(Pinar): 자서전적 교육과정 모형, currere의 방법론 → 소급·전진·분석·종합, 교육과정에 대한 비판적 접근, 자아의 자유로운 성장 및 발달 추구, 재개념주의(from 지루's 분류)
④ 타바(Taba): 귀납적 접근의 교육과정 개발 모형, 교사에 의한 개발, 처방적, 시험적 교수-학습 단원 생산 → 시험 단원 검증 → 개정 및 통합 → 구조개발 → 새 단원 정착 및 확산, 사회과의 '단원'구성법 제시, 전통주의자(from 지루's 분류)

11 ······ 정답 ③

③ 귀인 이론이란 자신이나 다른 사람들의 행동의 원인을 찾아내기 위해 추론하는 과정을 설명하는 이론을 말한다. 우리는 다른 사람의 행동이나 자신의 행동을 행위자의 기질이나 성격 특성과 같은 내부 요소로 귀인할 수도 있고, 상황적인 외부 요소로 귀인할 수도 있으며, 이러한 귀인 과정에서 다른 사람의 행동을 대체로 내부 귀인하는 대응 추론 편향과 같은 오류를 범하기도 한다.

오답피하기

① 사람이 목표를 가지고 행동할 때에 여러 가지 심리적인 동기가 영향을 미칠 수 있다. 사회적 명예나 의무, 돈 같은 외적인 보상 때문이 아니라 그 행동 자체에 즐거움을 지니고 의미를 부여하는 동기에 의해 일을 성취하는 경우 이를 성취 동기(achievement motivation)라고 한다. 또 성취 동기에 관한 이론을 성취 동기 이론(achievement motivation theory)이라고 한다.
② 행동수정은 학습에 관한 행동주의 심리학의 개념과 원리를 적용하여 여러 형태의 부적응 행동을 변화시키는 것으로서, 행동치료라고도 부른다. 행동주의 학습이론은 수동적 조건형성과 조작적 조건형성으로 구분하는데, 두 갈래의 이론에 근거한 행동의 재교육이 곧 행동수정이라 할 수 있다. 행동수정 이론에는 파블로프(Pavlov)와 왓슨(Watson)의 고전적 조건형성, 스키너(Skinner)의 조작적 조건형성, 손다이크(Thorndike)의 도구적 조건형성, 반두라(Bandura)의 사회학습이론 등이 대표적이다.
④ 매슬로우(Abraham H. Maslow)가 말한 바와 같이 욕구가 일단 만족되어지면 그것은 이미 행동의 유인(誘因)으로서의 역할을 하지 않는다. 그리고 아주 강한 욕구가 충족되었을 때를 우리는 「욕구만족」이라고 한다.

12 ······ 정답 ②

② 학습과제 분석을 통하여 학습의 순서가 결정된다.

오답피하기

①, ③, ④ 잘못된 설명이다. 어떤 수업목표의 달성을 위해 선정된 소재이면서도 이 목표의 달성을 위한 여러 가지 하위목표(下位目標) 또는 하위능력을 포괄하는 성격을 지닌 수업의 내용적 단위. 학습과제는 교사가 수업을 설계하고 전개하는데 편의성을 제공하는 내용적 단위이지 어떤 절대적 의미를 가진 것은 아니다. 학습과제는 보통 3~5시간의 수업분량으로 구성되며, 이것도 반드시 일정한 것은 아니다. 왜냐하면 내용의 연결성과 통합성 때문에 더 길어질 수도 있고 더 짧아질 수도 있기 때문이다. 초·중등학교에서 보통 과(課)라고 하는 내용 또는 수업설계 과정에서 소단원이라 부르는 것을 학습과제라 불러도 될 것이다.

13 ─────────────── 정답 ①

① 유형4 온상조직 = 사육조직. 조직과 고객 모두 선택권을 갖지 못하는 조직. 이 조직은 법적으로 존립을 보장받고 있어 온상조직(사육조직)이라고 함. 공립학교 정신병원 고교평준화고교

오답피하기

②, ③, ④

- 유형1 야생조직: 조직과 고객이 독자적인 선택권을 갖고 있는 조직. 이 조직은 살아남기 위해 경쟁하지 않으면 안 되기 때문에 야생조직이라고 함. 사립학교 특목고 개인병원
- 유형2 적응조직: 조직이 고객을 선발할 권리는 없고 고객이 조직을 선택할 권리만 있는 조직. 미국의 주립대학 자유등록제의 학교
- 유형3 강압조직: 조직은 고객선발권을 가지나 고객은 조직선택권이 없는 조직(군대). 봉사조직으로 존재하기 어려우므로 이론적으로는 가능하나 실제로는 존재하지 않음

14 ─────────────── 정답 ④

④ 조직구성원들의 사회적·심리적 욕구와 조직 내 비공식집단 등을 중시하며, 조직의 목표와 조직구성원들의 목표 간의 균형 유지를 지향하는 민주적·참여적 관리 방식을 처방하는 조직이론을 말한다. 과학적 관리론에 대한 반발로 등장한 인간관계론은 메이오(G. E. Mayo) 등 하버드 대학의 경영학 교수들이 미국의 서부전기(Western Electric) 회사 호손(Hawthorne) 공장에서 1924년부터 1932년까지 수행한 일련의 실험에 의해 이론적 틀이 마련되었다. 인간관계론의 요지는 첫째, 조직구성원의 생산성은 생리적·경제적 유인으로만 자극받는 것이 아니라 사회·심리적 요인에 의해서도 크게 영향을 받는다는 점과, 둘째, 이러한 비경제적 보상을 위해서는 대인 관계·비공식적 자생집단 등을 통한 사회·심리적 욕구의 충족이 중요하며, 셋째, 이를 위해서는 조직 내에서의 의사전달·참여가 존중되어야 한다는 것이다. 인간 중심적 관리를 중시한 이와 같은 인간관계론은 현대 조직이론에 지대한 영향을 미쳤다. 즉 조직인도주의(organizational humanism)와 행태과학(behaviorism), 사회·기술학파 등의 이론 발전에 큰 영향을 미치게 된 것이다.

오답피하기

① 조직을 전체 사회에 기능적으로 연관된 하나의 체제로 보며 체제의 유지변화에 관심을 두는 이론이다. 체제는 복수의 구성요소 또는 변수가 관계를 가지고 상호의존성, 계층성, 안정과 평형의 유지, 질서, 통일성 등이 존재하면서 환경과 끊임없이 영향을 주고받는 실체 내지 전체를 말한다.
② 생산능률을 향상시키기 위해 작업 과정에서 시간연구와 동작연구를 행하여 과업의 표준량을 정하고, 그 작업량에 따라 임금을 지급함으로써 조직적인 태업(怠業)을 방지하며 생산성을 향상시키려는 관리 방식이다. 미국의 테일러가 창시하였으므로 테일러 시스템이라고도 한다. 포드 시스템은 이것을 더욱 진보시킨 형태라고 할 수 있다.
③ 인간행동의 일반법칙을 체계적으로 구명하여, 그 법칙성을 정립함으로써 사회의 계획적인 제어나 관리를 위한 기술을 개발하고자 하는 과학적 동향의 총칭이다.

15 ─────────────── 정답 ③

③ 인간에게는 고통으로부터 벗어나려는 동물과 같은 욕구와 심리적으로 성장하려는 욕구 등 2종류의 이질적 욕구가 있으며, 이들이 행동에 영향을 미치는 방법에도 차이가 있다는 허즈버그(Herzberg, F.)의 이론이다. 승진, 인정, 책임 그리고 성취와 같은 내재적인 요소들은 직무만족과 관련되어 있고, 감독, 급여, 회사정책 그리고 작업조건 등과 같은 외재적인 요소들은 불만족과 관련되어 있다고 본다. 위생요인(외적요인)은 직무수행에 있어서 적절한 회사정책, 작업조건, 감독, 급여와 같이 구성원을 위로하는 요인이며, 동기요인(내적요인)은 승진, 인정, 책임, 그리고 성취와 같은 내재적 요인으로 직무만족을 상승시킨다.

오답피하기

① 맥그리거의 X-Y이론
② 아지리스의 성숙-미성숙이론
④ 매슬로우의 욕구위계론

16 ─────────────── 정답 ④

④ 정책결정이 일정한 규칙에 따라 이루어지는 것이 아니라, ① 문제, ② 해결책, ③ 선택 기회, ④ 참여자의 네 요소가 쓰레기통 속에서와 같이 뒤죽박죽 움직이다가 어떤 계기로 서로 만나게 될 때 이루어진다고 보는 정책결정 모형을 말한다. 코헨(M. Cohen), 마치(J. March), 올슨(J. Olsen) 등이 주장한 이 정책결정 모형은 조직화된 혼란 상태(organized anarchy)에서의 결정을 다루고 있다. 이러한 모형에 해당하는 조직의 예로는 대학사회, 친목단체 등을 들 수 있다.

오답피하기

① 에치오니는 합리성 모형의 지나친 이상주의, 비현실적 성격과 점증적 모형의 과도한 보수주의, 비혁신적 성격을 비판하고 양자를 절충한 혼합 모형을 제시하였다.
② 정책결정은 기존 정책을 토대로 하여 그보다 약간 향상된 대안을 추구하는 점증적 방식으로 이루어진다는 정책결정의 이론 모형을 말한다. 즉 정책은 기존 정책·전년도 예산·전례·관례 등에 기초해 이를 부분적으로 수정하거나 결함을 교정하는 수준에서 결정된다는 것이다. 린드블롬(C. E. Lindblom)과 윌다브스키(A. Wildavsky)는 의사결정에서 선택되는 대안은 기존의 정책이나 결정을 점증적으로 수정한 것이며, 의사결정은 부분적·순차적으로 진행되고, 이 과정에서 목표와 수단은 상호 조절되며, 의사결정 과정에서 대안분석의 범위는 크게 제약을 받는다는 관점에서 이 모형을 제시했다. 이러한 점증모형의 특징으로는 기존 정책의 점증적 수정, 목표와 수단의 상호 조절, 계속적 결정, 참여집단의 합의 중시 등을 들 수 있다.
③ 미국의 정치학자 드로어(Yehezkel Dror)가 합리모형과 점증모형 등 기존의 모형을 비판하고 제시한 정책결정의 이론적 모형. 최적모형은 올바른 정책결정을 위해 대안(代案)을 검토하고 결정하는 단계만이 아니라 정책결정 준비단계에서부터 정책집행 단계에 이르기까지 모든 정책과정에 대하여 새롭게 검토되어야 '최적(最適)'의 결정을 할 수 있고, 또 정책결정의 지침을 결정하는 데는 합리성만이 아니라 직관(直觀)이나 판단력과 같은 초합리적(超合理的)인 요소도 중요시해야 한다는 이론이다.

17 — 정답 ④

④ 현존하는 문화적 형태, 가치, 관념의 영속화를 말한다. 부르디외(Bourdieu)에게 있어서 문화적 재상산은 지배계급이 그들의 지속적인 지배를 보장하기 위하여 자신의 문화를 재생산하고 영속화하는 것을 의미한다.

오답피하기

①, ②, ③ 경제재생산 이론은 학교가 학교 내의 사회적 관계를 자본주의 경제구조의 사회관계와 일치시킴으로써 자본주의적 생산관계를 재생산한다고 보는 이론. 학교 내의 사회관계와 경제영역의 사회관계가 대응되는 이론이라 하여 대응이론(對應理論)이라고도 한다. 이 이론은 미국의 경제학자 보울즈(S. Bowles)와 진티스(H. Gintis)에 의해 주장되었다. 이들은 학교제도가 자유와 평등이라는 자유주의(liberalism)의 이상을 실현시키지 못하고 있다고 보고, 그 이유로 학교의 교육내용 및 사회적 관계가 경제영역의 지배·종속관계를 재생산한다는 점을 지적하였다. 그들은 교육제도는 노동력의 생산과 제도와 사회관계의 재생산을 통해 경제구조를 재생산한다고 본다.

18 — 정답 ②

② 절대평가가 자격시험에 적용된다. 절대평가는 학생의 학업성취도(學業成就度)를 어떤 절대적인 기준에 비추어서 평가하는 방법이다.

오답피하기

①, ③, ④ 올바른 설명이다.

19 — 정답 ①

① 원격교육을 위한 교육환경 조건이다.

오답피하기

②, ③, ④ 거리가 먼 내용

20 — 정답 ②

② 학교운영위원회 심의를 거쳐 학부모가 부담하는 경비

오답피하기

①, ③, ④ 초·중등교육법에 관한 법률 내용이다. 이 외, 사용료 및 수수료, 이월금, 물품매각대금, 그 밖의 수입으로 한다.

제07회 실전동형 모의고사

문제편 p.26

⚡ 빠른정답

01	③	02	③	03	③	04	①	05	②
06	②	07	④	08	①	09	②	10	③
11	②	12	①	13	②	14	④	15	③
16	④	17	④	18	②	19	①	20	③

01 — 정답 ③

③ 정보처리능력은 렌줄리 제안된 요인이 아님

오답피하기

① 과제집착력: 실제 행동으로 전환된 동기, 인내, 지구력, 노력, 특정 주제에 대한 흥미
② 평균 이상의 지능: 일반 지능과 특수 지능으로 구분
④ 창의성: 사고의 유창성, 융통성, 독창성, 경험에의 개방성, 자극에 대한 민감성, 모험심

02 — 정답 ③

③ 보기의 내용은 최충의 교육방법이다. 최충은 교육적 인간상을 여섯 가지 정신상(성신, 양신, 충신, 지신, 정신, 직신)에 두었으며, 교육의 본질을 '성인의 도'에 두었다. 교육방법으로는 계절에 따르는 교육, 조교 제도를 강조하여 교육방법의 신기원을 이루었다.

오답피하기

①, ② 안향
④ 정몽주

03 — 정답 ③

③ 유오산수, 무원부지는 신교육운동 중 후조운동과 보이스카우트 공통

오답피하기

①, ②, ④ 해당 없음. 『삼국사기』 47권에 보면, '유오산수 무원부지(遊娛山水 無遠不至)'가 나온다. '유람하며 즐기는 산수 수련에는 먼 곳이라 할지라도 닿지 아니 하는 데가 없다'라는 의미다. 신라의 화랑도에 명산대천을 찾아다녔다는 기록들이 있으며, 화랑유적지에는 그들의 활동이 미친 사적들이 나오기도 한다. 심신을 연마하고 유람을 통해 견문을 이해하던 화랑의 활동과 반더포겔운동은 서로 다르지 않다. 어찌 보면 화랑 교육이 무예와 글쓰기, 그리고 음악과 그림 등을 포함하고 있다는 점에서 독일의 반더포겔보다 월등한 고품격 교육이었음을 알 수 있다.

04 — 정답 ①

① 교육행정행위설의 기본관점에 대한 설명이다. 교육조직의 공동목표를 달성하기 위한 합리적 협동행위

오답피하기

② 교육에 관한 법규를 해석하고 집행해 나가는 것
③ 조건정비적 정의
④ 교육행정 과정론은 기획, 조직, 지시, 조정, 평가의 과정으로 이루어진다.

05 — 정답 ②

② 18세기 자연주의자인 루소의 교육방법론이다.

오답피하기

①, ③, ④ 에라스무스 교육방법론의 핵심: 먼저 학습자는 여러 방면으로 해박하고 박식한 최고의 교사 밑에서 교육을 받을 것을 권한다. 학습의 커리큘럼은 특정한 지식이나 학문을 배우기에 앞서, 언어 구사 능력을 선행적으로 갈고 닦아야 한다고 강조한다. 이 언어 교육에는 여러 수사기법이나 표현 기법도 포함되지만, 당대에 지식인층이 사용하고 있는 그리스어와 라틴어를 능숙하게 다루는 능력의 필요성도 강조하고 있다. 이러한 언어 구사 능력이 일정 궤도에 올랐다면, 본격적인 고전 교육에 들어가는데, 교수는 당시의 관행대로 고전의 자구에 일일이 하나하나 해석하며 풀이하기보다 고전을 둘러싼 배경과 핵심을 되도록 짧게 간추려서 핵심과 포인트를 위주로 학생에게 가르쳐야 한다고 말한다.

06 — 정답 ②

② 보기의 학습방법은 합자연의 원리에 따른 구체적인 방법론이다.

오답피하기

①, ③, ④ 코메니우스의 교육사상은 조국의 해방을 종교개혁과 일체로 행하는 과제에서 출발하면서, 세계평화를 위한 세계정부건설의 이념과 결합되는 곳으로 발전하였는데, 그 배경에는 세계를 신에서의 일대 조화로 보는 세계관, 지식을 통해서 신앙에 이른다는 인식론을 포함한 신학이 있다. 이 관점에서 모든 국가의 남녀가 동일한 언어에 의해서 계급차별이 없는 단선형 학교제도에서 학문의 모든 분야를 통합한 만인에 공통·필수적인 보편적 지식의 체계를 배울 필요성을 주장하고, 자신도 그 체계회에 정력을 쏟는 동시에, 그것을 확실히 몸에 익히기 위한 합자연의 교육방법을 추구하였다. 주저서 대교수학(Ddiactica Magna)는 세계 최초의 체계적 교육학 개론서라고 하는데, 교육 방법이론의 점에서는 동시대의 독일의 교수학자들의 업적을 계승·발전했다고도 볼 수 있다. 자연계의 현상을 관찰해서 거기에서 배우는 교수를 행하라고 주장하는데, 거기에는 식물의 생장을 자연의 모델로 하는 자주적 학습으로 유도하는 원리가 있는 한편, 자연의 생산과정의 모방으로서의 기계가공 기술을 모델로 하는 시점도 있으며, 학교를 인간제작공장으로, 교육기술을 인쇄기술로 비유하기도 한다. 세계 최초의 그림이 들은 교과서 『세계도회』(1658)는 시각교재의 중요성을 선취하고, 언어를 사물과 결합해서 학습하는 방법을 구체화해서 보여주었다.

07   정답 ④

④ 실제적 지능(practical intelligence)은 일상적인 문제와 사회적 상황을 효과적으로 처리하고 반응하는 데 사용되는 지식이나 기술이다.

오답피하기

① 분석적인 지능은 과제와 관련된 지식을 얻거나 내가 어느 만큼의 지식을 알고 있는지 의식하는 메타 인지 능력이 포함되며, 문제 해결을 위한 전략을 적용하고 목표를 위해 자기를 규제할 수 있는 능력
② 문학가나 언론인에게서 나타나는 재능으로 언어를 구사하고 말의 뉘앙스, 순서, 리듬, 의미에 대한 이해와 표현능력
③ 자신과 타인의 감정과 정서를 점검하고 그것의 차이를 식별하며, 생각하고 행동하는 데 정서정보를 이용할 줄 아는 능력

08   정답 ①

① 보비트는 최초로 '교육과정'이란 책을 저술하였으며, 교육과정 구성의 과학화 단계를 제시하였다.

오답피하기

②, ③, ④ 보비트 과학적 절차에 따른 교육과정: 과학적인 절차에 따라 교육과정을 편성해야 한다고 주장했다. 따라서 인간 주요 활동에 대한 조사 분석에서 출발하는 과학적 교육과정 개발은 전문직 훈련을 받은 사람들에 의해 수행되는 전문 분야라고 하였다. 보비트는 당시 산업사회에 적용되고 있던 테일러의 과학적 관리기법을 학교에 도입하여 먼저 이상적인 성인들의 생활을 몇 가지 주요 활동으로 나누고 이를 학생들이 성취할 수 있는 구체적인 활동으로 분석한 후 이를 교육목표로 설정하는 교육과정 편성 방법을 제시하였다.

09   정답 ②

② 일경험 다성과의 원리(동시학습의 원리): 하나의 학습경험을 통해 여러 가지 학습결과를 유발하는 것. 여러 가지 교육목표에 도달하는 것

오답피하기

① 일목표 다경험의 원리(다양성의 원리): 하나의 목표달성을 위해 여러 가지를 경험할 수 있어야 함
③ 학습자의 현재 수준에서 학습 가능한 것. 학습자의 현재 학습능력, 발달수준에 맞는 것
④ 교육목표를 달성하는 데 필요한 경험을 할 수 있도록 기회를 제공하는 것

10   정답 ③

③ 학습동기는 학업과제를 이해하는 것을 기뻐하며 학업수행에 대한 보람과 유능감을 느끼고, 도전적인 학업과제를 스스로 선택하고 자발적으로 기꺼이 직면하고자 하는 정서적 상태. 외적 요인보다는 내적요인에 귀인. 안정적 요인보다는 불안정적 요인에 귀인. 통제 불가능 요인보다는 통제 가능 요인에 귀인

오답피하기

① 학습능력에 따라 다르며, 지속적인 성공의 경험과 정적 상관이 있다.
② 불안 수준은 적정수준(중간정도)이 효과적
④ 내재적 동기에 의해 수행되는 학습이 더 지속적

11   정답 ②

② 학교의 지도하에 학생들이 겪는 경험으로서의 교육과정의 특징점이다.

오답피하기

①, ③, ④ 계획된 활동으로서의 교육과정의 의미이다. 산출결과에 가치를 두는 것으로 학습과정이 무시된다는 비판을 받는다.

12   정답 ①

① 타일러는 목표설정 기준으로 학생과 사회의 필요와 요구, 교과전문가의 견해를 제시하였다.

오답피하기

②, ③, ④ 거리가 먼 내용

13   정답 ②

② 숙의단계에 대한 설명이다.

오답피하기

① 설계단계: 교육프로그램의 상세한 계획 수립. 완전한 합의가 없어도 설계는 진행. 여러 집단의 이해관계 반영
③ 토대다지기: 교육과정 개발 참여자들의 개념, 이론, 목적으로 구성. 합의를 위한 발판 역할. 공감대 형성을 위한 준비
④ 관계없는 내용

14   정답 ④

④ 다학문적 통합: 광역형(관련된 교과들을 하나의 학습영역으로 연결하여 조직하는 형태, 통합과학, 통합사회 등)

오답피하기

① 「지식의 구조」를 가르치기 위한 교육과정의 조직 형태. 지식의 구조와 관련된 한 가지 중요한 가정(假定)은 "어떤 지식이든지 그 성격에 충실한 형태로 어떤 발달단계에 있는 어떤 아동에게도 효과적으로 가르칠 수 있다"는 것이다. 이 가정에 의하면 교육내용으로서의 「지식의 구조」는 교육의 수준에 관계없이 그 성격에 있어서 동일하며, 이 동일한 성격의 내용이 학년 수준이 높아짐에 따라 더 폭넓게, 또 깊이 있게 가르쳐져야 한다. 이와 같이 조직된 교육과정이 마치 달팽이 껍질 모양[螺旋形]과 같다고 하여 나선형 교육과정이라고 부른다. 이것은 교육과정의 조직 원칙의 하나인 「계열성」(系列性)의 원칙을 특별한 방식으로 해석하는 것이다. 동일한 교육내용을 학습자의 수준에 맞게 가르치는 방법의 하나로서 「표현 양식」이라는 개념이 사용되기도 한다.

② 학교의 교육과정에서 가장 중요하다고 생각되는 활동을 중심에 놓고 그 이외의 것을 주변에 조직하는 교육과정의 형태.
③ 교육현장에서 학습자들이 활동하고자 하는 것을 교사가 파악하고 그 자리에서 직접 구성한 교육과정. 일명 기능교육과정이라고도 하며, 일체의 사전계획을 필요로 하지 않으나 현장에서 직접 구성해야 하므로 교사의 깊고 넓은 교육과정적 소양을 필요로 한다. 비교적 유치원 및 초등학교의 저학년에서 활용되는 수가 많다. 학습자의 현재 욕구에 가장 적절한 교육과정이 구성될 때 학습의 극대화가 가능하다는 것에 이론적 근거를 두고 있다. 학습자의 자발적 활동을 유발하거나 강화시킬 수 있다는 장점이 있는 반면에 학습결과들을 관련시키거나 체계화하는 데는 불리하다고 평가되고 있다.

15 ─────────────────────────── 정답 ③

③ 출발점 행동은 선수학습을 진단하고 확인한다. 전통적으로 '학습준비성'으로 부르면 투입행동, 즉 수업의 시발점에서 학습자들이 가지고 있는 기능이나 능력과 기타 행동적 특성을 신뢰롭고 타당하게 진단 확인하는 일을 한다.

◎ 오답피하기

①, ②, ④ 딕과 캐리의 체제적 교수설계 모형은 교육훈련프로그램을 개발하기 위한 대표적인 교수설계모형이다. 이 모형은 학습자 및 환경분석, 교수목표 설정, 성취목표 진술, 교수분석, 평가도구개발, 수업전략 수립, 수업자료개발, 형성평가, 총괄평가, 프로그램 수정의 단계들로 이루어져 있다. 학습자 및 환경분석단계에서는 학습자의 특성과 학습자가 학습할 환경에 관해 분석하게 된다. 교수목표 설정 단계에서는 학습자가 학습을 마친 후 무엇을 숙달하게 되는지를 결정하는 단계이고, 교수분석은 교수목표 설정 후, 학습자가 학습해야 할 내용들을 학습유형과 하위기능에 따라 분석하는 단계이다. 성취목표 진술단계에서는 학습자들이 학습의 결과로 달성하게 되는 행동들을 구체적으로 기술하게 되며, 평가도구 개발단계에서는 학습자의 학습목표달성 여부를 판단할 수 있는 평가도구와 문항을 개발하게 된다.

16 ─────────────────────────── 정답 ④

④ 제3차 조선교육령의 내용이다. 1943년 3월 제4차 「조선교육령」을 공포하여 모든 교육기관에 대한 수업연한을 단축하는 동시에 '황국의 도에 따른 국민연성'을 교육목적의 주안점으로 하였다. 또한, 이른바 결전학년(決戰學年)의 새 교과서를 중등학교에 사용하게 하였다.

17 ─────────────────────────── 정답 ④

④ 1단계(문제확인): 욕구에 근거를 두고 문제를 확인한다. 욕구란 "있는 것"과 "있어야 할 것" 사이의 불일치를 규정한 것으로, 이 단계에서는 문제해결을 위한 요건을 구체적으로 서술한다.

◎ 오답피하기

① 2단계(대안 결정): 현 상태에서 요구되는 상태에 이르기까지 필요한 자세한 요건을 결정하는 분석을 시행하여, 문제를 해결할 수 있는 목표를 설정하는 단계이다.

② 3단계(해결전략 선정): 앞 단계에서 결정된 대안(목표)을 실현할 수 있는 해결전략을 선택하는 단계이다.
③ 4단계(해결전략 시행): 실제 해결전략과 도구를 실행하고, 적절한 실행자료를 수집한다.
* 5단계(성취효과 결정): 문제해결 과정의 성과가 어느 정도 성취되었는지를 평가한다.
* 6단계(수정): 제 5단계에서 성과가 있는 것으로 평가되면 체제접근의 단계가 일단 끝나지만, 실행대로 이루어지지 않았을 경우 언제든지 필요한 수정을 한다.

18 ─────────────────────────── 정답 ②

② 미국의 경영학자 맥그리거가 1961년대 주장한 조직관리에 있어서의 인간관 또는 인간에 관한 가설 유형의 하나. 인간본성을 긍정적, 능동적 인간형으로 보고 이들 조직관리를 위해서는 민주적 관리유형이 필요하다는 것. 맥그리거(Douglas M. McGregor)가 인간본성을 구분한 것 두 가지 이론(X·Y이론) 중 하나다. 일이란 반드시 고통스러운 것만은 아니고 환경과 조건에 따라서는 즐거움과 만족의 원천이 될 수도 있으며 인간은 자기 스스로 통제하고 또한 책임질 줄도 안다는 가설이다. 따라서 인간은 노동을 통해 자기실현을 하고자 하고, 인간은 또한 타인에 의해 강제된 목표가 아니라 스스로 설정한 목표를 위해 노력한다는 것이다.

◎ 오답피하기

①, ③, ④ X이론: 맥그리거(Douglas M. McGregor)가 인간본성을 두 가지로 구분한 이론(X·Y이론) 중 하나에 해당하는 것으로, 인간은 원래 일하기 싫어하고, 보통 지휘 받기를 좋아하고, 책임을 회피하기를 원하여 명령·지시 받은 것만 실행하며, 야망도 거의 없다는 가설이다.

19 ─────────────────────────── 정답 ①

① 교육활동을 전개하기 위하여 포기되는 수입. 유실소득(forgone earnings) 또는 포기된 소득이라고도 한다. 교육기회경비에는 학생이 학교에 다니는 동안 직업을 가질 수 없는 데서 오는 포기된 소득과 비영리 교육기관에 부여하는 면세의 가치, 기타의 전가된 비용이 있다.

◎ 오답피하기

② 직접교육비
③ 공교육비
④ 총교육비

20 ─────────────────────────── 정답 ③

③ 학교의 장의 지시에 의하여 학교에 있는 시간

◎ 오답피하기

①, ②, ④ 기타: 기숙사에서 생활하는 시간. 학교 외의 장소에서 교육활동이 실시될 경우 집합 및 해산 장소와 집 또는 기숙사 간의 합리적 경로와 방법에 의한 왕복 시간

제08회 실전동형 모의고사

문제편 p.30

★ 빠른정답

01	③	02	②	03	④	04	①	05	③
06	②	07	④	08	③	09	③	10	③
11	①	12	④	13	②	14	④	15	③
16	④	17	④	18	②	19	①	20	③

1 ─────────────── 정답 ③

③ 교육목적을 상정할 때 두 가지 측면에서 가능하다고 한다. 첫째는 교육개념의 분석을 통하여 이루어지는 것이고, 둘째는 사회·정치·종교·문화적 맥락 속에서 교육목적을 생각하는 경우이다. 전자의 경우는 교육 그 자체가 가치 용어이기 때문에 내재적으로 목적이 주어진다고 본다. 그리고 교육 개념에 내포된 교육목적의 준거로는 규범적 준거, 과정적 준거, 인지적 준거가 있다고 한다. 따라서 이때의 교육목적은 내재적으로 주어지기 때문에 초월적인 것의 수단일 수는 없다고 하겠다.

◎ 오답피하기

①, ②, ④ 해당 없음. 외재적 목적은 동·서양을 막론하고 교육이 인간의 사회생활 속에서 이루어지고 있는 이상사회적 목적을 실현하는 수단에 불과하다는 생각이 언급되어 왔다. 이러한 교육관에서는 교육목적을 외재적 가치에서 구하려는 입장으로 교육은 곧 인간의 사회문화적 틀 속에서 달성되는 수단이라는 입장이다. 이 같은 두 부류의 목적 논쟁은 목적과 수단 중 어느 것에 비중을 두고 강조하느냐에 따라 기인된 문제이다.

2 ─────────────── 정답 ②

② 가정환경변인에서 사회적 자본이란 학업성취에 영향을 미치는 부모, 자식 간의 상호작용의 질을 의미한다. 이러한 변인과 학업성취와는 높은 상관관계가 있음이 밝혀졌다.

◎ 오답피하기

①, ③, ④ 사회적 자본이란 인간관계와 같은 사회적 연결망을 통해서 발생되어 사람들의 상호 작용과 협력 방식에 영향을 미침으로써 개인 혹은 집단에게 이익을 주는 무형의 자산

3 ─────────────── 정답 ④

④ 학습장애 학생에게는 교사의 적극적인 도움을 필요로 한다.

◎ 오답피하기

①, ②, ③ 학습장애는 지능은 정상이지만 듣기, 말하기, 읽기, 쓰기, 추리 또는 계산능력에 심각한 문제가 나타나는 여러 장애들을 일컫는 용어. 교육적 중재의 기본은 개인차를 존중해주는 것이다. 대상아동이 가지고 있는 강점과 약점을 잘 이해하고 도와주는 것이 중요하다. 또한 개별화된 교육이 더 많이 도움이 된다. 각 학생의 개인적인 요구와 약점을 보완할 수 있는 교육적 계획과 치료계획을 수립하는 것이다. 실제 치료에서는 음성학적 방법, 다감각적 방법, 전체 단어 교수법, 언어구조 분석법을 활용하여 교육한다. 대개 주 1~3회의 교육시간을 가지고, 1년 이상의 교육적인 도움을 주는 것이 좋다.

4 ─────────────── 정답 ①

① 박사는 국학에서 유교 경전의 교육을 담당하였으며, 정원은 정해지지 않았다.

◎ 오답피하기

② 경은 국학의 최고책임자로서 신문왕 2년에 설치되었으며 1인이었는데, 경덕왕 때 이름이 사업(司業)으로 바뀌었다가 혜공왕 때 경(卿)으로 되돌아왔다.
③ 대사(大舍)는 정원이 2명인데,《삼국사기》직관지(職官志)에는 진덕왕 5년(651)에 처음 설치했다고 기록되어 있다.
④ 사(史)는 처음에 2명이었는데, 혜공왕 원년(765)에 2명을 더했다.

5 ─────────────── 정답 ③

③ 황국신민화 정책은 일본이 한국식민통치 제3기(만주사변 이후부터 일본 패망기까지)에 적용한 이념통치정책이다. 대륙침략전쟁과 태평양전쟁을 수행하였던 일본은 이 시기에, 가장 극도에 달하는 탄압정책을 실시하였다. 이 정책은 전쟁을 수행하기 위한 물자와 인력의 수탈정책이었으며, 나아가 한국인의 정체성을 말살하여 아예 일본 민족에 통합하려는 민족말살정책(民族抹殺政策)이었다.

◎ 오답피하기

① 의무교육은 해방 이후
② 전통적인 교육기관 탄압
④ 민립대학의 설립을 방해

6 ─────────────── 정답 ②

② '측정관'이다. 환경은 안정성을 위협하는 변인으로 보아, 환경의 영향을 통제 또는 최소화 하려고 한다. 표준화의 요구도 이와 같은 맥락에서 이해할 수 있다. 측정(measurement)이란 어떤 대상이나 사물, 사건의 증거를 수집하기 위해 그 대상에 일정한 규칙에 의해서 수치를 부여하거나 수량화하는 것을 의미한다. 이러한 측정은 다음과 같은 특성을 가지고 있다.

◎ 오답피하기

① 총평에서는 개인과 환경 사이의 상호작용에 관심을 갖는다. 개인에 관한 증거와 환경에 관한 증거 사이에 존재 가능한 관계를 분석하여 어떠한 상호작용이 존재하는지를 결정하려고 분석한다. 개인과 환경의 두 요인을 관련시켜 인간 행동 변화와 현상을 이해하며 예언과 분류, 실험 등을 통하여 미래를 예측할 수 있도록 하는 것이다.
③ 총평에서의 환경은 개인의 행동 변화를 강요하는 압력으로서 환경이 요구하는 압력, 역할을 분석하고 이에 개인의 특성이 이에 적합한지 어떤 합치성이 존재하는지에 대하여 분석하고 결정한다.
④ 구인타당도를 활용하여 개인과 환경 사이의 상호작용에 관한 수집된 증거가 설정된 구인(構因)으로 어느 정도 설명되는지를 중시한다.

07 정답 ④

④ 인문주의 교육에서는 선천적인 능력발휘를 위해 그리스의 자유교육을 부활시켰다.

오답피하기
① 키케로주의는 타락한 인문주의
② 개인적 인문주의는 종교교육을 반대하였으나, 사회적 인문주의는 종교와 도덕을 중시하였다.
③ 인문학에 관심을 집중시킨 것은 사실이나 자연과학에 대해 관심이 적었다는 것은 거리가 멀다.

08 정답 ③

③ 프래그머티즘(pragmatism)이란 말은 퍼어스(C. S. Peirce)의 논문 〈how to make our ideas clear?〉에서 최초로 사용되었고 1907년 제임스(W. James)의 저서 《Pragmatism》에 의하여 이 사상의 전모가 드러나게 되었다. pragmatism은 그리스어인 prágma로부터 나온 말이며 어원적으로 prágma는 praxeis와 같다. praxeis는 행위 또는 행동을 뜻하며 우리나라에서는 이를 실용주의(實用主義)라 번역한다.

오답피하기
① 실존이란 말은 원래 철학용어로서 어떤 것의 본질이 그것의 일반적 본성을 의미하는 데 대하여, 그것이 개별자(個別者)로서 존재하는 것을 의미하여, 옛날에는 모든 것에 관해 그 본질과 실존(존재)이 구별되었다. 그러나 하이데거나 야스퍼스에서는 실존이란 특히 인간의 존재를 나타내는 술어로 사용된다. 그것은 인간의 일반적 본질보다도 개개의 인간의 실존, 특히 타자(他者)와 대치(代置)할 수 없는 자기 독자의 실존을 강조하기 때문인데, 이와 같은 경향의 선구자로서는 키르케고르나 포이어바흐를 들 수 있다. 이 두 사람은 모두 헤겔이 주장하는 보편적 정신의 존재를 부정하고, 인간 정신을 어디까지나 개별적인 것으로 보아 개인의 주체성이 진리임을 주장하고(키르케고르), 따라서 인류는 개별적인 '나'와 '너'로 형성되어 있음을 주장했으며(포이어바흐), 바로 이와 같은 주장이 실존주의 사상의 핵심을 이루고 있다.
② 자연을 교재로, 자연법칙을 교육방법으로, 자연성 회복을 교육의 목적으로 하는 교육
④ 서양의 문예 부흥기에 이탈리아에서 발생하여 유럽에 널리 퍼진 정신 운동

09 정답 ③

③ 웩슬러 검사는 11개의 하위검사로 구성

오답피하기
① 비네-시몬 검사
② 비네(A. Binet)에 의하여 개발된 최초의 지능검사이다. 1904년 프랑스 정부는 교육지체 아동에 대한 특별 보충교육을 실시하고자 비네에게 지능측정도구의 개발을 의뢰하였다. 비네는 당시 동료인 시몬(T. Simon)과 함께 비네-시몬검사를 제작하였는데 이것이 최초의 공식적인 지능검사라고 할 수 있다. 이 검사는 판단, 이해, 추리 능력을 측정하는 30개의 문항으로 구성되어 있으며, 학습을 통해 습득되는 읽기나 쓰기는 검사 내용에서 제외하였다. 이후 비네 지능검사는 여러 나라에 보급되었으며, 특히 미국에서는 1916년 스탠포드 대학교의 터만(L. Terman) 교수가 이 검사를 개정하여 표준화하였는데 이것이 스탠포드-비네 지능검사이다. (언어성 검사로 구성)
④ 편차지능지수. 이것은 각 연령집단의 대표적인 표집을 중심으로 각 연령의 평균이 100이고 표준편차가 15 또는 16인 표준점수의 하나로 나타내고 있다.

10 정답 ③

③ 장독립적 학습자. 장독립성은 주변 맥락적 상황, 즉 장(field)이 개인의 지각적 판단에 영향을 미치지 않는 것

오답피하기
①, ②, ④ 장의존성은 주어진 상황에서 정보를 받아들이는 개인의 독특한 인지양식으로서, 주어진 요소를 구분하여 지각하기보다 전체적인 맥락이나 상황 속에서 주어진 요소를 함께 지각하고 파악하는 경향성

11 정답 ①

① '가'항의 경우 학습자의 특성에 맞는 다양한 매체를 사용. '라'항의 경우 생각할 충분한 시간을 주어야 한다.

12 정답 ④

④ '가'항과 '다'항은 정의적 영역의 경험에 해당된다. 독일의 철학자이자 교육사상가로 괴팅겐대학과 쾨니히스베르크대학교에서 강의하며 최초의 대학 부속학교인 실험학교를 설립했다. 윤리학과 심리학에 기초를 둔 교육학을 조직하여 교육의 궁극적 목적을 도덕적인 성격의 형성이라고 주장하며 세계 각국의 교육계에 큰 영향을 주었다.

오답피하기
①, ②, ③ 헤르바르트의 지적 영역의 경험과 교과: 사물을 자세히 살펴보는 경험적 관심. 자연법칙을 꼼꼼히 따져보는 반성적 관심. 아름다움에 대한 느낌과 감흥에서 오는 심미적 관심

13 정답 ②

② 자아개념은 개인이 가지고 있는 자신에 대한 견해. 주어진 시간에 자기 자신에 대하여 가지고 있는 생각을 의미하며, 이를 긍정적 개념과 부정적 개념으로 대별할 수 있다. 그러나 긍정과 부정의 유목(類目)으로 양분될 수 있는 성질의 개념은 아니며, 긍정과 부정의 양극을 연결하는 연속성(連續性)을 상정할 수 있는 개념이다.

오답피하기
① 강화는 조건형성(條件形成)의 학습에서 자극과 반응의 결부를 촉진하는 수단, 또는 그 수단으로써 결부가 촉진되는 작용
③ 자신감이란 어떠한 것을 할 수 있다거나 경기에서 이길 수 있다 혹은 경기를 잘 할 수 있다는 등에 대한 자신의 느낌이다.
④ 행동을 일으키게 하는 내적인 직접요인의 총칭

14 ─── 정답 ④

④ 인지발달에서의 사회문화적 영향을 강조하였다. 그는 성인 혹은 우수한 또래와의 상호작용을 통한 학습이 아동의 잠재적 발달 수준을 향상시키고, 인지적 발달을 이끌어 준다고 보았다.

오답피하기

① 브루너 이론의 틀에서 학습이란 학습자가 자신의 현재 혹은 과거 알고 있는 것에 기초하여 새로운 아이디어나 개념을 구성하는 능동적 과정이다. 학습자는 자신의 인지적 구조에 의해서 정보를 선택하고 변형하며 가설을 구성하고 결정을 한다. 인지적 구조, 다시 말해 도식(schema) 혹은 정신적 모델은 개인이 주어진 정보를 넘어설 수 있도록 하는 의미 및 조직을 제공해 준다. 브루너가 제시한 사고의 기본 양식은 두 가지다. 첫째, 내러티브 양식(narrative mode)은 정신이 일련의 행동 지향적이고 세부적으로 움직일 수 있는 사고에 관여를 하고, 사고가 이야기 혹은 '재미있는 극(gripping drama)'의 형태를 취하게 한다. 둘째, 패러다임 양식(paradigmatic mode)은 정신이 체계적이고 범주적인 인식을 이룰 수 있도록 하는 특정적인 것을 넘어서, 사고가 지엽적 작동인에 의해 연결되는 명제로 구조화되도록 한다.

② 콜버그의 이론은 윤리적 행동을 기반으로 하는 도덕적 추론이 여섯 단계의 정해진 발달구조단계를 가진다는 것을 전제로 한다. 각각의 단계마다 도덕적 딜레마에 처했을 때, 적절한 대처를 하면서 인간의 도덕발달단계가 진행되는 것이다. 콜버그의 도덕적 발달단계의 기본 개념은 구조적 조직(structural organization), 발달의 계열성(developmental sequence), 상호작용주의(interaction)의 세 가지며, 발달단계는 3수준, 6단계로 나뉜다. 제1수준은 인습 이전 수준(pre-conventional level), 제2수준은 인습 수준(conventional level), 제3수준은 인습 이후 수준(post-conventional level)이고, 1수준에 벌과 복종의 단계, 도구적 목적과 교환의 단계가, 2수준에 개인 간 상응적 기대, 관계, 동조의 단계, 사회체제와 양심보존의 단계가, 3수준에 권리우선과 사회계약, 혹은 유용성의 단계, 보편윤리적 원리 단계가 속한다.

③ 스위스의 철학자, 생물학자이자 발달심리학자인 피아제는 알프레드 비네의 연구소에서 IQ 테스트를 개발하고, 실생활 속에서 아동들을 관찰하면서 인지발달이론을 완성해나갔다. 그의 이론에서 핵심 개념은 도식, 동화, 조절, 조직화로, 아동이 새로운 자극을 받아들일 때 기존에 갖고 있던 이해의 틀인 도식을 통해 동일시, 즉 동화함으로써 자극을 보다 쉽게 이해할 수 있다는 것이다. 그러나 새로운 자극이 도식에 맞지 않을 경우, 도식을 변형하거나 대체하는 과정인 조절을 통해 기존의 도식과 새로운 자극간의 불일치 또는 불균형을 해소하고자 한다. 또한 인지 발달에 따라 비슷한 것들을 같은 범주로 분류하는 조직화 능력 역시 갖추게 된다. 그는 인지발달 과정이 감각운동기(0~2세), 전조작기(2~7세), 구체적 조작기(7~11세), 형식적 조작기(11세 이후)의 4단계로 이루어지며, 각 단계는 순차적으로 진행되고 아동이 자극을 능동적으로 조작하거나 선택할 수 있다고 보았다.

15 ─── 정답 ③

③ 소극적 전이는 선행학습이 다음 학습에 방해를 미치는 현상을 의미한다.

오답피하기

① 기억하고 있는 것 중에 재생되는 것을 파지라 하며, 비록 재생되지 않는 것일지라도 동일한 내용을 다시 학습할 경우 기억해 둔 잠재적 효과가 나타나 학습을 용이하게 하는 현상을 파지라고 한다.

② 전(前)의 학습이 후(後)의 학습을 촉진할 때를 적극적 전이 혹은 정적(正的) 전이

④ 형태이조설이란 주로 형태심리학자들의 전이설로서 어떤 학습자료의 역학적 관계가 이해될 때 그것이 다른 학습자료에 전이된다는 이론이다. 이 이론은 두 자료 간의 단편적 요소의 공통성보다는 형태나 관계성의 공통성을 강조한다는 점에 특색이 있다.

16 ─── 정답 ④

④ 계속성(繼續性)과 함께 교육과정의 종적(縱的) 조직에 관계되는 원칙으로서, 교육내용을 조직할 때 어느 것을 먼저 가르치고 어느 것을 나중에 가르치는가를 말하는 것. 계열성을 보장하는 방법으로서는 「논리적 조직」과 「심리적 조직」이 있는 것으로 알려져 왔다. 전자는 교과 자체의 논리적 순서를 따라 조직하는 것이며, 후자는 학습자의 심리에 가까운 것에서 먼 것으로 나아가는 것이다. 예컨대, 역사과에서 고대 중세 근세 현대로 조직하는 것은 교과의 논리적 순서를 따른다고 볼 수 있으나, 학습자의 심리에는 현대가 더 가깝다고 볼 수도 있다. 계열성은 교육내용의 선후(先後) 관계를 나타낸다는 뜻에서 「나선형 교육과정」과 동일한 것으로 해석되는 경우가 있으나, 나선형 교육과정은 계열성(계속성)을 특별한 방식으로 해석하는 관점을 나타낸다고 보아야 한다.

오답피하기

① 계열성(系列性)과 함께 교육과정(教育課程)의 종적(縱的) 조직에 관계되는 원칙으로서, 한 가지 교육내용이 학년이 올라감에 따라 단절됨이 없이 계속적으로 취급되어야 한다는 원칙. 이 원칙을 교육과정 조직에 실지로 적용하는 데에는 「교육내용」의 성격이 반드시 문제된다. 예컨대, 중학교 1학년에서 3학년까지 역사가 계속 가르쳐지고 있으면, 계속성이 보장된다고 말할 때 역사라는 교과를 교육내용으로 보는 것이다. 그러나 역사라는 교과 안에도 여러 가지 교육내용이 있을 수 있다. 근래 지식의 구조를 가르치는 교육과정 조직형태로서의 「나선형(螺旋形) 교육과정」에 의하면 학년 수준이 높아짐에 따라 계속적으로 취급되어야 할 교육내용은 각 학문의 「핵심적 아이디어」이다. 나선형 교육과정은 이 동일한 교육내용이 계속적으로 더욱 심화되어 가르쳐져야 한다는 것을 나타낸다.

② 학년 사이나 학교 수준 사이의 교육내용이 적절한 관련을 맺고 있다는 말은 교육내용들이 서로 의미 있게 구분된다는 것과 그 사이의 관련이 원활하다는 것을 동시에 나타내는 말이다. 이 점에서 연계성은 학년 사이나 학교 수준 사이의 교육내용이 계속성(繼續性)과 계열성(系列性)의 원칙에 맞게 조직된 상태를 가리킨다고 볼 수 있다. 그러나 연계성은 반드시 종적(縱的) 관련만을 의미하는 것이 아니라 때로는 교과군(教科群) 사이의 횡적(橫的) 관련을 나타내는 말로도 쓰인다. 예컨대 대학교육에서 교양과목과 전공과목의 연계는 이런 뜻으로 사용된 것이다.

③ 교육과정 구성에 있어서 선정된 학습내용 또는 학습경험을 조직하는 단계에서 지켜야 할 내용 또는 경험의 횡적 연계성. 예컨대, 중학교 수준의 교육과정을 구성함에 있어서 같은 학년에 나타나는 국어·수학·과학·영어 등의 교과에서 다루어지는 목표나 내용의 수준 또는 종류가 횡적으로 일정하게 연결되어 있어야 한다는 원칙이다. 다른 교과, 특히 도구교과 등에서 다루어지지 않은 개념이나 법칙을 학습된 것으로 전제하고 경험이나 내용을 조직하게 되면 교육과정 운영의 효과를 감소시킨다는 근거에서 강조되는 원칙이다. 이 원칙은 교육과정 내용조직에서 계속성·계열성과 더불어 세 기본원칙 중의 하나가 된다.

17 정답 ④

④ 20＋19.2＋27＝66.2

오답피하기

①, ②, ③ 소점(素點)이라고도 하며, 테스트에서 정답수(正答數), 바른 반응(反應)의 횟수, 찬성(贊成)한 항목의 수 등을 가리킨다. 문항(問項)의 수 또는 채점(採點) 방법에 따라서 점수의 크기가 여러 가지로 나올 수 있으나, 대개는 100점 만점으로 하는 것이 상례이다.

18 정답 ②

② 수업설계는 학습자들의 학습결손을 발견하여 처치하려는 의도에서 비롯되었다기보다는 수업목표를 학습자들에게 효율적으로 성취시키기 위한 필요성 때문이다.

오답피하기

①, ③, ④ 수업설계는 설계란 문제를 해결하기 위한 계획의 개발, 또는 실행에 선행하는 체계적인 혹은 의도적인 계획과 사고과정을 의미한다. 즉, 관련된 여러 요소를 빠짐없이 고려하여 효과적, 효율적, 매력적으로 학습목표달성을 촉진하기 위해 교수–학습원리를 자료, 활동, 정보 자원과 평가를 위한 계획으로 전환하는 체계적인 성찰과정이라고 할 수 있다.

19 정답 ①

① 조직구성원들로 하여금 리더에 대한 신뢰를 갖게 하는 카리스마는 물론, 조직변화의 필요성을 감지하고 그러한 변화를 이끌어 낼 수 있는 새로운 비전을 제시할 수 있는 능력이 요구되는 리더십으로 전통적 리더십인 거래적 리더십과 많은 차이가 있음. 변혁적 리더십의 특징을 정리해 보면 다음과 같다. 첫째, 변혁적 리더십은 구성원을 리더로 개발한다. 둘째, 변혁적 리더십은 낮은 수준의 신체적인 필요에 대한 구성원들의 관심을 높은 수준의 정신적인 필요로 끌어올린다. 셋째, 변혁적 리더십은 구성원들이 본래 기대했던 것보다 더 넘어설 수 있도록 고무시킨다. 넷째, 변혁적 리더십은 요구되는 미래 수준의 비전을 가치 있게 만드는 변화의 의지를 만드는 방법을 의사소통한다.

오답피하기

②, ③, ④ '변환적(전환적) 리더십이론'이라고도 함. 지도자가 부하들에게 기대되는 비전(vision)을 제시하고 그 비전 달성을 위해 함께 힘쓸 것을 호소하여 부하들의 가치관과 태도의 변화를 통해 성과를 이끌어내리는 지도력에 관한 이론. 변혁적 리더십이론은 종래의 모든 리더십 이론을 거래적 리더십이론이라고 비판하면서 등장한 이론이다. 즉, 지도자가 제시한 조직목표를 구성원들이 성취하면 그것에 따른 보상(award)을 주는 목표달성과 보상을 서로 거래(교환)하는 현상을 리더십으로 보는 입장이 거래적 리더십 이론이다. 그러나 변혁적 리더십 이론은 리더가 부하들에게 장기적 비전을 제시하고 그 비전을 향해 매진하도록 부하들로 하여금 자신의 정서·가치관·행동규범(→ 행위규범) 등을 바꾸어 목표달성을 위한 성취의지와 자신감을 고취시키는 과정으로 보는 입장이다.

20 정답 ③

③ 행정실장은 교육공무원이 아니고 일반직 공무원이다.

제09회 실전동형 모의고사

문제편 p.34

★ 빠른정답

01	③	02	③	03	④	04	①	05	③
06	②	07	④	08	④	09	②	10	③
11	②	12	①	13	②	14	④	15	③
16	④	17	①	18	②	19	①	20	③

1 정답 ③

③ '형식도야설'은 특정 교과를 학습하면 그것이 관련 정신능력을 자극해 다른 교과로 전이가 된다는 것

◎ 오답피하기

① '동일요소설'은 선행 학습과 후행학습 간에 내용이 유사할수록 학습 전이가 잘 된다는 이론
② 주로 형태심리학자들의 전이설(轉移說)로서, 어떤 장면 또는 학습자료의 역학적 관계가 발견되거나 이해될 때 그것이 다른 장면이나 학습자료에 전이된다는 주장.
④ 일반화설이란 1908년 주드(C. Judd)의 실험이 대표적인 것으로서 동일원리설이라고도 한다. 이 이론은 일정한 학습장면에서의 경험을 조직적으로 개괄화 또는 일반화해서 다른 장면에 적용했을 때 전이가 일어난다는 것, 즉 두 학습내용 간의 원리가 같을 때 전이가 일어난다는 이론이다.

2 정답 ③

③ 보비트(Bobbitt): 교육과정 구성의 과학화, 전문가에 의한 교육과정 개발, 교육은 성인생활을 위한 것, 과학적 관리기법 도입, 인간경험을 광범위하게 분석 → 주요 분야의 직무를 분석 → 교육목표 열거 → 교육목표 선정 → 상세한 교육 계획 정립, 전통주의자(from 지루's 분류), 교육내용 선정 방법 → 목표법(교육목표를 일반적인 것에서 특수한 것으로 분석하여 학년에 따라 단계분)

◎ 오답피하기

①, ②, ④ 교육과정은 학교의 지도 아래 학생이 겪는 실제 경험. 아동 중심 교육과정 논의 구체화, 교육과정의 원천 → 교과·학습자·사회, 교과·교사·아동의 상호작용, 교사와 학생의 일상생활을 중심으로 교육과정 구성, 심리적인 것에서 점차 논리적인 것으로 교육과정 전진적 조직, 아동의 경험적 지식을 보다 넓은 과학적 지식으로 바꾸어 가는 것, 진보주의 비판, 조직화된 교과를 거부하는 것에 대해 우려 표명, "지금 필요한 것은 조직화된 교과를 거부하는 것이 아니라 그것을 재구성하는 것"

3 정답 ④

④ 로마 제정시대의 대표적 교육자, 작가. 스페인 출생. 저서 《웅변교육론》(雄辯敎育論, Institutio Oratoria, 95). 퀸틸리아누스는 교육의 중요성을 강조했는데 이 저술은 자신의 교육자로서 철저한 조사와 객관적인 자료를 바탕으로 저술한 것이다. 웅변·수사학의 교과서인 동시에 인간육성에 관한 글로서 세네카의 문체(文體)·철학에 반대하고, 키케로를 언어·스타일의 전거(典據)로 삼았다. 제10권은 일종의 그리스·로마의 문학사와도 같다.

◎ 오답피하기

①, ②, ③ 옳은 설명이다.

4 정답 ①

① 조선 시대에 초등 교육을 맡아 했던 사립학교이다. 오늘날의 초등학교와 비슷하지만 규모는 훨씬 작았고, 주로 유학에 바탕을 둔 한문 교육이 이루어졌다.

◎ 오답피하기

② 조선 중기 이후 학문연구와 선현제향(先賢祭享)을 위하여 사림에 의해 설립된 사설 교육기관인 동시에 향촌 자치운영기구
③ 고려 말·조선시대의 관립 교육기관
④ 고려·조선 시대에 유교를 교육하기 위해 국가가 지방에 설립한 중등교육 기관

5 정답 ③

③ 보기의 내용은 듀이가 주장한 '흥미'의 내용이다. 흥미는 어떤 대상·활동·경험 등에 대해서 계속적으로 그것에 몰두하거나 아니면 그것을 그만두려고 하는 행동경향 이는 그 강도(強度)가 사람마다 제각기 다른 것이 특징이다. 흥미를 교육적 입장에서 고찰한 바를 보면 먼저, J. 루소는 아동의 흥미는 자연스럽게 성장한다고 생각하여 흥미에 따라서 활동시킬 것을 권장하였다. J. F. 헤르바르트는 학습이 끝났을 때 그 일에 관하여 공부하고자 하는 흥미가 생겨나도록 하는 것이 교사의 역할이라고 하였다. 그리고 원만한 인격을 형성하기 위해 아동이 여러 방면으로 흥미를 갖도록 하는 것이 교사의 임무라고 하여 흥미를 교육의 목적으로까지 여겼다.
듀이는 교육의 기초로서 회화와 교류의 흥미, 사물을 탐구하고 발견하는 흥미, 물건을 제작하고 구성하는 흥미, 예술적 표현의 흥미의 네 가지 흥미를 들고 있다.

◎ 오답피하기

① 인간이 감각이나 내성을 통해서 얻는 것 및 그것을 획득하는 과정
② 인간의 성품, 능력, 신념, 태도, 지력 등이 자연적·문화적 환경에 적응하는 힘이 향상되고 내적으로 통합을 성취하면서 재구성되는 과정. 듀이(Dewey)는 교육에 의한 인간의 성장을 경험의 재구성으로 설명한다.
④ 정신이 어떤 대상을 아는 작용 및 이 작용에 의하여 알려진 내용

06 정답 ②

② 중국의 국가교육제도 유입과 공교육제도의 형성과는 관련성이 없다.

07 정답 ④

④ 감각등록기에 들어온 수많은 자극들은 주의집중하지 않으면 유실된다.

오답피하기
① 인지과정 혹은 정보 처리 과정의 한 형태로, 청각, 시각, 촉각 등 감각을 통해 들어오는 정보를 처리하고 저장하기 위해 그 정보를 유의미하게 만들고, 장기기억에 저장되어 있는 기존의 정보와 연결하고 결합하는 과정이다.
② 감각을 통한 인지
③ 정보가 제시된 이후에 계속해서 반복하는 것

08 정답 ④

④ 맞는 내용이다. 창의성은 새로운 관계를 지각하거나, 비범한 아이디어를 산출하거나 또는 전통적 사고유형에서 벗어나 새로운 유형으로 사고(思考)하는 능력

오답피하기
① 영향을 미친다.
② 개방성이 강하다.
③ 지능과 창의성의 상관은 매우 복잡하게 나타난다.

09 정답 ②

오답피하기
① 사고가 언어에 반영된다.
③ 인지구조는 차이가 있다. 스키마 개념은 피아제(Piaget)에 의해 체계화되었다. 그는 아동의 지적 발달에 기여하는 개념이 스키마라고 보았으며, 스키마는 영아기부터 성인기까지, 구체적인 주변 사물들로부터 추상적인 개념에까지 발달하게 된다. 피아제에 의하면 스키마는 새로운 경험을 기존의 스키마에 동화하거나, 새로운 경험에 맞춰 기존의 스키마를 조절하는 과정을 거쳐 수정되고 변화된다. 동화와 조절 과정이 반복되며 심리적 구조의 일관성과 안정성을 나타내는 평형화가 나타난다.
④ 도식은 개념적 이해의 틀이다. 피아제는 인간의 지적 행동을 환경에 대한 순응(順應)이라고 보았으며, 이 순응은 동화(同化, assimilation)와 조절(調節, accommodation)이라는 두 가지의 보충적 과정을 통해서 이루어진다고 했다. 이러한 과정을 통해 체계화되어서 인간이 행동에 의미를 주게 되는 지능의 여러 측면을 구조(構造, structure)라고 부르는데 구조는 처음에 도식(圖式, schema)으로 구성되어 있다가 후에는 점점 더 복잡한 체제들로 체계화된 조직으로 이루어지게 된다. 이렇게 구조가 변화·발달되어 가는 과정을 기술한 것이 피아제의 아동의 지적 발달에 관한 이론이다.

10 정답 ③

③ 교육목표가 시사(示唆)하는 바로 그 행동을 경험할 수 있는 기회를 가지게 되어야 한다는 원칙. 기회의 원칙은 학생들에게 목표 달성에 필요한 경험을 할 수 있는 기회를 제공한다.

오답피하기
① 만족의 원칙: 학생들이 목표와 관련된 학습을 하는데 있어서 만족을 느끼는 경험이 되어야 한다.
② 하나의 목표에 응할 수 있는 학습경험의 범위는 넓고 깊기 때문에 지역사회, 학교의 특성 및 학생의 필요에 따라 교사의 창의적인 선택이 가능하다는 원칙이다. 예를 들면 비판정신을 기르기 위하여 학생들에게 제공되어야 할 경험은 허다하다. 이들 경험 중 지역사회에서 손쉽게 구할 수 있고 학생들의 필요나 흥미에 알맞은 경험을 교사가 선정하여 학생들에게 제공하면 된다. 따라서 같은 목적달성을 위한 노력도 지역이나, 학교나, 교사에 따라서 얼마든지 달라질 수 있다.
④ 하나의 학습경험은 하나의 학습목표만을 달성하는 것이 아니라 여러 가지의 학습목표를 동시에 달성할 수 있다는 원칙이다. 예를 들면 농구를 학습시키면 농구에 관한 기능, 민첩한 태도, 협동심, 강인한 의지력, 신체단련 등과 같은 여러 가지의 목표를 동시에 달성할 수 있다.

11 정답 ②

② 경험 중심 교육과정의 특징이다. 학생이 교육의 중심적 존재가 되어야 한다는 입장에서 교육과정의 중심이 되는 내용을 학생이 행해야 할 경험으로 구성하는 교육과정. 이는 루소(J. J. Rousseau) 이후 연면하게 제창되어온 주장이며, 1930년대에서 1950년대 말까지 미국에서 영향력을 가졌던 교육과정의 사조(思潮)로서 종래의 「교과 중심 교육과정」에 대한 비판으로 대두된 것이다.

오답피하기
① 교육과정의 중심이 되는 내용을 교과로 하는 교육과정 형태. 역사적으로 가장 오랜 전통을 가지고 있는 교육과정이다.
③ 교과를 구성하고 있는 핵심적인 사실·개념·이론·법칙 및 그 교과의 탐구방법을 중심으로 구성하는 교육과정
④ 잠재적 교육과정은 학교의 물리적 조건, 지도 및 행정적 조직, 사회 및 심리적 상황을 통하여 학교에서는 의도하고 계획 세운 바 없으나 학교생활을 하는 동안에 은연중에 가지게 되는 경험

12 정답 ①

① 인간중심 교육과정은 이전의 학문 중심 교육과정에서 발생된 문제점을 보완하기 위하여 등장하였다. 학문 중심 교육과정은 학문과 지식으로 치우친 나머지 교육이 지배층의 특권을 유지시켜주는 역할을 하였기 때문에 민주주의 기본 개념인 평등사상을 구현하는 데 부정적이었으며 과학 발달로 인간의 소외현상이 심화되어 각 개인의 자아실현을 위한 새로운 교육의 필요성이 대두됨에 따라 발생, 발전하였다.

오답피하기

② 교과를 구성하고 있는 핵심적인 사실·개념·이론·법칙 및 그 교과의 탐구방법을 중심으로 구성하는 교육과정
③ 학생이 교육의 중심적 존재가 되어야 한다는 입장에서 교육과정의 중심이 되는 내용을 학생이 행해야 할 경험으로 구성하는 교육과정. 이는 루소(J. J. Rousseau) 이후 연면하게 제창되어온 주장이며, 1930년대에서 1950년대 말까지 미국에서 영향력을 가졌던 교육과정의 사조(思潮)로서 종래의 「교과중심 교육과정」에 대한 비판으로 대두된 것이다.
④ 교육과정의 중심이 되는 내용을 교과로 하는 교육과정 형태. 역사적으로 가장 오랜 전통을 가지고 있는 교육과정이다. 특히, 1930년대 미국에서 학생들이 일상생활의 문제 사태를 당하여 겪는 교육적 경험을 교육내용으로 삼아야 한다는 주장이 대두되었을 때, 그 이전의 교육과정관(教育課程觀)을 일컬어 붙인 이름이다. 따라서 교과중심 교육과정의 특징은 반드시 경험중심 교육과정과 대비하여 규정된다. 교육내용은 생활과는 유리된, 교과서에 적혀 있는 지식이었으며, 이때 지배적인 교육방법은 맹목적인 반복·암송(暗誦)이었다.

13 ─────────────────── 정답 ②

② 직접 대면하여 자료나 정보를 수집하여 평가한다.

오답피하기

① 주제를 선택하여 보고서를 작성한다.
③ 자연스러운 상황에서 이해하고 평가하는 방법이다. 피험자의 행동을 관찰하여 자료를 수집하는 연구와 평가의 기본 수단이다.
④ 포트폴리오법에 대한 설명이다. 자신이 쓰거나 만든 작품을 누가적으로 모아 둔 개별 작품집이다.
- 일정 기간 동안 구체적 목적에 따라 계획적으로 성취 정도, 향상 정도를 평가하는 방법이다.
- 장기간에 걸친 평가를 통해 학생의 향상 정도 측정

14 ─────────────────── 정답 ④

④ 브루너는 표현방식만 달리하면 어떤 과제의 학습도 가능하다고 보았다.

오답피하기

①, ②, ③ 거리가 먼 내용이다. 발견학습은 교사가 지식의 최종적인 완결형태만 가지고 학습을 제시하는 것이 아니라 학습자가 '주체적인 작은 연구자'가 되어 정보를 재구성하거나 기초 지식을 통합하여 지식의 생성과정을 체험하고, 그 지식을 익혀나가는 학습활동이다.

15 ─────────────────── 정답 ③

③ 배울 만한 가치가 있음에도 공식적 교육과정이나 수업에서 배제된 교과나 지식, 사고 양식 등의 교육과정(교육내용)을 말한다. 공식적 교육과정에 들어있지 않아 가르치지 못한 교육내용뿐 아니라 공식적 교육과정에 포함되어 있음에도 교사가 의도적으로 배제하거나, 실수로 빠트리거나, 수업 환경에 적합하지 않은 등의 이유로 가르치지 않은 교육내용을 포함한다.

오답피하기

① 학교의 물리적 조건, 지도 및 행정적 조직, 사회 및 심리적 상황을 통하여 학교에서는 의도하고 계획 세운 바 없으나 학교생활을 하는 동안에 은연중에 가지게 되는 경험
② 학교의 계획된 의도에 의해 학생에게 제공되는 교육내용 및 경험의 전체
④ 교육목적의 달성을 위해 계획되고 설계된 일련의 경험이나 과정. 또는 교육과정 문서에 명시된 의도적이고 계획적인 학교 교육과정. 명시된 교육과정은 계획되고 설계된 교육과정이라는 의미 이외에도 구조화된, 공식적, 외현적, 가시적, 외적, 조직화된, 기대된, 형식적 교육과정이라는 의미도 지닌다. 이들 모두는 명시된 교육과정이라는 넓은 의미의 부분을 구성하는 하위 의미들이다.

16 ─────────────────── 정답 ④

④ 비공식적 조직은 공식조직에 순기능과 역기능을 수행한다.

오답피하기

①, ②, ③ 비공식 조직은 자연스러운 의사소통, 자발적인 협력관계, 감정의 논리에 의거한 행동방식을 특색으로 하는 것이며 공식조직의 기능을 수행하는 데 있어 건설적인 역할을 할 수도 있지만 파괴적인 역할을 하는 경우도 없지 않다. 이 조직은 내면적·내재적 조직이고 전체적인 조직 속의 각 계층, 각 단위에서 자연발생적인 소집단(小集團)으로 성립하는 부분적인 질서이다. 자유로운 의사소통과 긴밀한 협조와 인화(人和)의 유지를 위한 매개가 됨으로써 공식조직의 기능을 원활히 수행해 나갈 수 있도록 하는 것이 현대 조직운영에 있어 절대적인 요청인 것 같다. 비공식적 조직은 심리적 안정감의 형성, 공식조직의 경직성(硬直性) 완화, 업무의 능률적 수행, 구성원 간의 행동규범 확립 등의 순기능과 적대감정, 정실행위, 비공식적 의사전달의 역기능도 갖고 있다.

17 ─────────────────── 정답 ①

① 한 사회(특히 자본주의사회)의 구성체가 경제적 과정에 의해 직접 재생산되기보다는 문화적 과정을 통해 간접적으로 재생산된다고 보는 이론. 이 이론은 미국의 애플(M. Apple), 프랑스의 부르디외(P. Bourdieu), 영국의 번스타인(B. Bernstein) 등이 일상적인 언어, 상징, 교육을 비롯한 문화현상의 사회적 의미와 기능을 밝히는 과정에서 추상화한 일련의 개념과 가설을 중심으로 구성되어 왔다. 특히 (학교)교육의 사회적 역할을 둘러싸고 종래에 제시되어 온 구조기능주의(structural-functionalism)의 낙관적 균형론과 상응이론(correspondence theory)의 비관적 경제결정론 양자를 비판하고 그 대안을 모색하는 과정에서 수립된 이 이론은 마르크스의 정치경제학, 그람시(A. Gramsci)의 네오마르크시즘(neo-Marxism), 뒤르켐(E. Durkheim)과 베버(M. Weber)의 사회학을 두루 수용함으로써 (학교)교육이 경제를 위시한 사회의 구조적 조건으로부터 상대적 자율성을 확보하고 있음을 체계적으로 보여주고자 하였다.

오답피하기

② 갈등이론에서는 성적차를 사회구조적인 문제로 간주한다.
③ 인간자본론에서는 개인의 능력차에서 연유된 것으로 본다.
④ 상징적 상호작용론에서는 교사결핍에서 기인된 것으로 본다.

18 ─────────────── 정답 ②

② T점수는 다음과 같이 계산한다.
1단계: Z점수를 산출한다. $Z = X - M/S$, $Z = 70 - 60/5 = 10/5 = 2$
2단계: T점수로 변환한다. $T = 10Z + 50 = 10 \times 2 + 50 = 70$
따라서 70이 정답이다.

◆ 오답피하기

①, ③, ④ 틀린 내용. T점수는 표준점수의 하나인 Z점수를 평균 50, 표준편차 10인 분포로 전환시킨 표준점수. Z점수는 표준점수로서 소수점 이하의 숫자와 음수(陰數)를 갖게 되는 단점이 있다. 이러한 Z점수($X=0$, $S=1$)의 단점을 없애기 위하여 다음과 같이 Z점수에 10을 곱하고 50을 더해 주면 이것은 평균이 50, 표준편차 10인 분포로 전환된다. $T = 10Z + 50$

19 ─────────────── 정답 ①

① '라'항은 선발적 교육관에 해당한다.

◆ 오답피하기

②, ③, ④ 교육관은 일반적으로 선발적 교육관과 발달적 교육관, 인본주의적 교육관의 3가지로 구분할 수 있다. 선발적 교육관은 일정한 교육수준에 도달할 수 있는 사람은 어떤 방법을 쓰더라도 극히 일부에 지나지 않는다는 신념의 교육관으로 대체적으로 우리나라의 교육관이 여기에 해당한다고 볼 수 있다. 발달적 교육관은 모든 학습자들에게 각각 적절한 교수, 학습방법만 제시될 수 있다면 누구나 의도하는 수준에 도달할 수 있다고 믿는 교육관을 말한다. 인본주의적 교육관은 교육을 인성적 성장, 통합, 자율성을 도모하는 자아실현의 과정으로 보는 교육관이다.

20 ─────────────── 정답 ③

③ 해당 교육장이 임명하거나 위촉

◆ 오답피하기

①, ②, ④ 학교폭력예방 및 대책에 관한 법률 내용

제10회 실전동형 모의고사

문제편 p.37

❂ 빠른정답

01	①	02	③	03	④	04	①	05	③
06	②	07	④	08	④	09	②	10	③
11	②	12	②	13	②	14	④	15	②
16	④	17	④	18	②	19	①	20	③

1 정답 ①

① 진보주의 교육사상의 핵심내용

❂ 오답피하기

③, ②, ④ 본질주의자들의 주장은 전통적인 교육사상과 일맥상통하는 바가 있는데, 그들은 교육에서 문화적 유산의 보전과 전달을 가장 중요시한다. 문화적 유산은 인류가 오랜 역사적 경험을 통하여 쌓아 올린 경험의 축적이며, 인류의 이상을 실현하기 위한 노력의 표현으로서 오랜 역사를 통하여 그 참된 가치가 인정된 것이기 때문에 교육에서 핵심적인 위치를 차지해야 한다는 것이 이들의 주장이다. 또 이들은 교사의 적극적인 역할과 교재의 논리적이고 체계적인 조직을 중시한다. 어린이의 흥미나 관심은 쉽사리 변하는 것이기 때문에 정선된 교재를 가지고 교사가 일정한 방향으로 훈련해야 한다고 주장한다. 인류의 문화적 유산을 이해하기 위해서는 어린이의 지적(知的) 능력을 중요시한다.

2 정답 ③

③ 보기의 내용은 성균관 유생들의 학령에 관한 내용이다.

❂ 오답피하기

① 조선 전기 학문 연구를 위해 궁중에 설치한 기관
② 조선시대에 서울의 동·서·중·남의 4부에 세운 학교
④ 조선 중기 이후 학문연구와 선현제향(先賢祭享)을 위하여 사림에 의해 설립된 사설 교육기관인 동시에 향촌 자치운영기구

3 정답 ④

④ 자아혁신(인격혁명), 무실역행, 점진공부 강조
무실(務實)은 실질적이고 구체적인 일에 힘쓰는 것이고 역행(力行)은 힘써 실천한다는 뜻이다. 《국어(國語)》〈진어(晉語)〉 제6편에 "옛적에 내가 장재[莊子, 조삭(趙朔)]를 섬길 적에 겉은 빛났지만 내실은 없었으니, 청컨대 내실에 힘쓰도록 하라[昔吾逮事莊主, 華則榮矣, 實之不知, 請務實乎]."라고 하여 무실이 '내실에 힘쓴다'는 의미로 쓰였다.
역행은 《예기(禮記)》〈중용(中庸)〉편에 "학문을 좋아하는 것은 지에 가깝고, 힘써 행하는 것은 인에 가깝고, 부끄러움을 아는 것은 용에 가깝다[好學近乎知, 力行近乎仁, 知恥近乎勇]."라는 구절에서 보인다.

❂ 오답피하기

①, ②, ③ 올바른 설명이다. 실력 양성 운동과 애국 계몽 운동에 앞장선 독립운동가. 호는 '도산'이다. 민족의 실력을 기르기 위한 교육 활동과 우리나라의 주권을 되찾기 위한 독립운동에 앞장섰으며, 신민회와 대성 학교, 흥사단 등을 세웠다.

4 정답 ①

① 고려시대의 서당. 서당은 향촌의 부락에 설치된 민간의 자생적인 사설 교육기관이다. 이러한 성격으로 인하여 서당의 기원을 고구려의 경당에서 찾기도 한다. 고려의 서당에 관한 기록은 우리나라의 역사 기록에서 찾아볼 수가 없다. 고려의 서당에 관한 기록은 인종 2년(1124)에 송의 사신의 수행자인 서긍(徐兢, 서장관(書狀官))이 저술한 고려도경(高麗圖經)에 "마을 거리에는 경관(經館)과 서사(書社)가 두세 개 서로 마주보고 있으며, 민간의 미혼자제가 무리를 이루어 선생에게 경서를 배우며, 좀 더 성장하면 유(類)대로 벗을 택하여 사관(寺觀)으로 가서 강습하고, 아래로 졸오동치(卒伍童穉, 어린아이)도 역시 향선생(鄕先生)에게 배운다."라고 기록하였다. 고려의 서당은 고구려의 경당과 같이 전국 각지에 설치되어 있었으며, 미혼의 젊은 사람들이 대중적으로 서당에서 교육을 받았을 것이다. 고려 서당은 상세한 기록이 없는 관계로 상술하기가 어렵다.

❂ 오답피하기

② 최충의 학교는 사립학교. 사학십이도(私學十二徒)는 고려시대의 사학 교육기관 12개교를 총칭하는 것이다. 여기에 '도(徒)'는 '학(學)'을 따르는 무리'라는 뜻이다. 사학십이도의 설립은 최충(崔冲: 984~1068)에서 비롯된다. 최충은 고려 목종 때부터 문종 때까지 5대 왕에 걸쳐서 관직을 역임한 덕망 있는 학자이다. 최충은 문종 7년(1053)에 72세로 치사(致仕: 벼슬에서 물러남)를 한 후에 개인적으로 학교를 설치하여 운영하였다.

③ 제술업, 명경업, 잡업의 체제 유지. 과거의 종류는 제술업(製述業), 명경업(明經業)과 잡과(雜科)로 대별할 수가 있다. 제술업은 문장을 시험하는 것이다. 고사 과목은 시(詩), 부(賦), 송(頌), 시무책(時務策), 논(論), 경학(經學) 등이었다. 명경업은 경서를 암기하는 시험이다. 고사 과목은 상서, 주역, 모시, 춘추, 예경(禮經) 등이다. 명경업은 제술업에 비하여 합격자의 수나 대우가 미흡하였다. 잡과는 초기에는 의업(醫業)과 복업(卜業)이 있었으며, 그 후에 명경업(明經業), 명산업(明算業), 명서업(明書業), 지리업(地理業) 등이 생겼다. 합격자들은 전문 기술직에 등용되었다. 과거와 학교교육이 관련되는 과거시험은 중국에서는 송의 왕안석에서 비롯된다. 고려의 과거시험과 학교교육이 관련된 것은 덕종 때에 국자감시(성균시(成均詩), 남성시(南省詩))의 시행에서 비롯된다. 국자감시(國子監試)는 주로 시(詩)와 부(賦)를 고시하는 진사시(進士試)였다. 이것이 감시(監試)의 시작이었다.

④ 사문학보다는 국자학을 더 중요시. 국자감의 조직과 편제는 유학계 교육의 삼학(三學)과 기술계 교육의 삼학(三學)으로 구성되어 있다. 유학계 교육의 삼학은 국자학(國子學), 태학(太學), 사문학(四門學)이고, 기술계의 삼학은 율학(律學), 서학(書學), 산학(算學)이다.

05 — 정답 ③

③ 자신이나 타인의 성공이나 실패와 관련한 행동 원인을 설명하는 방식에 대한 이론이다. 특정 행동이나 사건의 원인을 규정하고, 행위자나 관찰자가 그 사태를 통제하려는 의도하에 생성되는 생각 및 신념이라는 의미에서 통제인지라고도 한다. 귀인 이론을 체계화한 와이너(B. Weiner)는 사람들이 성공이나 실패의 원인을 귀인할 때 늘 비슷한 방식으로 반응하려는 경향을 갖으며, 성공이나 실패의 원인을 무엇으로 인지하느냐에 따라 개인의 행동 양식이 결정된다고 가정한다.

오답피하기

①, ②, ④ 거리가 먼 내용

06 — 정답 ②

② 지문은 본질주의자들의 주장으로 본질주의에서는 아동은 미성숙한 존재로 간주하여 엄격한 교사의 통제를 강조한다. 문화적 유산의 본질적 가치가 모든 사람에게 전달되어야 한다고 주장하는 20세기 미국사회의 한 교육사조. 본질은 실존하며, 직관적으로 알 수 있고 구체적인 존재보다 우선한다는 철학적 학설로서 실재론과 관념론을 포괄하고 있다.

07 — 정답 ④

④ 포스트모더니즘 교육의 강조점: 언어를 인간행위의 가장 중요한 것으로 강조한다. 추상적 체계성이나 총체성을 거부한다. 진리의 우연성, 다원성, 비교·불가능성을 신뢰한다. 인간의 주체나 개별적 자아에 회의적 태도를 보인다. 사회를 구성하는 소집단의 문화적 전통을 중시한다.

오답피하기

①, ②, ③ '나'항의 경우 추상적 체계성과 총체성을 거부한다. '다'항의 진리의 절대성, 보편성을 거부한다.

08 — 정답 ④

④ 지능이란 한 개인이 문제에 대해 합리적으로 사고하고 해결하는 인지적인 능력과 학습 능력을 포함하는 총체적인 능력

오답피하기

①, ②, ③ 브루너(J. S. Bruner)의 《교육의 과정》에서 교육내용을 지칭한 용어. 브루너의 책에서는 「지식의 구조」가 각 학문의 「기본개념」, 「일반적 원리」, 「핵심적 아이디어」 등으로 설명되어 있다. 그러나 이런 것들이 종래 교육에서 가르쳐 온 「주제」(主題)나 「토픽」(topic)을 나타낸다고 보는 한, 그것은 「지식의 구조」를 완전하게 설명하는 것이 아니다. 각 학문을 공부하는 학자들이 하는 일에서 볼 수 있는 바와 같이, 각각 관련된 현상을 이해하는 데에 그러한 기본 개념이나 일반적 원리가 활용될 때 비로소 그것들은 「지식의 구조」가 된다. 이런 뜻에서 지식의 구조는 학자들이 하는 활동으로서의 「학문」을 가리킨다고 보는 것이 가장 타당할 것이다. 또한 이런 뜻에서 지식의 구조는 반드시 교육내용만을 지칭하는 것이 아니라 그 방법상의 원리도 동시에 지칭한다고 보아야 한다.

09 — 정답 ②

② 환경에서 오는 도전을 받음으로써 유기체가 지적인 구조적 변화를 가져오는 것. 피아제(J. Piage)의 이론에서 사용되는 개념으로서 생물학에서 빌려온 것이다. 유기체(有機體)가 환경의 변화에서 살아남으려면 유기체 자신이 구조적 변화를 가져와야 한다. 보호색(保護色)이 그 예인데, 같은 기능이 인간에게도 있다. 예를 들어 빠는 행동은 처음에 무엇이든지 빤다. 그러나 어떤 것은 우유를 주고 어떤 것은 우유를 주지 않으므로 신생아는 무조건 아무것이나 빨아서는 안 된다는 것을 배우게 된다. 즉, 빨 것과 안 빨 것을 구별하는 지적인 망(網)이 형성된다는 것이다. 어떤 문제가 기존의 지식을 적용하여 해결이 안 되면 이 기존 지식체계를 변화시키는 것 또한 조절작용이다. 피아제에 의하면 동화(同化, assimilation)와 함께 모든 지적 기능에 내재하는 불변의 두 기능을 이룬다.

오답피하기

① 이미 학습된 지식과 능력을 이용하여 자극상황에 순응하는 과정을 설명하는 피아제(J. Piaget)의 용어. 동화될 수 있는 상황의 제측면(諸側面)은 변화 또는 새로운 학습을 요구하지 않는 측면들이다. 동화한다는 것은 어떤 의미에서는 과거에 학습된 것을 흡수하고 사용하는 것으로서, 즉 과거에 학습된 반응들을 새로운 상황에 활용하는 것이라고 말할 수 있다.

③ 피아제는 내재적 인지능력의 발달을 평형화(equilibration)라 하고, 평형화는 기본적으로 동화와 조절기능의 통합과정으로 이루어진다고 하였다.

④ 주변 환경에서 들어온 정보와 인지적 스키마 간의 정신적 균형을 추구하는 인지적 균형이 깨진 상태

10 — 정답 ③

③ 콜버그는 피아제의 인지 발달에 따른 도덕 발달 이론을 바탕으로, 아동과 청소년이 도덕적 딜레마에 어떻게 접근하는지를 분석하였다. 부인이 암으로 죽어가는 하인츠(Heinz)의 예를 들어, 암을 치유할 수 있는 유일한 약제를 구할 돈이 없어 약을 훔치고야마는 하인츠 딜레마(Heinz's dilemma)에 대한 아동 및 청소년의 대답을 바탕으로 그는 인간의 도덕성은 질적으로 다른 세 가지의 발달 수준으로 나뉘며, 각 수준당 두 가지 하위 단계가 존재한다고 제안하였다.

도덕 발달 수준 중 가장 낮은 단계인 전인습적 수준(preconventional level)은 아동에게 많이 관찰되지만, 성인에게도 관찰되는 수준으로 행동의 도덕 판단을 외부 보상이나 처벌에 근거하는 수준을 말한다. 이때 도덕 판단의 기준은 완전히 외부에 있다. 전인습적 수준은 행동의 결과에 따라 도덕 판단을 하는 타율적 도덕 단계와 내가 타인에게 친절한 만큼 타인도 나에게 친절할 것이라 가정하는 개인주의 단계로 나뉜다.

두 번째 수준인 인습적 수준(conventional level)에 속한 개인은 타인이나 사회에 의해 규정된 기준에 의해 도덕적 판단을 한다. 인습적 수준은 도덕적 사고를 판단할 때 대인 관계 맥락에서 기대되는 행동인지 아닌지가 영향을 미치는 대인 간 기대(mutual interpersonal expectations) 단계와, 사회의 질서와 의무에 의해 도덕적 판단을 하는 사회 시스템 도덕 단계로 나뉜다.

마지막 수준인 후인습적 수준(postconventional level)은 개인의 도덕성 수준이 완전히 성립되어 외부의 기준 및 규칙이 필요하지 않은

수준을 칭한다. 이 수준은 타인의 다양한 의견과 권리, 가치와 자유를 인정하며 각각의 가치는 고유한 것으로 상호존중해야 한다고 믿는 개인의 권리 및 사회 계약 단계와 가장 보편적인 원리를 바탕으로 도덕적 판단을 하는 보편 윤리적 원칙 단계로 나뉜다. 콜버그는 이 단계를 충족시키는 개인은 드물다고 보았다.

오답피하기

① 도덕원리는 초등학교 고학년이나 중등학생에게 적합
② 유치원 원아들에게 적합
④ 자율적 도덕성이 적합

11 ──────── 정답 ②

② 과학적 관리론의 영향에 관한 내용

오답피하기

①, ③, ④ 인간관계론이 교육행정에 미친 영향

12 ──────── 정답 ②

② 학습자는 강화를 받은 자신의 직접 경험에 의하여 학습하기도 하지만, 타인이 강화받는 행동을 의식적으로 관찰하고 모방하는 대리적 경험(vicarious experience)을 통해서도 학습한다. 관찰 학습은 대리 학습(vicarious learning)이나 모델링(modeling)이라고도 하며, 반두라(A. Bandura)의 사회 학습 이론(social learning theory)에 근거를 두고 있다. 관찰 학습은 학습자가 모델에게 주의를 기울이는 주의집중 과정, 모델의 행동을 상징적인 형태로 기억하는 파지 과정, 모델의 행동을 따라해 보는 운동재생 과정, 따라해 보고 강화를 받게 되는 동기화 과정을 거쳐 이루어진다. 모델이 학습자 자신과 비슷할수록 모델의 행동을 더욱 잘 모방할 수 있게 되므로, 또래 친구를 모델로 활용하는 경우가 많다. 또한 최적의 모형으로 학습자 자신을 활용하는 비디오 자기모방(video self-modeling) 기법이 적용되기도 한다.

오답피하기

① 긍정적이거나 부정적인 것과 관계없이 행동의 반응이나 빈도, 강도를 유발하고 증가시키는 자극
③ 적절한 반응에 강화자극이 연결될 때 일어나는 인간의 학습. 자극-반응 학습은 주로 동물실험을 기초로 한 것이지만 인간에게도 적용된다. 기능학습은 인간을 조작적으로 조건형성한 것으로서, 모스(Morse) 신호학습·인간 미로학습·원판추적 학습 등이 이에 속한다.
④ 학습이론이나 행동주의에서 사용되는 용어로, 결합이나 강화에 의한 훈련이나 행동의 변화과정을 의미한다. 조건화에는 고전적 조건화와 조작적 조건화라는 두 가지의 기본적인 유형이 있다.

13 ──────── 정답 ②

② 사회과와 과학과의 경우

오답피하기

① 학교의 교육과정에서 가장 중요하다고 생각되는 활동을 중심에 놓고 그 이외의 것을 주변에 조직하는 교육과정의 형태
③ 교과 간에 전혀 연관이 없도록 조직된 형태의 교육과정
④ 분과과정·병렬과정(竝列課程)에서와 같이 교과의 선(subject matter line)에 의하여 고립된 교과 사이를 연결해 교과교육 과정의 분과주의를 타파하기 위한 교육과정의 한 형태

14 ──────── 정답 ④

④ 경험중심 교육과정에서의 강조점이다. 경험 중심 교육과정에서 교과는 생활의 문제 사태를 해결하는 데 도움을 줄 때에만 그 가치를 갖기 때문에 반드시 국어·수학·사회·과학 등 전통적인 교과 구분에 따라 조직될 필요가 없으며, 오히려 학습자의 필요나 흥미와 관련된 활동이나 생활 사태를 중심으로 여러 교과를 통합하거나 관련지어 조직된다. 전통적인 교과 구분을 유지하는 경우에도 그 내용은 학습자의 흥미나 관심과 관련이 있어야 하며, 주로 생활의 문제를 해결하는 데 도움을 줄 수 있어야 한다. 이러한 점에서 경험 중심 교육과정은 그 내용이나 방법적 측면에서 생활 중심 교육이나 아동 중심 교육과 같은 맥락에서 이해된다.

오답피하기

①, ②, ③ 학문중심 교육과정은 1950년대 말에 미국에서 대두된 교육과정의 사조(思潮). 종래의 경험중심 교육과정이 지나치게 생활의 문제해결을 강조한 것에 비하여 여기서는 학문의 기본개념을 중요시한다. 1960년 브루너(J. S. Bruner)가 쓴 《교육의 과정》은 학문중심 교육과정의 입장을 체계적으로 천명한 책으로 알려져 있다. 이 책에 의하면, 미국에서 학문중심 교육과정이 대두된 데는 당시의 경험중심 교육과정에 대한 불만 이외에도 1957년 소련에서 처음으로 쏘아 올린 인공위성 스푸트니크에 대한 쇼크와 현대사회에 있어서의 지식의 팽창이 중요한 배경이 되었다. 학문중심 교육과정에서는 학문에는 각각 그 특징적인 개념과 탐구방법이 있다는 것을 전제로 하여 교육의 초보적 단계에서 고등 수준에 이르기까지 그러한 개념과 탐구방법을 가르쳐야 한다고 주장한다. 그러나 이 사조는 경험중심 교육과정에서 강조한 「학생의 자발적 탐구」를 강조한다는 점에서 경험중심 교육과정과 일맥상통한다고 볼 수 있다.

15 ──────── 정답 ③

③ 2015 개정 교육과정 구성의 중점사항이다.

오답피하기

①, ②, ④ 2022 개정 교육과정 구성의 중점사항이다.

16 — 정답 ④

④ 탐구학습은 학생이 직접 가설을 설정하고 필요한 자료를 수집, 분석하여 일반화된 지식을 형성하는 학습방법

오답피하기

① 어떤 가상적인 역할을 수행하게 함으로써 문제시되는 태도나 행동을 변화시키려는 기법의 일종
② 가치교육의 한 방법. 라스(L. E. Raths)에 의하여 개발되어 세계적으로 관심을 불러일으키고 있다. 학생들로 하여금 각자의 신상(身上)에 관련된 가치문제(예컨대, 자기가 가장 소중하게 여기는 것은 무엇인가?)를 여러 각도에서 성찰하도록 함으로써 스스로의 가치관을 확인하도록 하는 방법을 말한다. 가치문제를 지나치게 주관적이고 정의적(情意的)인 것으로 해석한다는 점에서 비판을 받고 있으나, 학생들이 허심탄회하게 수업에 몰두할 수 있게 한다는 장점은 인정된다.
③ 집단 지도와는 달리 한 사람의 교사가 학습자 한 사람 한 사람을 개별 학습 지도하거나 생활 지도를 하는 방법. 이 방법은 학습 목표가 개인에 따라 다를 때, 또는 개인적인 문제가 있을 때 학습하는 개인의 성격이나 능력에 맞추어 학습의 속도나 내용이 바뀐다. 교육은 본래 한 사람 한 사람을 기르는 것이 기본이기 때문에 학습 지도에 있어서도 이 방법을 적절하게 채택함으로써, 보다 효과적인 지도를 기대할 수 있다.

17 — 정답 ④

④ 기회균등의 원리에 해당하는 설명이다.

오답피하기

① 자주성의 원리는 교육이 그 본질을 추구하기 위하여 일반 행정에서 분리, 독립되고 정치와 종교로부터 중립성을 유지해야 한다는 것이다.
② 교육정책이나 프로그램은 장기적인 안목에서 계속성과 일관성을 유지해야 한다는 것
③ 교육행정은 이론과 기술을 습득하고 충분한 훈련을 쌓은 전문가가 담당하여야 한다는 것

18 — 정답 ②

② 최적모형은 올바른 정책결정을 위해 대안(代案)을 검토하고 결정하는 단계만이 아니라 정책결정 준비단계에서부터 정책집행 단계에 이르기까지 모든 정책과정에 대하여 새롭게 검토되어야 '최적'(最適)의 결정을 할 수 있고, 또 정책결정의 지침을 결정하는 데는 합리성만이 아니라 직관(直觀)이나 판단력과 같은 초합리적(超合理的)인 요소도 중요시해야 한다는 이론이다.

오답피하기

① 인간과 조직의 합리성, 완전한 정보환경 등을 전제로 하여, 목표 달성의 극대화를 위한 합리적 대안의 탐색·선택을 추구하는 규범적·이상적 정책결정 모형을 말한다. 즉 합리모형은 인간을 합리적 사고방식을 따르는 경제적 인간으로 전제하고 정책결정자의 전지(全知)를 가정(assumption of omniscience)하여, 문제 해결을 위한 대안을 체계적·포괄적으로 분석하여 가장 합리적인 최적 대안을 선택할 수 있다고 보는 정책결정 모형을 말한다.
③ 정책은 현실에서는 인지능력상의 한계와 이해관계로 인하여 소폭적인 변화만을 대안으로 고려하여 결정된다고 보는 모형
④ 현실적인 의사결정은 '어느 정도 만족할 만한' 대안의 선택으로 이루어진다는 의사결정 모형을 말한다. 즉 이 모형은 의사결정에서 합리적인 결정이나 최적 대안을 선택하는 데는 여러 가지 현실적 제약이 있기 때문에, 어느 정도 동의할 만한(agreeable) 차선의 대안을 선택함으로써 제한된 합리성을 찾을 수밖에 없다는 이론모형으로, 사이먼(H. A. Simon)과 마치(J. March)가 제시한 것이다.

19 — 정답 ①

① 급진적 갈등론자들은 학교의 본래의 기능은 학습자를 해방시켜 인간성을 회복하는 데 있다고 본다.

오답피하기

②, ③, ④ 기능론의 관점이다.

20 — 정답 ③

③ 국가교육과정: 「초·중등교육법」 제23조 제2항에 따라 국가교육위원회가 정한 초·중등학교 교육과정

제11회 실전동형 모의고사

문제편 p.41

✪ 빠른정답

01	③	02	①	03	④	04	①	05	②
06	②	07	④	08	①	09	②	10	③
11	①	12	③	13	②	14	④	15	③
16	④	17	④	18	②	19	①	20	④

01 정답 ③

③ 형식교육의 전형적인 예는 학교교육이라 할 수 있다. 학교교육에는 명확한 교육이념과 목표가 있고, 교재와 시설이 완비되어 있으며, 실천적 교육계획이 마련되어 있는 등 교육에 필요한 모든 형식적 요건이 갖추어져 있다.

오답피하기

①, ②, ④ 비형식(非形式)교육은 형식교육과 무형식교육의 중간 정도의 형식을 갖춘 것으로 소비자교육, 새마을교육, 방송통신교육 등이 이에 속한다.

02 정답 ①

① 학교 외적 요인

오답피하기

②, ③, ④ 학교 내적 요인. 이 외에 학교풍토

03 정답 ④

④ 이이(李珥)가 대제학으로 재임하던 1582년(선조 15)에 왕명을 받고 택사(擇師)와 양사(養士)를 목적으로 제진(製進)한 수양서

오답피하기

① 1568년 유학자 이황이 성학의 개요를 그림으로 설명한 책
② 조선 중기의 학자 이이(李珥: 1536~1584)가 1575년(선조 8) 제왕의 학문 내용을 정리해 바친 책
③ 1577년 이이가 학문을 시작하는 이들을 가르치기 위해 편찬한 책

04 정답 ①

① 1883년 8월 28일에 우리나라 최초 사립학교 원산학사가 세워짐. 위치는 함경남도 원산. 교사와 학생이 있고, 유교 경전이 아닌 신학문 교육 이념과 학칙, 재정적 뒷받침 기구도 있었음. 전적으로 지방민들의 자력에 의해 설립. 덕원읍의 읍민들과 신임 덕원부사 정현석이 나섬. 문예반 50명, 무예반 200명이 학교의 정원. 필수과목은 산수·과학·기계·농업·양잠·채광·일어 등

05 정답 ②

② 1632년 코메니우스(J. A. Comenius, 1592-1670)가 저술한 교육학 이론서. 이 책은 모두 33장으로 구성되어 있는데 그 내용은 인간형성과 교육(1-7), 학교교육의 필요성과 보편성(8-10), 학교의 병폐와 학교개혁의 가능성(11-12), 자연질서에 따른 교수법의 원리(13-19), 교과영역별 교수법(20-26), 교육제도와 각급 학교의 조직운영(27-31), 그리고 교수법의 보편성과 필요조건(32-33) 등으로 구성되어 있다. 이 책의 기본 기조는 적령기의 모든 남녀가 내세(來世)를 위한 준비로서 지식과 덕과 경건(敬虔)을 길러야 한다는 것, 이를 위해 집단적인 학교교육이 공통적으로 베풀어져야 한다는 것, 집단교육을 위해 자연질서에 따른 교수방법이 개발되어야 한다는 것, 효과적인 교수-학습을 위해 연령별로 학교를 단계화하여야 한다는 것 등에 있다.

오답피하기

① 이 책에는 교육에 관한 그의 생각이 체계적으로 집대성되어 있다. 이 책의 내용은 단순히 그의 철학으로부터 이론적으로 연역되어 나온 것이 아니라, 교육 문제에 대한 그의 철학적 원리와 실제적 경험이 결합된 그의 사상 전체에 기초를 두고 있다. 그가 교육학의 효시로 불리게 된 것은 다분히 이 책에 들어 있는 그의 생각 때문이라고 보아야 할 것이다. 이 책에서 그는 교육학을 철학으로부터 분리시켜 하나의 완전한 체계를 갖출 독립학문으로 성립시키려고 하였다.
③ 책 이름. 1762년에 출판된, 프랑스의 사상가 장 자크 루소(Rousseau)의 교육론. 전체 5편으로 되어 있으며 한 사람의 교사 밑에 에밀이란 이름의 어린이가 출생해서부터 25년에 걸쳐 받는 교육 과정이 이 책의 내용이다. 제1편에는 기존의 학교 교육이나 가정교육을 비판했고, 출생에서부터 5세까지의 교육이 신체 교육을 중심으로 그려져 있다. 제2편에선 감각의 훈련을 중심으로 해서 5세에서 12세까지의 교육, 제3편은 12세에서 15세까지의 교육에 대해서 소유나 노동에 관한 학습이 어떤 점에 주의해야 하는가를 설명했고, 제4편은 15세에서 20세까지의 교육이 그려져 있다. 여기서 도덕 교육·종교 교육 문제가 등장한다. 제5편에서는 에밀의 약혼자 소피아가 등장하여 여성교육이나 정치 교육에 대해 서술했다. 이 책은 교육상 매우 중요한 책이며 아동본위의 교육, 자연주의 교육, 체육의 중요성, 감각훈련의 중요성, 실물 교육, 자발성의 원리, 소극 교육, 심리 관찰의 필요성 등 근대 교육의 방법 원리가 집약되어 있다. 에밀이 체육사에 끼친 최대의 공헌은 새롭고 보다 좋은 사회를 사는 유덕(有德)한 인간을 키운다는 교육의 기본적 과제를 위해 기존 가치관이나 지식에 물들지 않은 무렵의 소년의 신체 활동, 자유 속에 담겨진 자연성에 바탕을 두어 교육 전체를 재구성하지 않으면 안 된다는 가르침이다.
④ 스위스의 교육자로 노이호프에 농민학교를 세웠고 부르크도르프, 이베르돈에 학교를 세워 독자적인 교육방법을 실천하였다. 대표적 저서로는 《은자의 황혼》, 《린하르트와 게르트루트》, 《백조의 노래》 등이 있으며 교육이상으로서 전인적(全人的)·조화적 인간도야를 주장하였다.

06 정답 ②

② 수도원 학교의 교육목적은 더 높은 영혼의 생활을 위하여 금욕주의적 생활을 하는 데 있다. 이 학교에 들어온 수도승들은 육체의 욕망을 부정하고 현세를 부인한다. 따라서 수도원 학교의 교육은 현세를 위한 준비가 아니고 내세(來世)를 위한 준비이다. 교육내용은 종교적인 것이며 초등과 고등으로 구분한다. 초심자에게 3R(읽기·쓰기·셈하기)과 성경을 가르치고 고등에는 7자유학과를 가르쳤다.

오답피하기

① 사원학교(cathedral school), 성당학교, 본산학교는 각 교구의 본산 소재지에 세운 학교로 각 교구(敎區)의 감독이 유지·경영하였으므로 감독학교(監督學校, episcopal school)라고도 하였다.

③ 근대 인문주의운동이 확산되면서 설립되기 시작한 학교로서 12~18세 사이의 소년기에 있는 학생을 대상으로 하는 일종의 중등학교. 이 학교의 교육목적은 고대(古代)에서 수집한 지식을 이해하도록 소년들을 훈련시키는 데 있었다. 교육내용을 보면, 어학교육으로 자국어·라틴어·그리스어·히브리어를 가르쳤고, 7자유학과(문법·수사학·변증법·산수·기하학·천문학·음악)과 물리학·지리학·역사학·도덕·종교를 가르쳤다.

④ 이탈리아 인문주의 교육운동의 대표적 학교이며, 비토리노에 의해 설립되었다. 귀족에서 서민층 자녀까지도 입학이 가능하였다. 체벌을 가하지 않았고 무상교육이라는 것이 특징이었다.

07 정답 ④

④ 보수주의 혹은 전통주의에 대한 반항적 사조(思潮)나 운동. 교육사조로서의 진보주의는 1918년에 아동중심 교육을 주장하던 미국의 교육학자·심리학자들이 「진보주의 교육협회」(The Progressive Education Association)를 결성한 데서 본격적으로 출발한 교육운동을 뜻한다.

오답피하기

① 문화적 유산의 본질적 가치가 모든 사람에게 전달되어야 한다고 주장하는 20세기 미국사회의 한 교육사조. 본질은 실존하며, 직관적으로 알 수 있고 구체적인 존재보다 우선한다는 철학적 학설로서 실재론과 관념론을 포괄하고 있다.

② 재건주의 교육사상(再建主義 敎育思想)은 교육이 사회개혁의 역군이 되고 선봉이 되어야 한다는 사상으로, 1950년대 이후 미국의 브라멜드가 진보주의·본질주의·항존주의 사상을 종합·비판, 주장한 사상이다. 대표적 이론가로 브라멜드(T. Brameld)·라우프(R. B. Raup) 및 벤(K. D. Benne) 등이 있다.

③ 고전적인 실재론과 관념론에 기초를 두고 변화하지 않는 가치의 영원성을 주장하는, 20세기 미국사회의 한 교육사조

08 정답 ①

① 지시나 강제 또는 성취의 결과가 주는 보상을 기대하는 것과 같이 학습과제를 성취해야 할 이유가 유기체의 외부에 있는 것이 아니라 학습자 스스로 어떤 과제를 성취하고자 하는 동기. 예를 들어 학습과제 그 자체를 해결하는 것이 긴장의 해소에 도움을 줄 수 있는 것과 같이 학습행동 그 자체가 보수를 제공해 주는 것이다. 일반적으로 외적 동기는 내적 동기에 비해 강도가 약하며, 행동을 비정상적으로 유도할 수 있으므로 효과적인 동기의 유발방법으로는 외적 동기보다 내적 동기를 유발하는 것이 효과적이다.

오답피하기

②, ③, ④ 외적동기부여는 학습을 효과 있게 하기 위해서는 의욕을 환기시킬 필요가 있다. 본래 행동은 결핍감에서 오는 욕구에 의해 환기되는 것이기 때문에 학습에 대한 결핍감을 강하게 하면 자발적으로 학습하고 싶게 할 수 있을 것 같지만, 현실적으로는 외부로부터 그러한 상태를 만들어 내는 것은 곤란하다. 그래서 본래의 목표(학습) 이외의 유인에 대해서 갖는 욕구를 자극하고 그것을 매개로 하여 학습시키고 그 과정 중에서 학습에의 의욕 그 자체를 이끌어 내려는 것을 외적 동기 부여라고 한다. 구체적인 방법으로서는 ① 상벌(賞罰)의 이용, ② 성공·실패 체험이나 평가의 이용, ③ 경쟁이나 협동의 이용 등이 일반적인 것이다. 이 방법으로 동기를 부여하는 일은 간단하지만, 어디까지나 학습 이외의 유인을 통한 동기에 의지한 행동이며, 학습 자체를 향한 동기 부여는 아니므로 지나치게 사용하면 부작용이 생길 가능성이 있다.

09 정답 ②

② 동화는 기존의 도식으로 환경에서의 경험을 이해하고 받아들이는 것으로, 새로운 경험을 기존 도식에 끼워 맞추는 것이라 할 수 있다. 예를 들면, 네 다리로 기어 다니는 것은 '개'라고 알고 있는 아동이 '소'를 보고 '개'라고 하는 것인데, 기존의 '개'라는 도식에 새로운 경험인 '소'를 동화한 것이다. 평형화에서 동화와 반대되는 인지기제가 조절이다.

오답피하기

①, ③, ④ 평형화는 피아제(J. Piaget) 인지 발달 이론의 핵심 개념 중의 하나로 외부 세계에 대한 개인의 이해와 해석이 모순이 없는 상태를 유지하려는 경향성이다. 만약 모순이 발견되어 인지적 혼란이 생기면 개인은 동화와 조절이라는 두 활동으로 모순을 극복하고 평형을 이루고자 한다. 이 과정을 통하여 개인은 보다 높은 인지 수준으로 발달하게 된다.

10 정답 ③

③ 청소년기의 중심과제는 자아정체성의 확립이다.

오답피하기

①, ②, ④ 에릭슨의 발달단계 중 청소년기의 특징: 5단계. 자아 정체감 대 역할 혼미(Identity vs. Role Confusion) 단계. 청소년기 이후의 단계는 프로이트의 단계 중 성기기(genital stage)에 해당한다. 이 시기는 프로이트 발달 단계의 최정점이라 할 수 있지만, 사실 생식기에 대한 프로이트의 언급은 그다지 많지 않다. 청소년기에 대해서는 오히려 그의 딸인 안나 프로이트(Anna Freud)의 공헌이 더 많은데, 에릭슨은 주로 안나 프로이트와 교류한 인물로서, 그의 이론이 특히 청소년기 발달 이론으로 가치가 높은 이유가 여기에 있다. 청소년기는 사회적 요구와 생물학적 성숙이 최고조에 이르는 시기이며, 이에 따른 역동의 결과로 이 시기의 특수 발달 과제가 생긴다(Erikson, 1968). 생물학적으로 볼 때 청소년기는 신체적, 성적인 성

숙이 급격하게 일어나는 시기이며, 이러한 급격한 성적 성숙은 자아가 위협을 감지하는 정신분석적 원인을 제공한다. 그렇지만 청소년기의 문제는 단지 생물학적 문제에서만 유발되지는 않는다. 사회와 문화에서 요구하는 가치에 대한 갈등 역시 청소년기 때 두드러진다. 현대 사회의 청소년은 아동도 아니고 성인도 아닌 중간 단계로 인식되고 있으며, 이에 따라 상충되고 모호한 요구가 증가하는 시기이다. 이러한 생물학적 변화와 사회 문화적 변화는 자기 자신에 대한 근본적인 물음을 던지게 한다. 그와 동시에 청소년기는 다양한 가능성이 제시되는 시기이기도 하며, 청소년들은 이러한 가능성에 자신을 던지며, 실제로 가능성을 탐구하고, 이를 통해 어떻게 살아야 하는지에 대한 통찰을 얻는 시기이다. 이러한 의미에서 청소년들은 이 시기에 내가 누구이고 이 사회에서 나는 어떠한 위치를 가지고 있는가에 대한 개념, 즉 자아 정체감(ego identity)을 형성한다고 보았다. 즉, 수많은 가능성과 불분명한 역할이라는 역할 혼미(role confusion)의 위기를 통해 자신의 위치를 찾는 시기라는 것이다. 자아 정체감 형성은 대체적으로 무의식적으로 이루어진다. 그렇지만 모든 청소년이 이 시기를 인식하지 못하고 자연스럽게 넘어가는 것은 아니다. 때로는 그들은 미래의 가능성에 압도당하고, 최종 결정을 내리지 못해 방황하기도 한다. 이렇게 자아 정체성 확립에 개입되지 못하고 스스로를 찾기 위해 일종의 '타임 아웃' 시기를 가지는 것을 심리적 유예(psychosocial moratorium)라고 한다. 유예기 동안의 청소년은 다양한 맥락에서 자신의 위치를 시험해 보는데, 청소년의 매우 변덕스러운 행동들은 유예기를 통해 자신의 설 곳을 찾고자 하는 능동적인 노력이라 할 수 있다.

11 ─────────────── 정답 ①

① 형태이조설은 목적과 수단의 관계를 파악하여 문제해결방법을 터득하는 것이 원리를 아는 것보다 전이효과를 높일 수 있다는 것으로 학문 중심의 이론과 일맥상통한다. 형태이조설이란 주로 형태심리학자들의 전이설로서 어떤 학습자료의 역학적 관계가 이해될 때 그것이 다른 학습자료에 전이된다는 이론이다. 이 이론은 두 자료 간의 단편적 요소의 공통성보다는 형태나 관계성의 공통성을 강조한다는 점에 특색이 있다.

◎ 오답피하기

② 전이는 그 성질에 따라 두 가지로 나누어질 수 있는데 전(前)의 학습이 후(後)의 학습을 촉진할 때를 적극적 전이 혹은 정적(正的) 전이라 부르고, 방해하는 경우를 소극적 전이, 또는 부적(負的) 전이라고 부른다. 소극적 전이란 바로 제지현상(制止現象)이다. 그러나 일반적으로 학습의 전이라고 할 때에는 적극적 전이를 뜻한다.
③ 일반화설이란 1908년 주드(C. Judd)의 실험이 대표적인 것으로서 동일원리설이라고도 한다. 이 이론은 일정한 학습장면에서의 경험을 조직적으로 개괄화 또는 일반화해서 다른 장면에 적용했을 때 전이가 일어난다는 것, 즉 두 학습내용 간의 원리가 같을 때 전이가 일어난다는 이론이다.
④ 동일요소설은 1903년 손 다이크(E. L. Thorndike)의 저서 《교육심리학》에 우드워드(R. S. Woodworth)와의 공동연구로 발표된 이론으로서 한 학습의 효과가 다음 학습을 촉진시키기 위해서는 두 학습과제 간에 동일요소가 존재해야 한다는 이론이다. 이 견해와 가장 가까운 이론으로서 요소간의 유사성을 자극과 반응에 관계 지어 연구한 이론이 1933년 브루스(W. G. Bruce)에 의해 발표되었는데, 그 결과는 "새로운 자극이 전(前)자극과 유사하고 반응이 동일하면 적극적 전이(轉移)가 일어나며 자극의 유사도가 높을수록 전이가 크다.", "비슷하거나 동일한 자극이 유사하지 않은 반응을 일으킬 때는 소극적 전이가 일어난다." 등으로 요약할 수 있다.

12 ─────────────── 정답 ③

③ 비공식조직의 순기능에 해당. 학교, 기업 등과 같이 특정한 목표를 달성하기 위해 의도적이고 합리적인 기준에 따라 만들어진 사회 조직을 가리켜 공식 조직이라고 한다. 이와 달리 비공식 조직은 공식 조직 내에 존재하면서 공통의 관심사나 취미 등에 따라 자발적으로 형성된 조직을 말한다.

◎ 오답피하기

①, ②, ④ 비공식조직의 역기능에 해당하는 내용이다. 비공식 조직의 목표가 공식 조직의 목표와 상충되거나 비공식 조직의 구성원이 비공식 조직의 목표를 공식 조직의 목표보다 우선시하는 경우에는 오히려 공식 조직의 업무 효율이 저하될 수 있다. 또한 비공식 조직 내에서의 친밀한 인간관계를 지나치게 내세우게 되면 공식 조직의 업무나 인사 등에 부정적인 영향을 초래할 수 있다.

13 ─────────────── 정답 ②

② 브루너의 이론은 피아제의 인지론에 많은 영향을 주었다.

◎ 오답피하기

① 발달 과업이라는 개념을 제시한 사람은 미국의 과학자이자 교육학자 로버트 해비거스트(Robert J. Havighurst, 1900~1991)이다. 그는 개인이 속한 사회·문화적 환경에 따라 차이가 있기는 하지만, 개인이 환경에 적응하기 위해서는 인간 발달의 각 단계마다 반드시 성취해야 할 과업(task)이 있음을 주장하며, 이를 발달 과업이라고 하였다.
③ 1973년 노벨상을 탄 오스트리아 학자 로렌츠(Konrad Lorenz)는 인공부화로 갓 태어난 새끼오리들이 태어나는 순간에 처음 본 움직이는 대상, 즉 사람인 자신을 마치 어미오리처럼 졸졸 따라다니는 것을 발견하였다. 그는 이런 생후 초기에 나타나는 본능적인 행동을 각인(imprinting)이라고 불렀다.
④ 수업을 받은 학생의 약 95%가 주어진 학습과제의 약 90% 이상을 완전히 습득하게 하는 학습법이다. 개인차가 존재하는 이질집단에서 어떤 교과에 상관없이 신체 또는 능력 면에서 결함이 있는 5% 정도의 학생을 제외한 나머지에게 최적의 교수조건을 제공할 경우 거의 대부분의 학생들이 완전 학습을 할 수 있다고 가정한다. 블룸(B. Bloom)의 완전 학습은 캐롤(J. Carroll)의 학교학습모형을 기본 모형으로 삼고, 학습에 필요한 시간과 학습에 사용한 시간을 결정하는 변인을 조정하여 완전 학습에 이를 수 있다고 보는 수업 모형이다. 일반적인 학업 성취의 결과가 정규분포 곡선으로 설명될 수 있는 반면에 완전 학습은 J자 형의 부적편포 형태로 학업 성취를 변화시키는 것을 의미한다. 이때 정규분포를 가정하는 학습을 불완전 학습이라고 한다.

14 — 정답 ④

④ 한 학급 전체 또는 5, 6명으로 구성된 분단이 공동의 목적을 성취하기 위하여 협력적으로 하는 학습. 공동학습(共同學習)이라고도 한다. 탐구학습(探究學習)의 과정에서 개별적인 탐구를 지양하여 분단원끼리 공동적인 사고과정을 통해 문제를 해결하도록 지도함으로써 학생들 간의 협력심을 높이는 데 공헌할 수 있는 것이다. 협력학습의 효과를 높이기 위해서는 분단원을 이질적(異質的)으로 편성하는 것이 좋다고 한다. 협력학습의 형태는 특수한 학습형태라고 하기보다는 수업과정에서 필요에 따라 수시로 도입할 수 있는 방법으로서 협동작업·토의 보고·관찰 등의 학습형태가 이에 포함될 수 있을 것이다.

오답피하기

①, ②, ③ 협동(cooperation)이란 공통된 목표들을 성취하기 위하여 함께 일하는 것이다(Johnson & Johnson, 1989). 협동학습은 이질적인 소집단으로 구성된 학생들이 함께 공통적인 학습의 목표나 과제를 해결해 나가는 과정에 있어서 협동적인 사회적 기술을 배워나가는 것이다. 각 학습자들은 서로 각기 다른 학습할 내용에 대하여 그룹을 위하여 책임을 맡아야 한다. 개인 혼자 그 자신의 과제를 마칠 수는 없으며 자신이 속해 있는 그룹 내의 다른 구성원들에게 의존해야 한다. 협동학습에 관한 많은 연구를 수행한 슬라빈(Slavin, 1990)에 의하면, 학습자들이 팀을 이룬 프로젝트형 수업에서 함께 과제를 수행하는 과정에서 학습자 서로 간에 배울 수 있다고 밝히고 있다. 협동적 그룹은 특정한 주제에 대한 학습을 촉진시키며, 긍정적인 상호작용을 촉진시킴으로써 학습자 그룹의 상호의존성을 키우는 목적으로 그리고 사회성 및 의사소통 기술을 가르치는 목적 등으로 사용될 수 있다. 뿐만 아니라 개별 학습자들에게 책무성(accountability)을 가르치기 위한 목적으로도 협동학습을 사용할 수 있다.

15 — 정답 ③

③ 유기적 특성에 해당. 그 외 1. 조직의 적응성 강조 2. 복잡성은 높고, 집권화·공식화·계층화는 낮은 조직 3. 적응성과 직무만족도는 높고, 생산성과 효율성은 낮은 조직

오답피하기

①, ②, ④ 학교의 기계적 조직 특성: 1. 조직의 생산성 강조 2. 복잡성은 낮고, 집권화·공식화·계층화는 높은 조직 3. 적응성과 직무만족도는 낮고, 생산성과 효율성은 높은 조직

16 — 정답 ④

④ 임상장학: 임상장학이란 장학을 담당하는 장학담당자(장학의 주 담당자는 학교의 교장이나 교감이 주가 된다. 여기에 외부 장학사나 전문가가 포함될 수도 있다)와 교사가 일대일 관계 속에서 수업지도에 관한 문제를 해결하고 수업기술 향상을 도모하는 지도·조언의 과정이다.

오답피하기

① 동료장학: 동료장학은 교사들 사이에 교육활동의 개선을 위해 서로 장학을 하는 것이다. 보통 같은 학년 혹은 과목으로 수업의 과제 해결이나 어떻게 교육해야 더 효율적인지에 대한 수업방법을 연구 및 개선하는 활동을 하는 것이 전형적이다. 동료장학은 다른 장학에 비해 자율성이 크고 협동성을 기초로 한다. 강제적인 것이 아니기 때문에 융통성 있게 운영된다.

② 약식장학: 약식장학은 단위학교에서 교장 혹은 교감이 짧은 시간동안 순시나 수업참관을 통해 교사들에 대해 지도 조언을 제공하는 활동이다. 약식장학은 장학을 받게 되는 교사에게 교장 혹은 교감이 미리 알려주는 것이 좋고 장학의 결과를 자신들만 아는 것이 아니라 피드백 해주는 것이 중요하다.

③ 자기장학: 자기장학이란 교사 개인 스스로 자신의 발전을 위해 스스로 계획을 세우고 이것을 실천하는 것으로 연수를 가거나, 연구회 강연회에 참여하는 것 그리고 전문서적과 관련 자료를 읽고 그것을 활용하는 것들이 이에 포함될 수 있다.

17 — 정답 ④

④ 학교지식은 사회적 관계에서 형성된다고 본다.

오답피하기

①, ②, ③ 지식의 분배, 조직, 계층화 및 그것의 이념적 배경 등을 사회학적으로 분석하는 학문. 학교에서 가르치는 지식을 시간과 공간을 초월하는 보편타당한 절대적인 것으로 보기보다는 사회 제세력 간의 갈등, 투쟁, 협상의 산물로 본다. 따라서 학교의 지식은 누구의 지식인가? 그것은 어떻게 조직되고 분배되며, 계층화되는가? 특정의 지식이 학교지식으로 선택되는 이유는 무엇이며, 그것은 집단 간의 경쟁, 갈등과는 어떻게 관련되어 있는가? 등은 이 학문분야의 핵심적인 질문들이다. 이 분야의 연구가 교육사회학의 한 분야로서 새롭게 대두하게 된 것은 영국의 신교육사회학과 미국의 교육과정에 대한 비판적 접근을 통해서였다. 조기선발을 특징으로 하고 있는 영국의 복선형 교육체제는 노동계급아동들의 사회계층 이동에 공헌하고 있지 못하다는 비판에 직면하여, 영국의 노동당 정부는 학교계열 간의 벽을 허무는 종합학교의 신설확대, 보상교육 프로그램의 실시, 고등교육기관의 정원확대 등 그 문제 해결을 위하여 다각도로 노력하지만 기대와는 달리 획기적인 성과를 거두지 못한다. 이러한 실패는 그 개혁들이 학교에서 가르치고 있는 교육과정이 안고 있는 문제점 – 학교지식은 중류계급의 문화를 반영하는 것으로 노동계급에게는 불리하게 되어 있다는 점 – 에 착목하지 못했기 때문이라고 본 영(M. Young)은 《지식과 통제》(Knowledge and Control)에서 학교의 지식을 구성하고 있는 범주와 개념들 예컨대 「우수아」, 「열등아」, 「학구적」, 「비학구적」 등은 사회적으로 구성된 것으로 다시 말하면 특정집단의 사람들이 그들 자신의 기준과 분류방식을 다른 사람에게 부과한 것으로 보아야 한다고 주장하였다.

18 — 정답 ②

② 해당사항이 아니다.

오답피하기

①, ③, ④ 2022 개정 교육과정에서 제시하고 있는 학교 교육과정 지원 3가지 유형이다.

19 — 정답 ①

① 상담자가 교사 혹은 조언자의 역할을 하면서 내담자에게 객관적이고 정확한 정보를 제공하여 내담자가 보다 합리적이고 효과적인 선택과 결정을 할 수 있도록 도와주는 상담 접근

오답피하기

②, ③, ④ 상담과정은 주로 분석, 종합, 진단, 예언, 상담, 추수지도의 단계로 진행된다. 상담과정에서 상담자의 역할은 내담자의 건강한 심리적 발달을 위해 방향을 정해 주고 정보를 제공하는 것이다.

20 — 정답 ④

④ 교육기관의 장은 원격교육을 단독으로 운영하거나 대면(對面)교육과 병행함에 있어 학생에게 양질의 교육이 이루어질 수 있도록 노력하여야 한다.

제12회 실전동형 모의고사

문제편 p.45

★ 빠른정답

01	④	02	①	03	④	04	②	05	③
06	②	07	③	08	①	09	②	10	③
11	④	12	①	13	②	14	④	15	③
16	④	17	④	18	②	19	①	20	③

01 정답 ④

④ 평생 학습은 인간의 삶의 질 향상과 자아실현을 위해 태어나면서부터 죽을 때까지 전 생애에 걸쳐 이루어지는 학습을 의미한다. 본질은 자기 주도성으로, 개인이 스스로 학습에 대한 욕구를 가지고 목표를 설정하며 이를 달성하기 위해 자신이 주체적 학습자가 되어 평생에 걸쳐 학습 활동을 하는 것이다.
자기주도적 학습은 학습자 스스로가 학습의 참여 여부에서부터 목표설정 및 학습목표달성을 위한 학습계획의 수립, 교육프로그램의 선정과 학습계획에 따른 학습 실행, 교육평가에 이르기까지 교육의 전 과정을 자발적 의사에 따라 선택·결정하고 조절과 통제를 행하게 되는 학습형태이다. 학습자는 이러한 학습의 전 과정을 독자적으로 수행할 수도 있고 타인의 도움을 받아 수행할 수도 있다. 자기주도적 학습은 사회교육이나 성인학습에서 많이 활용되며, 스스로 동기화되어 스스로 학습과정을 계획하고 실행해나가는 학습 형태로 학습 목적, 전략, 방법과 자원, 그리고 평가에 대한 학습과 통제권을 부여하는 것이 특징이다. 자기주도적 학습의 목적은 철저히 개인의 성취감에 있으며, 개인의 성취감이 업무, 사회생활 또는 개인생활 어디에 부합이 되든 문제가 되지 않는다.

02 정답 ①

① 기능적 정의(functional definition)는 교육을 무엇을 이루기 위한 수단이나 도구로 규정하는 입장을 취하는 것이다.

◆ 오답피하기

② 규범적 정의(normative definition)는 교육을 궁극적 목적이나 가치 추구에 관련시켜 규정하려는 것이다.
③ 조작적 정의(operational definition)는 교육이라는 활동이 가져다 줄 결과를 예측하여 교육을 이해하려고 하거나 설명하는 것이다. 어떤 활동 또는 계획을 실시한 후 그 결과로 인간 행동의 변화가 이루어졌다면 그 활동을 교육이라고 볼 수 있으며, 그렇지 않으면 교육이라고 볼 수 없다는 입장이다.
④ 준거적 정의(criteria definition)에 의하면 교육이란 어떤 행동이나 활동이 어떤 주어진 기준에 합치되었을 때 교육이라고 부를 수 있다는 것이다. 이 정의는 영국의 교육철학자 피터스(R. S. Peters)에 의해 시도된 것으로 그의 저서 『윤리학과 교육』에서 어떤 활동을 교육이라고 부르기 위해 적용해야 할 세 가지의 엄격한 준거, 즉 규범적 준거, 인지적 준거, 과정적 준거를 제시해 놓았다.

03 정답 ④

④ 고려 때 중앙집권체제 강화를 위해 각 지방에 박사와 교수를 보내 인재들을 교육하게 한 것이 시초이다. 조선시대에 이르러서는 그 기능이 강화되어 조선 성종 때에 전국 모든 군, 현에 향교가 설치되었다. 향교가 세워진 목적은 인재를 길러 국가에 도움이 되는 관리를 키우고 고려 시대의 불교 중심 문화에서 벗어나 유교를 조선의 중심 이념으로 세우기 위해 이를 전파하고 교육하기 위함이었다.

◆ 오답피하기

① 향교는 크게 두 가지 기능을 했다. 첫째로 유교 예절과 경전을 배우는 교육기능이다. 두 번째 향교의 기능은 유현(儒賢)들의 위패를 모시고 제사를 지내는 제향기능이다.
② 고려·조선 시대에 유교를 교육하기 위해 국가가 지방에 설립한 중등교육 기관.
③ 농업과 잠업에 대한 서적이 사용되었다는 기록이 있어 약간의 실업 교육이 행하여졌다고 볼 수 있다.

04 정답 ②

② 교수는 독립변수가 되고 학습은 종속변수가 된다. 교수는 학습자에게 작용하는 기능이며, 학습은 그 작용의 결과로서 나타나는 일련의 행동 변화이다. 따라서 교수전략에 필요한 것은 독립변수를 어떤 조건 아래서 어떻게 작용시켜서(효율적인 교수의 제공) 종속변인의 효과(학습 결과)를 극대화시킬 것이냐 하는 점이다.

◆ 오답피하기

① 교수는 학습에 비해 의도성이 크다. 즉, 교수는 특정한 학습을 성취시킬 목적으로 환경을 계획적으로 조작한 과정이란 점에서 학습자의 자발적 활동에 의한 행동 변화를 의미하는 학습보다 의도성이 훨씬 크다. 학습은 비의도적으로 습득된 내용도 인정하는 반면 교수는 그렇지 않다.
③ 교수는 처방적이고 학습은 기술적이다. 교수는 보다 나은 학습을 위한 방안을 처방하는 행동이며, 학습은 이러한 처방에 따라 나타난 결과를 있는 그대로 기술하는 것이다.
④ 인지주의는 학습자가 환경의 자극을 어떻게 내적으로 지각하여 반응하느냐에 관심이 있다. 즉, 인지주의는 자극과 반응을 조정하는 학습자의 내적 과정에 중점을 둔다. 인지주의에서 학습은 내적 사고 과정으로 '학습자의 인지구조의 변화'를 의미한다. 인지주의 학습이론에는 쾰러(W. Köhler)의 통찰이론, 레빈(K. Lewin)의 장이론, 브루너(J. S. Bruner)의 개념이론, 정보처리이론 등이 있다.

05 정답 ③

③ 발견학습은 학습자들이 스스로 해결책을 찾을 수 있는 능력을 갖도록 유도하는 방법이다. 발견학습의 원칙은 학습자가 개념에 대하여 설명을 듣거나 읽는 학습이 아닌 스스로 행하여 봄으로써 가장 잘 배울 수 있다는 진보적 교육의 원리에서 나온 것이다. 이러한 방법에서의 가르치는 교사의 역할은 발견이 일어날 수 있도록 환경을 잘 조장하는 것이다. 발견은 학습에 대하여 귀납적(inductive) 또는 탐구적인(inquiry) 방식을 취하므로 시행착오를 통하여 학습자들이 문제를 해결하도록 제시하고 있으며, 이러한 문제에 대한 적극적인 활동 및 과정을 통하여 보다 깊은 이해를 할 수 있는 것이다. 발견학습

에 대한 일반적인 접근은 가설이나 질문과 같은 것을 포함한 과학적 방법을 활용하여 가능한 해결책을 찾기 위한 노력을 하며, 만일 그러한 접근이 가능했다면 그를 통하여 얻게 된 정보를 분석하는 것이다.

오답피하기
① 토의식 수업이란 학습자들 간의 상호작용을 통하여 정보와 의견을 교환하고 결론을 이끌어내는 형태의 교수방법이라고 할 수 있다.
② 협동학습은 이질적인 소집단으로 구성된 학생들이 함께 공통적인 학습의 목표나 과제를 해결해 나가는 과정에 있어서 협동적인 사회적 기술을 배워나가는 것이다.
④ 개별화 교수에서의 중심은 물론 학습자이지만, 그중에서도 학습자의 흥미, 경험, 능력, 욕구 등이 우선적으로 고려되고, 그에 따른 교수의 내용 및 방법이 정해지게 된다.

6 ────────────── 정답 ②

② 수사학교는 BC 392년경 아테네의 이소크라테스가 설립한 것이 시초이다. 알렉산드로스대왕의 동방원정과 함께 그리스 문화권에 널리 보급되었으며, 주로 웅변술(雄辯術)을 가르쳤다. BC 250년경에는 로마와 그 지배하의 여러 도시에도 수사학교가 세워져 처음에는 그리스어, 후에는 라틴어로 교수하였고, 초등 문법학교에 대(對)하여 로마 상층계급의 중·고등교육기관으로서의 역할을 수행하였다.

오답피하기
① 학교중심교육이었다.
③ 중등교육인 문법학교에서 7자유과를 가르쳤다.
④ 초등교육인 루두스에서 3R을 가르쳤다.

7 ────────────── 정답 ③

③ 격몽요결에 대한 설명이다.

오답피하기
① 퇴계 이황이 1568년 선조 임금께 올린 글로써 '성왕(聖王) 및 성인(聖人)이 되기 위한 유교철학을 10가지 도설(圖說)로 작성한 것'이다.
② 조선 후기의 실학자 정약용이 목민관, 즉 수령이 지켜야 할 지침을 밝히면서 관리들의 폭정을 비판한 저서
④ 반계 유형원의 실학사상을 집대성한 책. 혼탁한 세상에 염증을 느껴 과거를 포기하고 시골에 숨어살면서 31세에 쓰기 시작해 49세에 26권으로 완성한 이 책은 당시 성리학자들이 자신의 도덕적 수양에만 전념하던 습속에서 과감히 탈피해 제도개혁을 부르짖고 있다.

8 ────────────── 정답 ①

① 정보처리이론은 컴퓨터 용어 하드웨어, 소프트웨어를 사용해서 인간의 인지과정과 컴퓨터의 정보처리 과정을 비교하고 있다. 이 이론에 의하면, 뇌와 신경계를 하드웨어, 문제 해결을 위한 계획이나 책략 등을 소프트웨어로 볼 수 있다.

오답피하기
② 일반화설이란 1908년 주드(C. Judd)의 실험이 대표적인 것으로서 동일원리설이라고도 한다. 이 이론은 일정한 학습장면에서의 경험을 조직적으로 개괄화 또는 일반화해서 다른 장면에 적용했을 때 전이가 일어난다는 것, 즉 두 학습내용 간의 원리가 같을 때 전이가 일어난다는 이론이다.
③ 다른 사람(모델)의 행동을 관찰한 결과 행동이 변화하는 것을 말한다. 관찰 학습의 과정은 Bandura가 체계적으로 연구하였는데, 관찰학습은 주의 과정, 파지과정, 재생산 과정, 동기화 과정을 통해 일어난다.
④ 형태이조설이란 주로 형태심리학자들의 전이설로서 어떤 학습자료의 역학적 관계가 이해될 때 그것이 다른 학습자료에 전이된다는 이론이다. 이 이론은 두 자료 간의 단편적 요소의 공통성보다는 형태나 관계성의 공통성을 강조한다는 점에 특색이 있다.

9 ────────────── 정답 ②

② 보존 개념이 형성되어 있지 않다. 피아제(J. Piaget) 이론에서의 제2단계. 대략 만 2세부터 7세 사이의 아동의 사고특징을 말한다. 이 단계는 전개념기(前概念期)와 직관기(直觀期)로 나뉜다. 일반적인 특징은 자기중심적 사고이다. 논리적 조작(操作)이 나타나지 않으며 지각적인 사고, 즉 겉으로 보이는 모양에 사고가 좌우되는 것을 말한다. 보존 개념도 형성되어 있지 않으며, 관계·분류 등 논리의 가장 단순한 것도 나타나지 않고 있다.

오답피하기
① 일반적인 특징은 자기중심적 사고이다.
③ 지각적 속성으로 사물을 판단하기 때문에 사물의 외관에 의존하여 상황을 판단한다. 관계, 분류 등에 대한 충분한 논리적 사고나 보존 개념이 나타나지 않는다. 이 단계는 전 개념기와 직관적 사고기로 나뉜다.
④ 이 단계는 전개념기(前概念期)와 직관기(直觀期)로 나뉜다.

10 ────────────── 정답 ③

③ 지원적 리더십(Style 3: Supporting): 과업지향적 행동이 낮고 관계지향적 행동이 높은 경향을 보인다. 지원적 스타일의 리더는 의사결정 과정에 부하직원들을 참여시켜 아이디어를 공유한다.

오답피하기
①, ②, ④ 올바른 설명이다. 미국의 행동과학 연구자인 폴 허시(Paul Hersey)와 매사추세츠대학교 경영학과 교수인 켄 블랜차드(Kenneth H. Blanchard)가 1977년에 발표한 이론이다. 상황적 리더십 이론이 발표되기 이전에 대부분의 리더십 연구들은 특성론과 행동론에 중점을 두었다. 특성론과 행동론은 리더의 특정한 특성이나 행동패턴에 따라 리더십 효과성이 결정된다고 보며 모든 상황에 적용 가능한 보편적인 리더십 스타일이 존재한다고 믿었다. 그러나 동일한 특성이나 행동이라도 상황에 따라 리더십 효과성이 다르다는 한계가 드러나면서 비로소 상황적 요소에 대한 관심이 대두되었다. 이것은 1960~70년대를 지배한 조직경영의 상황이론적 관점과도 같은 맥락이다.

11 ─ 정답 ④

④ 교수내용과 관련된 아이디어들을 선택하고 계열화하고 종합하고 요약하고 고찰해 볼 수 있도록 하기 위한 적절한 교수처방 방법을 제공하는 거시적 수준의 교수이론으로서 라이거루스(C. M. Reigeluth)가 제안한 교수설계이론

오답피하기

① 교수목표들을 내용차원과 수행차원의 분류체계에 따라서 범주화하고, 각 목표유형들은 일차제시형과 이차제시형의 독특한 결합방식에 따라 미시적 교수처방을 해 주어야 한다는 머릴(Merill, M. D.)의 교수설계이론. 이 이론은 세 가지의 주요한 이론적 관점(즉, 행동주의적, 인지적, 인간주의적)에서 다루고 있는 학습과 교수에 관한 모든 지식을 통합하고 있으며, 인지적 영역만을 다루고 있고, 특히 인지적 영역 내에서도 미시적 수준(예컨대, 단일한 개념이나 원리와 같은 단일한 아이디어들을 가르치는 것과 관련된 교수의 국면)만을 다루고 있다.

② 새로이 배워야 할 내용들은 학습자가 이미 가지고 있는 기존의 인지구조와 관련지어질 때 학습자에게 새로운 의미를 부여하게 되어 학습이 유의미하게 된다는 것으로 오수벨(D. P. Ausubel)이 사용한 개념

③ 학생 스스로 어떤 사실로부터 원리를 발견하도록 안내하는 학습 방법이다. 따라서 사실에 대한 지식이 아니라 사실들 간에 내재되어 있는 원리를 발견하는 것이 발견 학습의 핵심이다. 브루너(J. Bruner)는 학생들이 정보의 구조를 파악하기 위해서는 능동적이어야 한다고 전제하고, 교사의 설명을 그대로 수용하기보다는 스스로 핵심적 원리를 파악해야 한다고 보았다. 그는 교사가 학생들에게 문제 상황을 제시하여 학생들로 하여금 의문을 제기하며 탐구하며 실험할 수 있도록 자극을 줄 것을 요구하였다.

12 ─ 정답 ①

① 허스트의 분류에 따르면, 지식의 형식에는 수학, 자연과학, 인간과학, 역사, 종교, 문학과 예술, 도덕적 지식 등이 포함된다. 지식의 형식은 대체로 말하여, 전통적으로 학교 교육과정의 핵심을 이루어 온 이론적 교과와 상응하며 이 점에서 지식의 형식에 관한 논의는 교육의 정의 문제에 있어서나 교육의 정당화 문제에 있어서 매우 중요한 의의를 지닌다.

오답피하기

② 브루너(J. S. Bruner)의《교육의 과정》에서 교육내용을 지칭한 용어

③ 어떤 교육의 내용이 왜 가치 있는 것인가를 선험적 판단에 의하여 정당화하는 것. 허스트(P. Hirst)는 교육을 통하여 가르치는 지식은 구조화된 경험으로서 그 자체는 합리성을 지닌 것이며 지식에 내재된 합리성이 지니는 교육적 가치는 선험적으로 정당화된다고 하였다. 합리성이 왜 가치 있는 것인가의 질문은 합리성의 실제적 효용성이나 도구성을 언급함으로써가 아니라 그 자체의 내재적 가치에 호소하여 「직관적으로」 답해질 수 있다는 것이다.

④ 교육의 목적과 과정을 개체가 자신의 경험을 계속적으로 다시 구성해 가는 것으로 설명한 것. 존 듀이(John Dewey)는 경험을 인간 유기체와 환경과의 상호작용, 즉 주체가 환경에 대하여 능동적으로 행하고 피동적으로 겪게 되는 과정과 그 결과로서 정의하고, 교육을 이러한 의미의 경험이 계속적으로 재구성되는 과정으로 설명하였다. 경험의 재구성은 경험의 성장과 같은 뜻으로 이해될 수 있다.

13 ─ 정답 ②

② 학교가 종교 과목을 개설할 때는 종교 이외의 과목과 함께 복수로 과목을 편성하여 학생에게 선택의 기회를 주어야 한다. 다만, 학생의 학교 선택권이 허용되는 종립 학교의 경우 학생·학부모의 동의를 얻어 단수로 개설할 수 있다.

14 ─ 정답 ④

④ 교육청 수준의 지원사항이다.

오답피하기

①, ②, ③ 국가 수준의 지원사항이다.

15 ─ 정답 ③

③ 동기요인과 위생요인은 별개의 차원으로 위생요인의 만족이 자동적으로 동기요인을 가져오는 것은 아니다.

오답피하기

①, ②, ④ 올바른 설명이다. 인간에게는 고통으로부터 벗어나려는 동물과 같은 욕구와 심리적으로 성장하려는 욕구 등 2종류의 이질적 욕구가 있으며, 이들이 행동에 영향을 미치는 방법에도 차이가 있다는 허즈버그(Herzberg, F.)의 이론이다. 승진, 인정, 책임 그리고 성취와 같은 내재적인 요소들은 직무만족과 관련되어 있고, 감독, 급여, 회사정책 그리고 작업조건들과 같은 외재적인 요소들은 불만족과 관련되어 있다고 본다. 위생요인(외적요인)은 직무수행에 있어서 적절한 회사정책, 작업조건, 감독, 급여와 같이 구성원을 위로하는 요인이며, 동기요인(내적요인)은 승진, 인정, 책임, 그리고 성취와 같은 내재적 요인으로 직무만족을 상승시킨다.

16 ─ 정답 ④

④ 교사가 주도하는 기존의 암기식 교과지도법에서 탈피하여 생활 그 자체를 교육으로 간주하는 교육원리를 구체화하고 학습자의 자발적인 참여를 강조하는 학습지도법

오답피하기

① 교사 중심적 수업형태의 하나로서 학생들에게 제시할 학습자료를 설명, 또는 주입의 형식을 통해 행하는 수업. 강의법은 다인수(多人數) 학급에서 효과적이며, 수업할 내용이나 과제가 정보와 지식수준일 때는 효과적으로 적용될 수 있다.

② 학습지도 방법 중의 하나로서 교사와 학생 사이에 문답을 통해 수업을 진행하는 방법. 이 방법은 교수-학습지도법 중에서 가장 오래된 역사를 지닌 것 중의 하나이며, 서양 고대의 소크라테스법이나 우리나라 서당식 방법 등은 모두 이에 해당되는 것이다.

③ 현실에 근접한 상황을 설정하여 참가자에게 특정역할을 연기하게 함으로써 각각의 역할과 입장을 이해하게 하거나, 현실에 맞서는 주체성과 창조성을 높이기 위한 체험기법을 의미한다.

17 · 정답 ④

④ 대학수학능력시험 점수를 매길 때 응시영역과 과목의 응시자 집단에서 해당 수험생의 상대적인 위치나 성취 수준을 나타내기 위해 산출하는 점수로, 개인의 상대적인 위치나 성취 수준에 관한 정보를 제공하기 위해 도입하였다. 표준점수란 전체평균을 100으로 놓고 분포시킨 상대점수이다. 표준점수를 계산하기 위해서는 우선 Z점수는 수험생 개인의 원점수에서 수험생이 속한 집단의 평균점수를 뺀 다음, 이를 수험생이 속한 집단의 표준편차로 나누어 산출한다. 이렇게 산출된 Z점수에 다시 해당 영역의 표준편차(20)를 곱한 후 평균점수(100)를 더하면 표준점수가 나온다. 탐구영역은 표준편차(10)를 곱한 후 평균점수(50)를 더한다.

오답피하기

① 성적을 표시하는 데 사용하는 척도(尺度)의 일종
② 자료의 값이 얼마나 흩어져 분포되어 있는지 나타내는 산포도 값의 한 종류
③ 도수분포곡선이 평균값을 중심으로 하여 좌우대칭인 종 모양을 이루는 것으로, 정규분포곡선은 평균에서 좌우로 멀어질수록 x축에 무한히 가까워지는 종 모양을 이룬다.

18 · 정답 ②

② 루소는 이 책에서 당시 보편적이었던 주입식 교육을 비판하고, 전인교육을 중요시하며, 어린이를 어린이로서 처우하라고 주장하고 있다. 이러한 사상은 근대 인간교육의 이념이 되었으며, 교육사상사와 철학사상사 등에 큰 영향을 주었다.

19 · 정답 ①

① 언어정보에 대한 설명이다. Gagné가 제시한 다섯 가지 학습능력 중 하나로서 사물의 이름, 단순한 사실과 원리, 일반화된 지식 등과 같이 학습과 사고에 필요한 일체의 지식을 말한다. 언어정보를 학습하는 과정에 영향을 미치는 중요한 학습조건으로는 문자나 말에 변화를 주어 주의를 환기하는 방법과 효과적인 기호화를 위해 의미 있는 관계를 제시하는 방법이 있다.

오답피하기

② 인지전략은 지적 기능 특히, 문제해결 기능의 한 특수한 영역으로서 개인의 사고, 학습, 기억 등의 행동을 지배하는 내적 행동방식을 말한다. 즉, 인지전략은 사고전략이고 학습방법이며 기억전략이다. 각자의 사고전략, 학습전략이 다르듯이 학습자가 문제의 해결방법을 모색하는 과정인 인지전략은 각자에게 독특하게 나타난다. 인지전략의 학습은 학교학습에서 창의적인 문제해결력의 개발과 관련하여 대단히 중요한 의미를 갖는데 이러한 인지전략은 하루아침에 형성되는 것이 아니고 오랜 기간 동안의 연구와 학습, 사고과정을 거치는 동안 형성되고 개선, 수정된다.
③ 개인이 환경을 개념화하는 데 반응하도록 하는 정신적 조작이다.
④ 신체적 운동을 유연하고 적절하게 계열에 따라 실행하는 것이다.

20 · 정답 ③

③ 조례가 아니고 대통령령이다.

오답피하기

①, ②, ④ 초·중등교육법의 내용이다.

제13회 실전동형 모의고사

문제편 p.49

◎ 빠른정답

01	③	02	④	03	②	04	②	05	③
06	④	07	①	08	①	09	①	10	③
11	③	12	④	13	④	14	③	15	②
16	②	17	①	18	③	19	①	20	③

1 ─ 정답 ③

③ 교과를 체계적으로 가르치려는 것이 아니라 일상생활에 필요한 경험과 활동을 학습하기 위한 것으로 교과통합과 학생의 인격통합이 중심개념으로 되어 있다.

◎ 오답피하기

① 서로 다른 교과 간에 관련되는 요소를 새로운 교과로 조직하여 융합시킴으로써 성립하는 교육과정. 예를 들면, 식물학과 동물학에서 생물학을 구성하는 것과 같다.
② 교육현장에서 학습자들이 활동하고자 하는 것을 교사가 파악하고 그 자리에서 직접 구성한 교육과정이다.
④ 「지식의 구조」를 가르치기 위한 교육과정의 조직 형태. 지식의 구조와 관련된 한 가지 중요한 가정(假定)은 "어떤 지식이든지 그 성격에 충실한 형태로 어떤 발달단계에 있는 어떤 아동에게도 효과적으로 가르칠 수 있다"는 것이다.

2 ─ 정답 ④

④ 만족감 요소에서는 학습 자체의 결과로 학습자가 만족감을 느낄 수 있도록 내재적, 외재적 보상 등을 실시하게 되고, 이를 통해 동기를 높인다는 것이다.

◎ 오답피하기

① 주의집중 요소에서는 학습자의 지각을 자극하거나 탐구적인 과제 등을 통해 학습자의 주의를 집중시킴으로써 흥미를 유발하고 동기를 높이게 된다.
② 관련성 요소에서는 학습의 내용이 학습자의 학습목적에 부합하고 친밀한 내용들로 구성해야 한다는 것이다.
③ 자신감 요소에서는 학습자가 스스로 학습의 성공을 기대할 수 있도록 성공기대, 성공기회, 자기 통제의 기회를 제공하게 된다.

3 ─ 정답 ②

② 발달적 교육관은 모든 학습자에게 각각 적절한 교수·학습 방법만 제시될 수 있다면, 누구나 의도하는 바의 주어진 교육목표를 달성할 수 있을 것이라는 신념을 가진 교육관이다. 따라서 부적편포를 지향한다.

◎ 오답피하기

①, ③, ④ 올바른 내용이다.

4 ─ 정답 ②

② 교육은 그 본질을 추구하기 위하여 일반행정에서 분리, 독립되고 정치와 종교로부터 중립성을 유지해야 한다.

◎ 오답피하기

①, ③, ④ 올바른 설명이다.

5 ─ 정답 ③

③ 정책결정은 기존 정책을 토대로 하여 그보다 약간 향상된 대안을 추구하는 점증적 방식으로 이루어진다는 정책결정의 이론 모형을 말한다.

◎ 오답피하기

① 합리모형과 점증모형 등 기존의 모형을 비판하고 제시한 정책결정의 이론적 모형을 말한다.
② 현실적인 의사결정은 '어느 정도 만족할 만한' 대안의 선택으로 이루어진다는 의사결정 모형을 말한다.
④ 인간과 조직의 합리성, 완전한 정보환경 등을 전제로 하여, 목표 달성의 극대화를 위한 합리적 대안의 탐색·선택을 추구하는 규범적·이상적 정책결정 모형을 말한다.

6 ─ 정답 ④

④ 국자감의 교원은 박사와 조교이다.

◎ 오답피하기

① 고려 말·조선시대의 관립 교육기관이다.
② 고려·조선 시대에 유교를 교육하기 위해 국가가 지방에 설립한 중등교육기관이다.
③ 고려 중기에 있었던 12개 사립학교. 최충의 '문헌공도'가 가장 유명하였다.

7 ─ 정답 ①

① 유기체와 환경의 관계를 연구하는 생태학(生態學)의 이론

◎ 오답피하기

② 구소련 심리학의 대표적 발달이론을 구축한 심리학자
③ 도덕적 발달단계 이론으로 유명한 유대계 미국인 심리학자
④ 인지발달 연구의 선구자

8 — 정답 ①

① 외부 세계에 대한 내적 표상 또는 사고를 통하여 환경을 상징적으로 조작하는 단계

오답피하기

② 피아제 인지 발달 이론의 첫 단계로 영유아가 세상을 감각과 운동을 통해 이해하는 단계
③ 피아제(J. Piaget)가 제시한 인지발달 단계의 하나로 전조작기의 자기중심적 사고에서 벗어나 가역성(可逆性)과 보존의 개념이 본격적으로 발달하는 시기
④ 구체적이지 않고 추상적인 사상이나 개념에 대해서도 논리적이고, 체계적이고, 연역적으로 사고할 수 있는 피아제의 인지 발달 이론의 최종 단계

9 — 정답 ①

① 이 분야의 연구가 교육사회학의 한 분야로서 새롭게 대두하게 된 것은 영국의 신교육사회학과 미국의 교육과정에 대한 비판적 접근을 통해서였다.

오답피하기

② 학교의 물리적 조건, 지도 및 행정적 조직, 사회 및 심리적 상황을 통하여 학교에서는 의도하고 계획 세운 바 없으나 학교생활을 하는 동안에 은연중에 가지게 되는 경험
③ 한 사회에서의 학교교육 체제와 공장에서의 생산체제의 유사성을 설명하는 개념
④ 학교에서의 학생들의 반학교적 반대행동을 기존의 제도교육과 사회질서에 대한 「저항」으로 파악하여 이론화한 것

10 — 정답 ③

③ 고등기술학교

오답피하기

①, ②, ④ 올바른 내용이다.

11 — 정답 ③

③ 교과를 구성하고 있는 핵심적인 사실·개념·이론·법칙 및 그 교과의 탐구방법을 중심으로 구성하는 교육과정

오답피하기

①, ②, ④ 올바른 설명이다.

12 — 정답 ④

④ 지속적인 개선. 구현 후에는 평가 단계가 중심이 되어 향후 반복을 위한 인사이트를 제공한다. 종합적인 평가: 수업 품질부터 전달 메커니즘에 이르기까지 수업의 모든 측면을 면밀히 검토한다. 그런 다음 피드백을 사용하여 향후 학습자 배치를 위해 개선하고 개선한다.

오답피하기

①, ②, ③ 올바른 내용이다.

13 — 정답 ④

④ 학생의 학업성취도를 어떤 절대적인 기준에 비추어서 평가하는 방법

오답피하기

① 일련의 교육활동을 시작하기에 앞서서, 그 교육활동에서의 성공적인 학습을 위해 요구되는 학생들의 적성(適性)과 선수학습(先修學習)에 있어서의 학습결손·경험배경·성격특성 등을 체계적으로 조사함으로써 그 교육활동에서의 학습 성취율을 증진시키려고 하는 평가활동
② 일련의 유목적적(有目的的) 활동이 종결되었을 때 그 활동의 효율성이나 그 활동의 결과로서 산출된 성과에 대하여 종합적인 가치판단을 하는 행위
③ 개인의 학업성과를 다른 학생의 성적과 비교하여 집단 내에서의 상대적 위치로 평가하는 방법

14 — 정답 ③

③ 종업원의 개성이나 사회관계가 기업의 생산과정의 단순업무 성과에도 중요한 영향을 미치며, 생산량의 증대는 기술(技術)의 조직보다 오히려 인간관계 조직에 힘입고 있다는 이론

오답피하기

① 조직을 전체 사회에 기능적으로 연관된 하나의 체제로 보며 체제의 유지변화에 관심을 두는 이론
② F. W. Taylor에 의해 주창된 과학적 관리론은 조직관리를 과학적으로 하여 인간의 생산성을 증대시키고자 하는 일련의 연구를 의미
④ 인간행동의 일반법칙을 체계적으로 구명하여, 그 법칙성을 정립함으로써 사회의 계획적인 제어나 관리를 위한 기술을 개발하고자 하는 과학적 동향의 총칭

15 — 정답 ②

② 관료제는 엄격한 권한의 위임과 전문화된 직무의 체계를 가지고 합리적인 규칙에 따라 조직의 목표를 능률적으로 실현하는 조직의 관리운영체제이다. 학교조직의 특성으로 보기에는 거리가 멀다.

오답피하기

①, ③, ④ 학교조직의 특성으로 적절하다.

16   정답 ②

② 변화하지 않는 절대적인 가치의 영원성을 주장하는 20세기 미국의 교육 철학이다.

오답피하기
① 보수주의(保守主義)에 대립되는 개념으로, 사회적 모순을 변혁시키고자 꾀하는 전진적(前進的)인 사상이다.
③ 브라멜드는 학교교육은 새로운 사회문화 건설에 적극적으로 임해야 하고 교육의 목적은 사회의 재건이어야 한다고 보았다.
④ 문화적 유산의 본질적 가치가 모든 사람에게 전달되어야 한다고 주장하는 20세기 미국 사회의 한 교육 사조이다.

17   정답 ①

① 발달은 사회적 상호작용 과정에서 타인을 모방하고 이를 내면화하면서 고등정신능력을 향상시킴으로써 이루어진다고 보았다.

오답피하기
② 핵심 개념은 도식, 동화, 조절, 조직화로, 아동이 새로운 자극을 받아들일 때 기존에 갖고 있던 이해의 틀인 도식을 통해 동일시, 즉 동화함으로써 자극을 보다 쉽게 이해할 수 있다는 것이다.
③ 브론펜브레너(U. Bronfenbrenner)는 다양한 수준의 주위 환경이 어떻게 아동의 발달에 영향을 미치는지를 기술하였다. 그는 확장된 환경과 아동과의 상호 작용을 중시하면서, 아동은 단순히 환경에 영향을 받는 존재가 아니라, 환경에 영향을 주기도 하는 능동적 존재임을 강조하였다.
④ 프로이트는 깊숙한 곳에 숨어 있는 무의식이 우리의 행동과 정서를 규정한다고 단언했다.

18   정답 ③

③ 에릭슨의 정신분석학적 관점에 따라 인간 발달을 영아기(신뢰 대 불신)에서 노년기(자아 통합 대 절망)까지 총 여덟 단계로 구분한 고전적 발달 단계 이론

오답피하기
① 피아제는 인간의 지적 행동을 환경에 대한 순응(順應)이라고 보았으며, 이 순응은 동화(同化, assimilation)와 조절(調節, accomodation)이라는 두 가지의 보충적 과정을 통해서 이루어진다고 했다.
② 비고츠키는 인지발달에서의 사회문화적 영향을 강조하였다. 그는 성인 혹은 우수한 또래와의 상호작용을 통한 학습이 아동의 잠재적 발달 수준을 향상시키고, 인지적 발달을 이끌어 준다고 보았다.
④ 프로이트는 인간행동에서 무의식적 것과 성별의 중요성을 강조하면서, 원초아(id)·자아(ego)·초자아(super-ego) 사이에서의 성 심리 발달과 동력의 해답을 근거로 하는 성격이론을 개발하였다.

19   정답 ①

① 학교에서의 학생들의 반학교적 반대행동을 기존의 제도교육과 사회 질서에 대한 「저항」으로 파악하여 이론화한 것이다.

오답피하기
② 한 사회(특히 자본주의사회)의 구성체가 경제적 과정에 의해 직접 재생산되기 보다는 문화적 과정을 통해 간접적으로 재생산된다고 보는 이론이다.
③ 한 사회에서 기술요구수준이 상승하면 그에 대응하여 학교에서의 교육수준도 높아진다고 본다.
④ 현대 산업사회의 학교팽창 현상을 지위 집단 간의 경쟁과 갈등에 의해 설명하는 이론이다. 이 이론에서는 사회의 기본 단위를 동일한 문화를 공유하고 있는 지위 집단이라고 보며 다양한 지위 집단은 보다 많은 부와 권력을 획득하기 위해 경쟁하는 관계에 있다고 본다.

20   정답 ③

③ 학교운영위원회는 학교회계 세입세출예산안을 회계연도가 시작되기 5일 전까지 심의하여야 한다.

오답피하기
①, ②, ④ 올바른 규정 내용이다.

제14회 실전동형 모의고사

문제편 p.53

★ 빠른정답

01	④	02	③	03	②	04	①	05	②
06	③	07	①	08	②	09	①	10	③
11	③	12	④	13	①	14	①	15	③
16	②	17	④	18	④	19	①	20	③

01 ─────────────────── 정답 ④

④ 배울 만한 가치가 있음에도 공식적 교육과정이나 수업에서 배제된 교과나 지식, 사고 양식 등의 교육과정(교육내용)을 말한다.

● 오답피하기

① 학습자가 기본 개념을 반복적으로 접하면서 점진적으로 심화되는 학습을 경험하게 하는 교육 방식
② 학교의 교육과정에서 가장 중요하다고 생각되는 활동을 중심에 놓고 그 이외의 것을 주변에 조직하는 교육과정의 형태
③ 학교의 물리적 조건, 지도 및 행정적 조직, 사회 및 심리적 상황을 통하여 학교에서는 의도하고 계획 세운 바 없으나 학교생활을 하는 동안에 은연중에 가지게 되는 경험

02 ─────────────────── 정답 ③

③ 오감을 활용하고 있다.

● 오답피하기

①, ②, ④ 적절한 설명이다.

03 ─────────────────── 정답 ②

② 사전의 능력 수준과 현재에 측정된 능력 수준 간의 차이에 관심을 두는 방법

● 오답피하기

① 학습자가 지니고 있는 능력에 비추어 얼마나 최선을 다했느냐를 평가
③ 개인의 점수를 집단의 '규준'에 비추어 상대적 위치를 밝히는 평가
④ 개인의 점수를 절대적인 기준인 '준거'에 비추어 해석하는 평가

04 ─────────────────── 정답 ①

① 인간과 생산에 대한 관심이 모두 높은 스타일(가장 유효한 리더)

● 오답피하기

② 인간에 대한 관심은 높고 생산에 대한 관심은 낮은 스타일(인간중심)
③ 과업과 인간에 대한 관심이 적당히 있는 스타일(절충형, 관리형)
④ 인간에 대한 관심은 적고 생산에 대한 관심은 높은 스타일(생산지향형, 과업형)

05 ─────────────────── 정답 ②

② R2는 능력은 낮으나 의지는 강한 상태

● 오답피하기

①, ③, ④ 허쉬-블랜차드(Hersey-Blanchard)는 리더십 차원을 과업중심과 관계중심 차원으로 나눈 피들러의 상황이론을 발전시킨 것으로 과업과 관계 중심 행동을 각각 고(高), 저(低)로 세분화하여 지시형(telling), 설득형(selling), 참여형(participating), 위임형(delegating)의 4가지 특정한 리더십 유형을 제시하였다.

06 ─────────────────── 정답 ③

③ 학당에 대한 설명

● 오답피하기

①, ②, ④ 올바른 설명이다.

07 ─────────────────── 정답 ①

① 양, 무게, 부피 따위의 보존 개념을 이해하게 되고 구체적 사물에 대한 논리적 조작이 가능한 시기

● 오답피하기

② 가설과 논리적 추론이 가능해지는 발달 단계
③ 외부 세계에 대한 내적 표상 또는 사고를 통하여 환경을 상징적으로 조작하는 단계
④ 반사 활동을 통하여 외부 세계와 접촉하면서 실용적 지능을 발달시키는 단계

08 ─────────────────── 정답 ②

② 3단계인 대인 간의 조화 또는 착한 소년-소녀 지향 단계

● 오답피하기

① 2단계는 도구적 상대주의 지향 단계이며 자신의 이익을 얻기 위하여 권위자의 규칙에 따르고 다른 사람의 입장을 받아들인다.
③ 4단계는 권위자를 존중하고 사회적 질서를 유지하는 것이 옳은 행동이므로 사회적 규범이나 질서를 지향한다.
④ 5단계는 도덕적 융통성이 발휘되는 단계이며 개인의 권리를 존중하고 사회적 약속은 대다수 사람의 보다 나은 이익을 위해 변화될 수 있다고 생각한다.

09 — 정답 ①

① 계급이나 계급분파의 '관행'을 생산하고 재생산하며 지속적으로 생성력이 있는 원칙들을 말한다.

오답피하기
② 가장 통상적인 의미에서 한 집단·국가·문화가 다른 집단·국가·문화를 지배하는 것을 이르는 말이다.
③ 현실적이며 이념적인 의식의 제형태
④ 생산수단에서 나오는 축적된 부나 생산수단을 창출하거나 구매하기 위해 사용 가능한, 혹은 잠재적으로 사용할 수 있는 재산을 말한다.

10 — 정답 ③

③ 사립학교에 두는 학교운영위원회의 위원 구성에 관한 사항은 대통령령으로 정하고, 그 밖에 운영에 필요한 사항은 해당 학교법인의 정관으로 정한다.

오답피하기
①, ②, ④ 올바른 내용이다.

11 — 정답 ③

③ 2015 개정교육과정 내용이다.

오답피하기
①, ②, ④ 올바른 내용이다.

12 — 정답 ④

④ 미디어와 교수자료 활용 단계에서는 교육프로그램을 효과적으로 운영하기 위해 필요한 미디어와 교수자료를 준비하고 활용하게 된다.

오답피하기
①, ②, ③ 적절한 설명이다.

13 — 정답 ①

① 한 학생의 학업성취도를 학생 상호간의 상대적 비교를 통해서 성적을 결정하는 평가방법

오답피하기
②, ③, ④ 규준지향적 평가는 한 학생의 성취가 얼마나 바람직하냐 하는 정도는 주어진 집단의 점수분포인 규준에 의해서 결정된다. 이에 반하여 주어진 기준 또는 교수 목표의 달성도에 따라서 한 개인의 성적이 결정되는 평가를 준거지향적 평가, 또는 절대기준평가라고 한다. 한 주어진 집단의 점수분포상에서 상대적인 위치에 따라 그 성취가 얼마나 바람직하냐에 따라 주어진 상대적 평점은 상대적인 해석만 할 수 있을 뿐, 평점의 절대적인 의미가 분명치 않다는 문제가 있다.

14 — 정답 ①

① 문화적 지도성은 서지오바니가 주장한 지도성 이론이다. 문화적 지도성은 학교는 문화적 접근을 통한 교육개혁이 효과적이라고 보고, 구성원들의 의미추구 욕구를 만족시켜 그 구성원들을 학교의 주인으로 만들고, 조직의 제도적인 통합을 이루도록 하는 지도성 접근법이다.

오답피하기
② 학교의 지도자는 전문경영자의 역할을 수행하며 학교 경영관리기술을 보유하고 있다.
③ 학교의 지도자는 현장교육 전문가이며, 교수학습과 장학 등 전문능력을 가지고 있다.
④ 학교의 지도자는 인간공학의 전문가 역할을 수행하며 인간자원을 활용할 수 있는 능력을 가지고 있다.

15 — 정답 ③

③ 교육활동의 개선을 위하여 모임이나 짝을 이루어 상호간에 수업 연구, 공개활동을 추진하거나 공동과제 및 관심사의 협의, 연구, 추진 등을 공동으로 하는 과정이다.

오답피하기
① 교사의 교수기술 향상과 전문성 성장을 목적으로 진행하는 교사중심 장학으로써 교사와 학생의 상호작용이 이루어지는 교실 수업에 초점을 맞춘다.
② 약식장학은 단위학교의 교장이나 교감이 간헐적으로 짧은 시간 동안에 학급순시나 수업참관을 통하여 교사들의 수업 및 학급경영 활동을 관찰하고, 이에 대해 교사들에게 지도 및 조언을 제공하는 과정을 의미한다. 약식장학은 단위학교에서 교장. 교감이 일상적으로 빈번하게 수행하기 때문에 일명 일상장학이라고 부르기도 한다.
④ 학교 및 교원의 요청에 의해 이루어지는 장학형태이다. 장학담당자를 통해 조언

16 — 정답 ②

② 독일의 철학자이자 교육사상가로 괴팅겐대학과 쾨니히스베르크대학교에서 강의하며 최초의 대학 부속학교인 실험학교를 설립했다. 윤리학과 심리학에 기초를 둔 교육학을 조직하여 교육의 궁극적 목적을 도덕적인 성격의 형성이라고 주장하며 세계 각국의 교육계에 큰 영향을 주었다.

오답피하기
① 1762년에는 일종의 교육 성장 소설인 《에밀》이 나왔다. 이 책은 루소가 20년간의 성찰과 3년의 집필 끝에 이루어 낸 역작이다. 그는 이 책에서 '에밀'이라는 가상의 학생을 등장시켜 '자연주의 교육론'이라 할 만한 것을 내세운다.
③ 교육의 목적을 '머리와 마음과 손'의 조화로운 발달에 두고 노동을 통한 교육과 실물(實物)과 직관의 교육을 스스로 실천하였다.
④ 비판철학을 통해 서양 근대철학을 종합한 철학자

17 정답 ④

④ 자신의 인지활동에 대한 인지 혹은 자신이 무엇을 알고 무엇을 모르는지 아는 것에 대한 인지

오답피하기

① 부호화 전략으로는 시연(rehearsal), 매개, 심상, 기억법 등이 있다.
② 언어 이해력, 언어 유창성, 기억력, 수리력, 공간 지각 능력, 지각 속도, 귀납적 추론 능력이 있다. 위의 개별적인 7개의 능력은 각자 독립적인 영역을 맡고 있지만 한 개인의 지능을 의미할 때에는 이 능력들이 하나로 통합되어 정의된다.
③ 유동적인 지능은 선천적이며 유전적으로 결정되는 지능으로 생리적인 영향을 받는다.

18 정답 ④

④ 결정적인 지능은 선천적으로 결정되는 것이 아니라 사회, 문화적으로 영향을 받으며 교육이나 양육 환경 등에 의해 영향을 많이 받는다. 결정적인 지능에는 어휘 이해력, 일반적인 지식, 상식, 논리적인 추리 능력, 산술 능력 등이 포함되며, 생리적인 영향을 받지 않아 나이가 들어도 결정적인 지능은 유지되거나 경험의 축적으로 인해 결정적인 지능이 향상되기도 한다.

오답피하기

①, ②, ③ 적절한 설명이다.

19 정답 ①

① 미국의 범죄학자 에드윈 H. 서덜랜드(Edwin H. Sutherland)의 비행 행위를 설명하는 사회학적 이론

오답피하기

② 학교가 학교 내의 사회적 관계를 자본주의 경제구조의 사회관계와 일치시킴으로써 자본주의적 생산관계를 재생산한다고 보는 이론
③ 학교가 학교 내의 사회적 관계를 자본주의 경제구조의 사회관계와 일치시킴으로써 자본주의적 생산관계를 재생산한다고 보는 이론
④ 사람들은 보편적으로 일탈경향이 있는 잠재적 범죄자라는 것을 전제로, 일탈은 관습적인 신념과 규범에 관한 사회의 일반적인 합의에 기초한 사회통제기제의 결함 또는 부재 때문에 발생한다는 이론

20 정답 ③

③ 교감의 임무

오답피하기

①, ②, ④ 올바른 내용이다.

제15회 실전동형 모의고사

문제편 p.57

빠른정답

01	②	02	④	03	③	04	③	05	①
06	③	07	②	08	④	09	①	10	③
11	③	12	④	13	③	14	④	15	①
16	②	17	③	18	①	19	①	20	③

01 정답 ②

② 학습자, 현대사회, 교과에서 목표추출을 한다. 학습자는 학습자의 보편적인 필요와 흥미에 기초한다. 현대사회는 사회적 요구를 교육목표에 반영한다. 교과는 각 교과가 갖고 있는 교육적 기능을 반영한다.

오답피하기

①, ③, ④ 올바른 내용이다.

02 정답 ④

④ 데일은 다양한 시청각 매체를 학습자에게 제공하는 것이 구체적이냐 추상적이냐에 따라 매체의 속성을 규정하고, 이들의 위계를 '경험의 원추 모형'으로 제시하고 있다.

오답피하기

① 호반의 교육과정 시각화 이론은 구체적인 자료에서 추상적인 자료로의 발달을 보여준다. 실제장면, 실물, 모형 및 표본, 무성영화, 슬라이드, 그림 및 사진, 지도, 도표, 언어 순서로 점차 발달한다.
② 수업상황에서 교사 학습자 간 의사소통을 말한다.
③ 하이니히는 교수매체와 자료를 효과적이고 체계적으로 활용하기 위해 제시한 모형이다. 각 단계의 앞 글자를 따서 효과적인 수업을 보장(ASSURE)하여야 한다는 의미를 담고 있다.

03 정답 ③

③ 교수·학습이 진행되는 과정에서 아동의 진전을 점검하고 필요한 경우 교과 과정이나 수업 방법을 개선시키기 위해 실시하는 평가이다.

오답피하기

① 개인의 학업성과를 다른 학생의 성적과 비교하여 집단 내에서의 상대적 위치로 평가하는 방법
② 학생들의 학습 수준을 판단하고 평가하는 일
④ 일련의 목적을 갖는 활동이 종결되었을 때 그 활동의 효율성이나 또는 그 활동의 결과로써 산출된 성과에 대하여 종합적인 가치판단을 하는 행위

04 정답 ③

③ 상황적 리더십 이론은 부하직원의 성숙도 단계에 따라 리더의 행동 유형(스타일)을 달리 해야 한다고 주장하는 이론이다.

오답피하기

① 상황을 고려한 최초의 리더십이론으로 피들러(Fiedler, F. E.)는 과업의 성공적 수행은 이를 이끌어 나가는 리더십의 스타일과 과업이 수행되는 상황의 호의성(favorableness) 여하에 따라 달라진다고 보고 있다. Fiedler는 리더십 스타일을 과업지향형(task-oriented)과 관계지향형(relationship-oriented)으로 분류하고 있다.
② 조직 관리자의 행동을 분류하여 구체적이고 효과적인 지도력을 제시한 논리적 틀
④ 리더십 행위에 대한 유형 분류 및 연구

05 정답 ①

① 조직 풍토는 조직의 개인이나 집단에게는 환경이 되는 반면 조직 자체로서는 특성을 이룬다. 사람에게 각기 다른 개성이 존재하듯이 조직에도 다른 조직과 구별되는 특성이 있는데 이것을 조직 풍토 또는 조직 분위기라고 한다. 조직 풍토는 조직 구성원들이 가진 일반적인 태도, 가치규범, 느낌 등의 결과로 만들어지며 개인 행태의 기반이 된다.

오답피하기

②, ③, ④ 표에 설명되어 있는 내용 학습

06 정답 ③

③ 제2차 조선교육령의 내용

오답피하기

①, ②, ④ 올바른 설명이다.

07 정답 ②

② 인지발달 과정이 감각운동기(0~2세), 전조작기(2~7세), 구체적 조작기(7~11세), 형식적 조작기(11세 이후)의 4단계로 이루어지며, 각 단계는 순차적으로 진행되고 아동이 자극을 능동적으로 조작하거나 선택할 수 있다고 보았다.

오답피하기

① 에릭 에릭슨(E. H. Erikson)이 제시한 것으로서, 프로이트(Freud)의 이론을 확장하고 개인이 기능하는 데 자아의 중요성을 강조한 이론
③ 비고츠키는 인지발달에서의 사회문화적 영향을 강조하였다. 그는 성인 혹은 우수한 또래와의 상호작용을 통한 학습이 아동의 잠재적 발달 수준을 향상시키고, 인지적 발달을 이끌어 준다고 보았다.
④ 우리의 마음 깊숙한 곳에 숨어 있는 무의식이 그 행동과 정서를 규정한다고 프로이트는 단언했다.

08 ——— 정답 ④

④ 지능은 단일한 능력요인 또는 다수의 능력요인으로 구성된다는 가드너(H Gardner)의 다중지능이론에서 말하는 언어지능, 논리-수학지능, 시각-공간지능, 음악지능, 신체운동지능, 대인관계지능, 자기성찰지능 및 자연탐구지능을 가리킨다.

오답피하기

① 스피어만(C. Spearman)은 지능을 한 개의 일반요인(g-factor)과 여러 개의 특수요인(s-factor)으로 구성되어 있다고 정의하였다.
② 지능이란 한 개인의 삶 안에서 환경에 적응하기 위해 그 변화에 적응하고 대처하는 능력을 말하는 것이다.
③ 인간의 지능을 올바로 이해하기 위하여 길포드(J.P. Guilford)는 지능구조의 가설적 모형을 제시했는데 이를 SI(structure of intellect) 모델이라 한다. 그는 인간의 지능을 조작(operations)·내용(contents)·소산(products, 결과) 등의 3차원의 입방체로 생각했다.

09 ——— 정답 ①

① 시험의 교육적 기능은 학업성취의 확인과 미래학습의 예언, 선발기능, 경쟁촉진기능, 목표유인기능, 교육과정 결정 기능 등이 있다.

오답피하기

②, ③, ④ 시험의 사회적 기능은 사회적 선발 기능, 지식의 공식화와 위계화, 사회통제기능, 기존질서의 정당화와 재생산

10 ——— 정답 ③

③ 교원의 정당한 학생생활지도에 대해서는 「아동복지법」 제17조 제3호, 제5호 및 제6호의 금지행위 위반으로 보지 아니한다.

오답피하기

①, ②, ④ 올바른 내용이다.

11 ——— 정답 ③

③ 학생들에게 요구하는 행동이 그들의 현재능력, 성취, 발달수준에 맞아야 한다는 것

오답피하기

① 교육목표가 시사(示唆)하는 바로 그 행동을 경험할 수 있는 기회를 가지게 되어야 한다는 원칙
② 교육목표가 시사하는 행동을 학생들이 해보는 과정에서 만족감을 느낄 수 있어야 한다는 것
④ 하나의 목표에 응할 수 있는 학습경험의 범위는 넓고 깊기 때문에 지역사회, 학교의 특성 및 학생의 필요에 따라 교사의 창의적인 선택이 가능하다는 원칙

12 ——— 정답 ④

④ 정규 교육 프로그램 중 부분적으로 온라인 미디어나 디지털을 통해 학습 내용과 지도 내용이 전달되는 형식으로, 학생 자신이 언제, 어디서, 어떤 순서와 속도로 학습을 진행할 것인지에 대해 결정하는 학습 형태

오답피하기

① 인터넷과 같은 정보 통신 매체를 활용하여 이루어지는 학습 현상
② 원격 교육 (遠隔敎育, distance education)은 교수자와 학습자가 직접 대면(face-to-face)하지 않고 인쇄교재, 방송교재, 오디오나 비디오교재, 통신망 등을 매개로 하여 교수·학습 활동을 하는 형태의 교육
③ 온라인을 통한 선행학습 뒤 오프라인 강의를 통해 교수와 토론식 강의를 진행하는 수업

13 ——— 정답 ③

③ 학생 스스로의 지식이나 기능 등을 나타내도록 하는 평가

오답피하기

① 학생들의 학습 수준을 판단하고 평가하는 일
② 학습한 바를 총괄적으로 평가하는 것이다. 학습자가 목표를 얼마나 성취했는지 점검하며, 학습자의 숙달도를 측정하는 역할도 한다.
④ 개인이 얻은 점수나 측정치를 모집단을 대표하는 표본집단(즉, 규준집단)의 점수분포에 비추어 상대적으로 판단하는 평가방법

14 ——— 정답 ④

④ 인간의 기본 욕구는 우선순위의 계층(hierarchies of prepotency)을 이루고 있으며, 욕구의 발로가 순차적으로 이루어진다는 동기부여 이론을 말한다. 대표적인 학자가 매슬로우(Abraham H. Maslow)다. 그는 인간의 기본 욕구로 생리적 욕구(physiological needs), 안전 욕구(safety needs), 소속욕구(belongingness and love needs), 존경욕구(esteem needs), 자아실현 욕구(self-actualization needs)의 다섯 가지를 제시하고, 하위 욕구가 어느 정도 만족되어야 차상위 계층의 욕구가 부상하게 된다고 설명한다.

오답피하기

①, ②, ③ 위 설명 참조

15 ——— 정답 ①

① 성장욕구

오답피하기

②, ③, ④ 올바른 설명이다.

16 ━━━━━━━━━━━━━━━━━━ 정답 ②

② 에밀은 가상으로 설정한 학생 에밀을 주인공으로 해서 유년기부터 성인이 될 때까지, 이상적인 교육이란 무엇인가를 탐구한 철학적인 소설이다.

오답피하기

① 귀납법. 실험과 관찰을 통해 원리와 법칙을 발견
③ 종교가 가르치는 것과 같은 천국에서의 행복이 아니라 현재의 생활을 적극적으로 영위할 것을 주장했다.
④ 소질을 본성에 따라 발전시켜야 한다고 주장하였다.

17 ━━━━━━━━━━━━━━━━━━ 정답 ③

③ 전통적 지능 개념에서 개인, 행동, 상황적 요소를 모두 포함한 실제적 지능이론으로, 지능을 분석적 능력, 창의적 능력, 실제적 능력의 세 측면의 상호 의존적인 과정의 집합으로 본 스턴버그(Sternberg)의 지능이론

오답피하기

① 최초의 지능 2인자설을 제창한 영국의 심리학자
② 인간의 지능을 이루고 있다고 생각되는 가설적인 구조 또는 영역
④ 지능이 높은 아동은 모든 영역에서 우수하다는 종래의 획일주의적인 지능관을 통렬히 비판하면서, 인간의 지적 능력이 서로 독립적이며 상이한 여러 유형의 능력으로 구성된다는 가드너(H. Gardner)의 지능 이론

18 ━━━━━━━━━━━━━━━━━━ 정답 ①

① 예를 들어, 은연중에 떠오르는 조잡한 수준의 생각을 구체화하기

오답피하기

② 문제 사태에 대해 민감하게 지각하는 능력
③ 반응의 색다름
④ 질적으로 다른 범주의 답의 개수

19 ━━━━━━━━━━━━━━━━━━ 정답 ①

① 기능론은 사회 구성 요소들이 상호 의존적 관계에서 사회 전체의 유지와 통합에 기여한다고 보면서 사회 문화 현상을 구성 요소 간의 기능적 관계로 파악하는 관점이다.

오답피하기

②, ③, ④ 갈등론은 기본적으로 사회의 구성 요소들은 서로 갈등 관계에 있으며, 이러한 갈등이 사회 변동에 기여한다고 보는 관점이다.

20 ━━━━━━━━━━━━━━━━━━ 정답 ③

③ 교육감은 관할 구역에서 학교폭력이 발생한 때에 해당 학교의 장 또는 소속 교원이 그 경과 및 결과를 보고하면서 축소 및 은폐를 시도한 경우에는 「교육공무원법」 제50조 및 「사립학교법」 제62조에 따른 징계위원회에 징계의결을 요구하여야 한다. 교육감은 관할 구역에서 학교폭력의 예방 및 대책 마련에 기여한 바가 큰 학교 또는 소속 교원에게 상훈을 수여하거나 소속 교원의 근무성적 평정에 가산점을 부여할 수 있다.

오답피하기

①, ②, ④ 올바른 내용이다.

제16회 실전동형 모의고사

문제편 p.61

✪ 빠른정답

01	④	02	②	03	③	04	①	05	④
06	③	07	④	08	②	09	③	10	①
11	④	12	③	13	②	14	①	15	④
16	③	17	④	18	②	19	③	20	①

01 ━━━━━━━━━━━━━━━━━━━━━━━ 정답 ④

④ 계속성(繼續性)과 함께 교육과정의 종적(縱的) 조직에 관계되는 원칙으로서, 교육내용을 조직할 때 어느 것을 먼저 가르치고 어느 것을 나중에 가르치는가를 말하는 것

◎ 오답피하기

① 어느 한쪽으로 기울거나 치우치지 아니한 성질
② 교육과정 구성에 있어서 선정된 학습내용 또는 학습경험을 조직하는 단계에서 지켜야 할 내용 또는 경험의 횡적 연계성
③ 계열성(系列性)과 함께 교육과정(敎育課程)의 종적(縱的) 조직에 관계되는 원칙으로서, 한 가지 교육내용이 학년이 올라감에 따라 단절됨이 없이 계속적으로 취급되어야 한다는 원칙

02 ━━━━━━━━━━━━━━━━━━━━━━━ 정답 ②

② 교사가 학습자에게 지식이나 기술을 전달하고, 제능력이나 가치관을 형성시키는 교육활동

◎ 오답피하기

① 학습이 일어날 수 있도록 학습자의 내적(內的) 및 외적(外的) 조건을 체계적으로 조정하는 과정
③ 연습이나 경험의 결과 일어나는 행동의 지속적인 변화
④ 일정한 기능이나 행동 등을 획득하기 위해 되풀이하는 실천적 교육활동

03 ━━━━━━━━━━━━━━━━━━━━━━━ 정답 ③

③ 동일한 구인을 재고 있는 문항들이 어느 정도의 동질성이 있는지를 확인하는 것

◎ 오답피하기

① 같은 집단에 대해서 다른 두 가지에 각각 다른 두 동형검사를 실시하여 얻은 점수간의 상관관계
② 검사 항목을 임의적인 두 집단으로 나누고 각각의 집단에서 얻은 점수 간의 상관관계를 통해 내면적인 일관성을 측정하는 것
④ 동일한 검사를 동일한 피험자 집단에게 일정한 시간 간격을 두고 두 번 실시하여 얻은 두 검사 점수 간의 상관계수를 사용하여 검사 도구의 신뢰성을 추정하는 방법

04 ━━━━━━━━━━━━━━━━━━━━━━━ 정답 ①

① 허즈버그는 직무 만족을 유발하는 주요한 동기 요인으로 성취, 인정, 일 자체, 책임, 승진, 그리고 성장을 제시한다.

◎ 오답피하기

②, ③, ④ 올바른 설명이다.

05 ━━━━━━━━━━━━━━━━━━━━━━━ 정답 ④

④ 브롬에 의하면 모티베이션(motivation)은 유의성(valence)·수단(instrumentality)·기대(expectancy)의 3요소에 의해 영향을 받는다.

◎ 오답피하기

① 사람은 누구나 다섯 가지 욕구를 가지고 태어나는데 이들 다섯 가지 욕구에는 우선순위가 있어서 단계가 구분된다는 것
② 의식적인 목표나 의도가 동기의 기초이며, 행동의 지표가 된다고 보는 입장
③ 동기 이론의 기본 가정은 직무 상황에서 만족을 불러오는 요인인 동기 요인은 동기 유발 효과가 있어서 직무 수행을 높인다는 것이다.

06 ━━━━━━━━━━━━━━━━━━━━━━━ 정답 ③

③ 씨족 사회의 풍습을 계승한 신라의 청소년 교육 단체이다. 신라의 교육 기관으로 청소년들에게 무술과 학문을 가르쳤으며 계급 간의 갈등을 조절, 완화하는 기능도 가지고 있었다. 반관반민단체의 성격

◎ 오답피하기

①, ②, ④ 올바른 설명이다.

07 ━━━━━━━━━━━━━━━━━━━━━━━ 정답 ④

④ 비고츠키는 인지발달에서의 사회문화적 영향을 강조하였다. 그는 성인 혹은 우수한 또래와의 상호작용을 통한 학습이 아동의 잠재적 발달 수준을 향상시키고, 인지적 발달을 이끌어 준다고 보았다.

◎ 오답피하기

① 프로이트가 주장한 이론으로 입, 항문, 성기 등의 순서로 리비도가 바뀌어져 가며 이에 따라 크게 5개 시기별로 발달단계를 구분하고 있다. 그리고 이 단계를 성격 형성의 결정적 시기로 주장했다.
② 인간이 영아기부터 노년기까지 전 생애에 걸쳐 총 8단계를 통해 발달한다는 에릭슨의 개념이다.
③ 인지발달 과정이 감각운동기(0~2세), 전조작기(2~7세), 구체적 조작기(7~11세), 형식적 조작기(11세 이후)의 4단계로 이루어지며, 각 단계는 순차적으로 진행되고 아동이 자극을 능동적으로 조작하거나 선택할 수 있다고 보았다.

8 — 정답 ②

② 주변 맥락적 상황, 즉 장(field)이 개인의 지각적 판단에 영향을 미치지 않는 것

오답피하기

① 주어진 상황에서 정보를 받아들이는 개인의 독특한 인지양식으로서, 주어진 요소를 구분하여 지각하기보다 전체적인 맥락이나 상황 속에서 주어진 요소를 함께 지각하고 파악하는 경향성
③ 충동적(속응형) 인지양식: 활동적, 불안정적, 감각적, 보상에 민감하고, 미래 지향적
④ 반성적(숙고형) 인지양식: 성찰적, 안정적, 언어적, 보상에 민감하지 않고, 현실 지향적

9 — 정답 ③

③ 시험의 사회적 기능은 사회적 선발 기능, 지식의 공식화와 위계화, 사회통제기능, 기존질서의 정당화와 재생산

오답피하기

①, ②, ④ 시험의 교육적 기능은 학업성취의 확인과 미래학습의 예언, 선발기능, 경쟁촉진기능, 목표유인기능, 교육과정 결정 기능 등이 있다.

10 — 정답 ①

① 가해학생에 대한 조치

오답피하기

②, ③, ④ 피해학생의 보호조치

11 — 정답 ④

④ 3단계는 설계단계

오답피하기

①, ②, ③ 올바른 설명이다.

12 — 정답 ③

③ 정교화 교수이론에 따른 수업절차는 「전체개요」로부터 시작하여 세부적인 내용요소를 살펴본 후, 다시 전체개요를 검토해 보면서 다음의 학습과제를 살펴보도록 하고, 요약과 종합에 의하여 수업을 마무리한다.

오답피하기

①, ②, ④ 적절한 설명이다.

13 — 정답 ②

② 측정하고자 하는 것을 얼마나 오차 없이 정확하게 측정하고 있는가의 정도

오답피하기

①, ③, ④ 표 내용 참조

14 — 정답 ①

① 교사 자신의 전문적 성장을 위해 스스로 계획을 세우고 실천

오답피하기

②, ③, ④ 컨설팅장학

15 — 정답 ④

④ 성과주의 예산제도는 예산을 기능별·사업계획별·활동별로 분류, 편성하여 예산의 지출과 그 지출에 의해 나타나는 성과와의 관계를 명백하게 하기 위한 예산제도

오답피하기

①, ②, ③ 올바른 설명이다.

16 — 정답 ③

③ 인간의 기능으로부터 인간의 행복을 정의하는 길이다. 이것은 일반적으로 '좋음' 혹은 '잘됨'이 수행해야 할 혹은 수행할 것으로 기대하는 기능에 비추어 정의된다는 사실로부터 도출된다.

오답피하기

① 기원전 5세기경 활동한 고대 그리스의 대표적인 철학자이다. 문답법을 통한 깨달음, 무지에 대한 자각, 덕과 앎의 일치를 중시하였다. 말년에는 아테네의 정치문제에 연루되어 사형판결을 받았다.
② 고대 그리스의 대표 철학자이다. 소크라테스의 제자이자 아리스토텔레스의 스승으로도 알려져 있다. 30여 편에 달하는 대화록을 남겼는데 그 안에 담긴 이데아론(형이상학), 국가론 등은 고대 서양 철학의 정점으로 평가받는다.
④ 고대 그리스의 변론가이자 수사가로 아테네에 변론술학교를 세웠으며 변론을 산문예술의 한 분야로까지 승화시켰다. 오늘날《파네규리코스》,《평화에 대하여》 등의 연설문과 서간이 남아 있다.

17 정답 ④

④ 지능이론의 한 갈래로서, 지능은 단일하지 않고 다양한 영역으로 구성되어 있으며, 사회문화적 환경과의 상호작용을 통해 발달한다고 보는 이론이다.

오답피하기

① 스피어만(C.E. Spearman)은 지능을 일반요인(G요인)과 특수요인(S요인)으로 구분
② 인간의 지능을 이루고 있다고 생각되는 가설적인 구조 또는 영역. 인간의 지능을 올바로 이해하기 위하여 길포드(J.P. Guilford)는 지능구조의 가설적 모형을 제시했는데 이를 SI(structure of intellect) 모델이라 한다.
③ 전통적 지능 개념에서 개인, 행동, 상황적 요소를 모두 포함한 실제적 지능이론으로, 지능을 분석적 능력, 창의적 능력, 실제적 능력의 세 측면의 상호 의존적인 과정의 집합으로 본 스턴버그(Sternberg)의 지능이론

18 정답 ②

② 형태주의 심리학을 포함하여, 전체와 부분의 관계와 조직화를 강조하는 접근을 일반적으로 가리키는 말

오답피하기

① 지식의 본질과 지식의 형성 과정에 대한 인식론적 논의에서 나온 이론으로, 지식의 절대성이나 지식을 의식과 외부 실재의 일치에서 찾는 기존의 객관주의를 거부하고 사고하는 개인의 자기 경험에 기초하여 구성되는 것으로 바라보는 입장
③ 휴머니즘이라는 말은 라틴어의 후마니타스(humanitas)에서 유래하였으며, 일반적으로 인간주의 또는 인도주의 등으로 번역된다. 수사학·시학·역사·윤리 및 정치 등 인간적인 학문을 연구하며, 인간성을 존중하려는 경향
④ 심리학의 대상을 의식에 두지 않고, 사람 및 동물의 객관적 행동에 두는 입장

19 정답 ③

③ 사회는 개인과 집단으로 구성되어 있으며, 이들이 대립과 경쟁, 갈등과 변화의 관계에 있다고 주장하는 이론

오답피하기

①, ②, ④ 표 내용 참조

20 정답 ①

① 교양과정 인정시험: 대학의 교육과정을 마친 사람이 일반적으로 갖추어야 할 교양

오답피하기

②, ③, ④ 올바른 내용이다.

memo.

2025년도 메가공무원 9급 공개경쟁채용 필기시험 답안지

2025년도 메가공무원 9급 공개경쟁채용 필기시험 답안지

2025년도 메가공무원 9급 공개경쟁채용 필기시험 답안지